U0929646

《走进崇高丛书》编委会

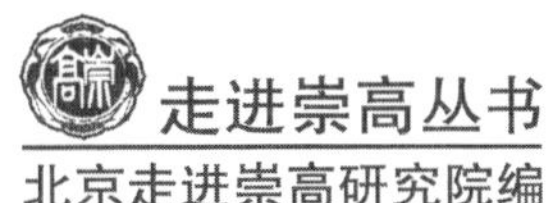

走进崇高进校园

贺茂之　主编

人民出版社

北京走进崇高研究院简介

北京走进崇高研究院是原中共中央政治局委员、中央军委副主席、国防部长迟浩田上将关爱、支持并担任总顾问和一批专家、学者参加的崇高文化研究、宣传的公益性机构，是北京市社会科学界联合会主管、北京市民政局批准正式注册的民办非企业单位。

该院以党中央关于“发挥文化引领风尚、教育人民、服务社会、推动发展的作用”之号召为指针，旨在传承创新崇高文化，锻铸彰显崇高形象。其主要工作是研究崇高文化理论，编辑出版《走进崇高丛书》，摄制发行《走进崇高》大型人物纪录片，研制开发崇高精神艺术品，组织、举办弘扬崇高精神的社会活动等。对人们所敬仰的“两弹一星”功勋科学家和各领域大师、将军及各个行业杰出人物之崇高精神，进行重点研究和宣传，客观准确地揭示其崇高的渊源和途径，真正给人以做人之道、成才之道、成功之道的教育和启迪，从而激励和教育人们走进崇高、拥有崇高；同时以开办讲座、建立团队、设立践行基地、示范基地和创建走进崇高博览苑等形式，推广走进崇高理念，为建设文化强国、实现中国梦增砖添瓦。

院训：走进崇高，拥有崇高。
院风：忠严博勤，铸己惠人。
行为姿态：公仆的精神，学者的态度，军人的作风。
工作要求：一专多能，一职多行，一人多用，一院多功。
合作原则：同仁同心，互助互学，共创共赢。

崇　高

真纯的情感，伟大的精神，高尚的行为，神圣的使命，无私的奉献，无形的规范，人类共同崇尚的美德，推动社会前进的动力；既体现在惊天动地的伟业上，又渗透到平凡实际的生活里，更凸显在天塌地陷的灾难中；一旦占有主导地位，就会释放出撼人心魄之光华，形成催人奋进乃至排山倒海之威力，锻铸真、善、美之辉煌。

走进崇高

趋步进入真、善、美之境界，即彰显自身崇高，履行职责崇高，学习他人崇高，弘扬社会崇高，用崇高规范自身，研究崇高之道，鼓荡崇高之风，以实现人格优秀、社会和谐、祖国强盛、人类美好。

北京走进崇高研究院组织机构

总顾问：

迟浩田（原中共中央政治局委员、原中央军委副主席兼国防部长、上将）

顾　问：

贺敬之（中宣部原副部长、文化部原党组书记代部长、著名诗人）

李肇星（外交部原部长、全国人大外事工作委员会原主任）

汪纪戎（中国农工民主党中央原专职副主席、全国妇联原副主席、中华母亲节促进会会长）

张文台（总后勤部原政委、上将）

王成斌（北京军区原司令员、中将）

崔　毅（总装备部原副政委、中将）

葛焕标（总装备部原副政委、中将）

专家指导委员会：

由56名来自中央党校、中国社会科学院、北京大学、清华大学、国防大学、解放军装备学院、中国伦理学会等院校和机构的专家、学者、教授组成（具体人名略）。

名誉院长：

杨春贵（中央党校原副校长、哲学家）

李殿仁（国防大学原副政委、中将）

石香元（沈阳军区原副司令、成都军区原副司令、中将）

李慎明（中国社会科学院原副院长、少将）

刘润为（《求是》杂志原副总编辑、中国红色文化研究会会长）

院　长：

贺茂之（装备学院原副院长、少将）

书　记：

刘子贤（空军某军原副军长、少将）

政　委：

孙南京（装备学院原副政委、少将）

副院长：

陈联胜　刘洪海　王利群　廖理纯　方　明　康英杰

弥　雪　涂馨之　秦利生　常潮广　贾长春　赵健发

秘书长：

谭宏伟

副秘书长：

耿　涛　徐成功　谭征程　王国印

刘　磊　王　一　邓琳琳　嵇　春

院长助理：

郭元勤　魏　霞　马　龙

宣传推广中心：

主　任：龚　玮

副主任：王东旭　王兴远　刘　荣　张　铭　姚　星　孙　博

影视制作部：

副主任：张卫卫　吴福盼　赵　薇

院办公室：

主　任：崔学军

秘　书：熊俊儒　薄成博

管理员：秦存涛

会　计：郭黎玲

崇高书画院：李燕生（院长）

孙志江（副院长）

走进崇高先遣团：廖理纯（兼团长）

走进崇高健康服务团：方　明（兼团长）

走进崇高教育先行团：康英杰（兼团长）

法律顾问：

田文昌（京都律师事务所主任，中国法学研究会常务理事）

杨大民（京都律师事务所合伙人）

目 录

CONTENTS

专题报告

授牌和颁奖

总结与升华

参会感悟

中编　天台县重彩再现

下编　践行中感悟荟萃

师生交流篇

走进崇高
拥有崇高

走进崇高 崇尚荣誉
——《走进崇高》丛书总序

迟浩田

崇高，是高尚道德的行为，是伟大思想的结晶，是非凡的义举、壮举。在中华文明的历史进程中，我们的先贤圣哲留下了大量关于崇高的睿智思想，诸如老子的“上善若水”，孔子倡导的“志于道、据于德、依于仁、游于艺”的君子人格，墨子的“兼爱”、“非攻”，孟子的“穷则独善其身，达则兼济天下”，宋代张载的“为天地立心，为生民立命，为往圣继绝学，为万世开太平”，范仲淹的“先天下之忧而忧，后天下之乐而乐”等古贤哲语，不胜枚举。世纪伟人毛泽东的“全心全意为人民服务”、“做一个高尚的人，一个纯粹的人，一个有道德的人，一个脱离了低级趣味的人，一个有益于人民的人”，实际深刻，沁人心田。而由此涌现出的崇高者更是难以计数。在古代有倡仁行义、知其不可为而奋力为之的孔、墨、孟、荀等圣贤诸子，有赤心报国、死不屈敌的苏武、文天祥；在中国革命时期，有新近评选出来的扎根人们心中的双百英模人物；在今天群众中，有人们由衷崇敬、耳熟能详的两弹一星功勋科学家钱学森、当代毕昇王选、杂交水稻之父袁隆平、玉米大王李登海、高原神医李素芝、身边的焦裕禄汪明如、“四有”书记谷文昌等等。他们的伟大精神、光辉业绩，已经并将继续辉映历史的天空，普照华夏大地，推动社会的列车，奔向伟大复兴。他们是中华民族的骄傲、光荣和不尽的财富，他们共同的名字是：崇高！

茂之同志从装备指挥技术学院副院长的位置退下来后，组建了个走进崇高研究院。其主要任务是走进崇高者的精神世界，研究崇高文化理论，编撰出版走进崇高大型人物丛书，摄制发行走进崇高大型人物纪录片，研制开发崇高精神艺术品，组织开展弘扬崇高精神的社会文化公益活动；探寻、宣传崇高者的做人之道、成才之道、成功之道，给广大读者生动、实际的教育和启迪，以在全社会唱响走进崇高、拥有崇高，推动社会文明的进程。

这是一项很有意义的工作，是党中央正在倡导、社会十分需要的工作，也是一个光荣而艰巨的软实力工程。动意伊始，我就给予由衷支持。我曾表示“愿为这项工作摇旗呐喊”。其实，支持弘扬崇高精神的工作，对于每一个共产党人来说，都是责无旁贷、义不容辞的。

无须讳言，在当今世界进入价值观多元化的时期，多种思潮蜂拥纷起，其中“淡化信念、耻言理想、蔑视道德、躲避崇高”的思潮，造成了很坏的影响。“立党为公、执政为民”的党中央，对此格外重视。秉承老一辈无产阶级革命家的意志，在前几届党中央领导国家发展的基础上，先后制订了“树立正确的社会主义荣辱观”、“构建社会主义和谐社会”、“坚持科学发展观”、“培育当代革命军人核心价值观”等一系列战略举措，这些举措的核心价值观都是崇高。

编撰出版走进崇高丛书，是走进崇高研究院的主要工作内容之一，无疑是研究崇高文化理论、宣传崇高事迹、弘扬崇高精神的重要载体和有效途径。丛书分理论卷、人物卷和艺术卷。对促进人们认识崇高、学习崇高、走进崇高、弘扬崇高，必将起到积极的作用。人人走进崇高、拥有崇高，我们的社会必定崇高，我们的世界就永远美好！

预祝并相信走进崇高丛书全面成功！

希望并期待更多的仁人志士加入走进崇高行列！

2009 年 11 月 19 日

奇光宜继 异彩当承

——《走进崇高进校园》序

贺茂之

走进崇高的路上，奇光异彩；推广走进崇高的征途中，也多见异彩奇光。走进崇高进校园就最具典型，奇光束束，异彩朵朵。

"纪念抗战胜利70周年暨走进崇高践行基地台儿庄现场会"和走进崇高枣庄二中践行基地，以及浙江省天台县一次建立30个践行基地，均绽放出令人振奋和愉悦的异彩奇光。本书就是把这束束奇光、朵朵异彩汇集起来，给读者以奇光异彩的欣赏和分享，给校园以奇光异彩的丰富和引领。

本书分上、中、下三编，上编集中荟萃现场会的奇光异彩，中编重点展示天台县的异彩奇光，下编则再现枣庄二中践行基地的多彩光束。

"纪念抗战胜利70周年暨走进崇高践行基地台儿庄现场会"，由本院主办、山东省枣庄市台儿庄区教育局承办，于2015年8月28、29日在江北水乡、运河古城台儿庄召开。本院名誉院长、国防大学原副政委李殿仁中将，本院名誉院长、成都军区原副司令石香元中将，本院专家指导委员会专家、教育部理论研究司原司长杨瑞森教授，中国教育报刊社常务副社长张新洲，山东省政协常委、教科文卫体委副主任杨瑛，山东省教育厅副厅长张志勇等领导出席；著名教育家、中国教育学会终身名誉校长顾明远教授发来了贺信；本院合作媒体《青春期健康》、《中国家庭文化报》主编李茂中到会祝贺；来自北京、上海、天津3市以及7省的县政府、教育局负责人和126名中小学校长，共计300余人参加了会议。会议进行了走进崇高践行基地的经验交流，参观了枣庄二中践行基地等3个学校和台儿庄大战纪念馆，举办了弘扬崇高精神的专题报告。会议开成了经验交流会、深入学习会、动员誓师会，获得了与会人员的一致称赞。普遍反映这是一次别开生面、震撼力极强、传播正能量的大会。

2016年5月17日，天台县走进崇高践行基地授牌仪式在县行政中心第一报告厅隆重举行。一次就为27所中小学校、2个乡政府、一家医院共30个单位授予走进崇高践行基地牌匾。开创了全县范围推广走进崇高理念的先河，同时创造了建立县级走进崇高推广示范中心、县委县政府荣获走进崇高推广组织奖的第一。本院顾问、总后勤部原政委张文台上将，名誉院长、国防大学原副政委李殿仁中将，院长贺茂之少将、政委孙南京少将等出席并讲话。天台县县长杨胜杰主持，县委书记李志坚致辞。县人大、政协领导林峰、陈政明和人武部部长何东平等12位县领导出席。会上激情洋溢，会后热情澎湃。这块素以"佛宗道源、山水神秀"著称的圣地，到处绽放出走进崇高的异彩奇光，同时唱出走进崇高就是走进幸福的心声。

这在枣庄二中师生践行崇高中就得到了有力的印证。老师们走进崇高的体会文章，立意鲜明、感情真切、事理清晰、逻辑严密、语言生动，释放出经验之光、智慧之光、创新之光和敬业爱生之光；学生们走进崇高的感悟演讲，童音中透出高远的志向，激越中喷放出坚毅的精神，昂扬中展示出奋进的姿态，同时彰显出文情之彩、义理之彩、知行之彩、德才之彩。

奇光宜继，异彩当承。《走进崇高进校园》将作为各践行基地的必读书、基地校园的教科书和本院的基本教材，并拟不断采撷各校园基地的新光新彩，待机编辑出版第二集、第三集。真正让从校园里绽放出的光彩，再激发万千校园的光彩，为伟大的祖国争光夺彩。

2016年9月14日

上　编

现场会亮点集锦

2015 年 8 月 28 日，纪念抗战胜利 70 周年暨走进崇高践行基地台儿庄现场会会场。

贺信与致辞

中国教育学会名誉会长顾明远贺信

北京走进崇高研究院：

获悉走进崇高研究院将于本月28日在台儿庄召开“纪念抗日战争胜利70周年暨走进崇高践行基地台儿庄现场会”，特向大会致以热烈的祝贺！

党的十八大提出，立德树人是教育的根本任务。这就需要把社会主义核心价值观贯穿到教育全过程，向青少年弘扬中华民族优秀美德，培养有理想、有道德、有文化、有纪律的新人。要教育学生树立实现中华民族伟大复兴的崇高理想。今年是中国人民抗日战争胜利暨世界反法西斯战争胜利70周年。通过纪念活动，教育青年勿忘历史，增强爱国主义、爱好世界和平的信念，树立为社会为人民服务的崇高道德理想，具有重大的教育意义。我再一次祝贺大会圆满成功！并因会议时间冲突不能出席会议向大会代表表示歉意。

顾明远

2015年8月21日

顾明远，系中国教育家协会会长，当代著名教育家

《青春期健康》《中国家庭文化报》主编李茂中贺信

尊敬的贺茂之将军，尊敬的各位嘉宾：

大家好！

值此“纪念抗日战争胜利70周年暨走进崇高践行基地台儿庄现场会”开幕之际，我谨向现场会的举办表示热烈的祝贺！向各位代表表示诚挚的欢迎！

借此机会，我代表《青春期健康》杂志社，向所有在抗日战争中英勇战斗、为国捐躯的烈士们表示深切的怀念，向参加过抗日战争的老战士、爱国人士、抗日将领和所有为抗战胜利建立了卓越功勋的海内外中华儿女表示崇高的敬意，向支援和帮助了中国抗战的外国政府和国际友人表示衷心的谢意，向惨遭日本侵略者杀戮的无辜死难同胞表示深切的哀悼。

近几年来，《青春期健康》杂志社和北京崇高研究院携手合作，打造了“走进崇高”这一内涵深刻的启发性栏目，希望我们的结合能为青少年带去更多的思想精华；让他们了解先辈们抛头颅、洒热血的英勇历史；帮他们追寻深埋在历史长卷中的崇高的记忆；鼓励他们在追寻中升华、在思考中成熟、在历练中找寻人生的价值；牢记历史、不忘过去、珍爱和平、开创未来。

党的十八大指出“继续促进人类和平与发展的崇高事业”，一支业务精湛、师德高尚的教师队伍，是学校质量的根本保障。一直以来，走进崇高研究院把“走进崇高、拥有崇高”，作为院训和追求，从而激励和教育人们走进崇高、拥有崇高，并在全社会唱响“走进崇高，拥有崇高”的进行曲，以贯彻落实党中央号召，发展社会主义先进文化，建设中华民族共有精神家园。我想，我们应该把走进崇高研究院这种崇高的追求内化为自我价值的追求和自我行为的方向，以实现人格优秀、社会和谐、祖国强盛、人类美好。

最后，预祝“纪念抗日战争胜利70周年暨走进崇高践行基地台儿庄现场会”圆满成功！

李茂中

2015年8月28日

李茂中，系《青春期健康》、《中国家庭文化报》主编

古城台儿庄欢迎你们

王广金

尊敬的各位将军、各位领导、各位来宾,老师们,朋友们:

大家上午好!

在抗日战争胜利70周年纪念日到来之际,我们相聚在美丽的台儿庄古城,举行"纪念抗战胜利70周年暨走进崇高践行基地台儿庄现场会"。在此,我代表台儿庄区委、区政府和台儿庄古城管委会,向各位领导、各位来宾的到来表示热烈的欢迎和衷心的感谢!

历史上的台儿庄既是运河古城,也是大战故地。400多年前,随着京杭运河泇河段疏浚,这里成为漕运重镇,呈现出"一河渔火,歌声十里,夜不罢市"的繁荣,成就了"天下第一庄"的美名。77年前,中国军队10万将士在此浴血奋战,打破了日本军国主义不可战胜的神话,使台儿庄成为"中华民族扬威不屈之地",但这座千年古城也不幸毁于侵略者的炮火。8年前,在转型发展的关键时刻,我们在枣庄市委、市政府的正确领导下,以高度的文化自觉和文化自信,启动了台儿庄古城重建,经过3年的论证规划、3年的精心复建,古城重现世人。重建后的台儿庄古城,先后荣膺"齐鲁文化新地标"榜首等称号,被确定为全国首家海峡两岸交流基地、首个国家文化遗产公园和国家5A级旅游景区、山东省历史文化街区，被美国有线电视新闻网(CNN)评为“中国最美水乡”。

近年来，我们以“古城重建引领城市转型战略”，积极实施教育振兴5年行动计划，举全区之力，先后投资5亿元实施了枣庄二中迁建、区职业中专创省规、学前教育标准化建设和国家级教育均衡发展示范县创建，并利用原枣庄二中校舍建设了枣庄职业学院古城校区，9月8日将有10多省的1500名护理专业学生入校就读。通过一系列举措，我区的办学条件不断改善，教育教学质量逐步提高，被命名为全国“十二五”第25个课改实验区。今年全区高考、中考成绩比去年有了较大的提升，高考一本上线同比增长40%，中考优秀率同比增长70%。

北京走进崇高研究院，以“传承创新崇高文化，锻铸彰显崇高形象”为宗旨，努力推广走进崇高理念，产生了广泛的影响。今天，在台儿庄古城举行纪念抗战胜利70周年暨走进崇高践行基地现场会，对于进一步宣扬崇高文化，缅怀抗战先烈，弘扬民族精神，更好地宣传和践行社会主义核心价值观具有重要意义。让我们“走进崇高，拥有崇高”，立崇高之志，做崇高之人，为推动社会不断前进作出应有的贡献。

祝各位领导、各位来宾身体健康，工作顺利，万事如意！

谢谢大家！

作者为枣庄市台儿庄区委书记

齐聚古城唱崇高

金殿国

尊敬的各位将军，各位领导，各位专家，教育界的各位同仁：

大家上午好！

今天，在特殊的日子里，我们在抗战名城、英雄故地——台儿庄隆重举行纪念抗战胜利70周年暨走进崇高践行基地台儿庄现场会，大家汇聚一堂，缅怀先烈，弘扬抗战精神，共商育人大计，在此，我谨代表枣庄市教育局，对各位将军、领导、专家和嘉宾的到来，表示热烈的欢迎和衷心的感谢！

枣庄是山东的南大门，因枣得名、以煤开埠。枣庄是一座风光秀美的山水之城！拥有台儿庄古城、冠世榴园、微山湖湿地、抱犊崮国家森林公园等众多景观。枣庄是一座历史悠久的文化之城！境内分布着北辛文化、古藤国、古薛国等遗址，孕育了造车鼻祖奚仲、科圣墨子、工匠祖师鲁班等历史名人。枣庄是一座富有传奇色彩的英雄之城！她是“铁道游击队”的故乡，著名的台儿庄大战就发生在我们的脚下。台儿庄曾改写历史，感动中国，震惊世界！我们选择此时此地开展富有崇高价值和深远意义的活动，必将给各位留下深刻的印象和美好的回忆。

近年来，我市教育工作在枣庄市委、市政府和山东省教育厅的正确领导下，办学条件不断改善，教育教学质量稳步提升，中小学德育工作不断创新，构建了“三二一一”德育模式，即全面推进全员育人导师制、班主任成长机制、区域家委会建设“三大工程”；构建养成教育精细化、规范仪式教育“两个标准化”；“突破心理健康教育瓶颈”，“搭建了中小学生成长平台”。枣庄教育一些工作走在了全国、全省的前列。

北京走进崇高研究院以弘扬崇高精神，为社会文明建设增砖添瓦为宗旨，真正给人以做人之道、成才之道、成功之道，从而激励和教育人们走进崇高、拥有崇高。今天走进崇高研究院的各位将军和领导走进枣庄，用实际行动诠释着崇高的丰富内涵，展示着崇高的无限魅力，让我们用热烈的掌声表达对他们的崇高敬意和美好祝福！你们用铮铮铁骨，保家卫国；你们用缕缕爱心，续写辉煌。你们传递着社会的正能量，净化了我们的心灵，提升了我们的思想。这是一次难得的学习交流的良机，我们将把崇高精神传递给全国各地数以亿计的中小学生，并将率先垂范，内化于心，外化于行，努力提升中小学德育水平和教育教学质量，为培养中国特色社会主义事业的合格建设者和可靠接班人共同奋斗！

碧树秋浓荷花茂，齐聚古城唱崇高。崇高离我们似乎遥不可及，崇高其实近在咫尺。最后，预祝本次会议取得圆满成功！祝各位将军、领导和专家在枣庄期间工作顺利、生活愉快，身体健康！

让我们以此为开端，走进崇高，拥有崇高！

谢谢大家！

作者为枣庄市教育局副局长

读书是走进崇高的有效途径

张新洲

尊敬的各位将军、各位来宾、朋友们：大家，上午好！

值此“纪念抗日战争胜利70周年暨走进崇高践行基地台儿庄现场会”隆重召开之际。请允许我代表中国教育报刊社人民教育家研究院向大会的胜利召开表示热烈的祝贺！向为台儿庄战役英勇牺牲的先烈们表示崇高的敬意！向踏着英雄的足迹，追求崇高的各位来宾、各位老师表示崇高的敬意！

走进崇高，是从我们这片撒满英雄鲜血的热土台儿庄，从我们这所充满英雄情怀的第二中学走出的学子贺茂之将军的大力倡导下，逐渐引起全社会越来越多的有识之士关注的时代话题。

走进崇高是一个具有时代意义的话题。

它是一个，我国政治、经济、文化、教育发展到一定阶段的必然产物。从经济方面来看，从1969年中美建交之初，我国的GDP仅占美国GDP的4%，那时，我们怎么谈崇高？当时有人说：中国的经济想要赶上美国得200年。没想到，经过改革开放加入世以来的迅猛发展，中国已在14年前超过了日本，成为了世界第二大经济体。

今天,越来越强的民族自信与自尊心开始取代困扰中国人一个世纪之久的自卑心理,作为中国人的自豪感与骄傲感在上升。然而,一些有识之士,也无不担忧地说:传统文化的传承,尤其是像《论语》中记载曾子所说的:"士不可不弘毅(抱负远大,意志坚强),任重而道远"的千古抱负;尤其如宋代先哲张载所说的:"儒者,为天地立心,为生民立命,为往圣断绝学,为万世开太平"的理想情怀;再如一代文豪李白、杜甫……"采菊东篱下,悠然见南山"的陶渊明,也曾有大济苍生之志。而这些传统文化追求理想、追求卓越、追求崇高的宝贵财富,正从孩子们的视野中淡去,蕴涵其中的文化精髓也随风逝去,这是为什么呢?

而我们的教育在一定程度上,被快速发展的经济浪潮卷入追求应试与名利的怪圈。一个地区,一所学校,一个家庭都以考上清华、北大,考上名牌大学为荣,而忽略了孩子们的身心健康培养;忽略了传统文化的精髓正从孩子们的视野中淡去;忽略了体育、音乐、绘画对一个孩子综合素质提高有多么重要;忽略了中国已然是大国了,但是我们的青少年缺乏感恩教育,缺乏人道关怀的意识,更缺乏一个大国国民所应有的胸怀视野和崇高的精神追求。

关键是,如何走进崇高?

今天,在纪念抗日战争胜利70周年之际,我们踏着血战台儿庄英雄们的足迹,这让我们相聚台儿庄,从心底重温那段历史,我们的贺将军重回母校,这活动本身就是让英雄的精神在青少年心中闪光,这是我们走进崇高最直接的方式之一。

而古往今来,走进崇高最有效、最带有普遍意义的方式之一,就是读书。读书,能够承载着一个人崇高理想,驶向光辉的彼岸。关键在于我们能不能点燃孩子们的理想与激情,能不能把孩子们变成喜欢读书的天使。

中华民族原本是一个诗书礼仪之邦,开儒家学说之先河的孔夫子,为万世景仰。可是,这通往崇高圣贤的路在何方?圣人自己曾说"吾十有五而志于学","发愤(下决心学习)忘食,乐而忘忧,不知老之将至"。这样说来,孔夫子在中华民族读书史上,不仅是开创让读书成为习惯的典范,而且是通过读书走进崇高的先圣。

唐代大诗人李白,人称诗仙,声蜚四海。人们常常仰视"李白斗酒诗百篇"的才情,却很少品味他"吾五岁诵六甲"、"十岁观百家"、"十五好奇书"的自述。而被列为"唐宋八大家"之首的韩愈,享有"文起八代之衰"

的美誉。他在《进学解》中却借弟子的口说出自己“口不绝吟于六艺(《诗》、《书》、《礼》、《乐》、《易》、《春秋》)之文,手不停披于百家之编”的读书经历。南宋大诗人陆游在《剑南诗稿》中为我们留下9000多首诗篇,是我国古代大诗人中留下诗篇最多的一个。当我们顺着陆游成长的足迹寻找其成功的奥秘时,他那“少小喜读书,彻夜守短檠”、“万卷纵横眼欲枯”的诗句,再一次印证了一个道理——一个人走向成功、走进崇高的因素不只是读书,但是读书却是一个人走向成功、走进崇高的重要因素。

如今我国的人均读书量,远远落在西方发达国家的后面。近几年的统计数字大同小异:中国年人均读书4.7本,韩国10本,法国20本,日本40本,美国50本,以色列60本。

透过读书量的背后,我们看到:日本有22人获得诺贝尔奖,美国获得诺贝尔总数的52%,犹太人口只占世界人口的4‰,而获得诺贝尔奖数却占24%。由此说来,读书量,不但与追求崇高、人文素养成正比,而且与获得诺贝尔奖数成正比。

读书,伴随着的是一个人的志趣和毅力,而且是相辅相成的。诸葛亮在《诫子书》中所说的“学需静也,才需学也,非学而无以广才,非志而无以成学”,便是这个道理。

今天,时代呼唤着走进崇高,呼唤用优秀的传统文化精髓涵养我们的青少年,让英雄的精神在青少年心中闪光,是时代赋予我们的使命。正如习总书记所说:“只要中华民族一代接着一代追求美好崇高的道德境界,我们的民族就永远充满希望。”

预祝研讨会圆满成功!谢谢大家!

作者为中国教育报刊社副社长

经验与交流

实施崇高“四德”“四爱”工程，办好对生命和未来负责的教育

樊兴举

办好对生命和未来负责的教育，已成为中国教育改革和发展的紧迫任务。当代著名教育家顾明远先生在《中国教育改革，路在何方?》一文中指出："中国教育改革的路永远在素质教育的大道上；中国教育改革的魂永远在以人为本、立德树人的进程中"；北京走进崇高研究院院长、枣庄籍著名军旅作家贺茂之将军指出："学校要成为崇高之地，教师要成为崇高之职，家长要成为崇高之父母，学生要成为崇高之未来。"我们坚持把学校德育放在首位，围绕教育"四德"、"四爱"主题，不断挖掘和丰富德育素材，努力践行社会主义核心价值观，使崇高文化进校园进课堂，实施教育"四德"、"四爱"工程已成为我区推进教育改革和发展的"铸魂"、"补钙"工程。

一、培养"崇高官德"，锻造"仁爱"校长

我们把"从大局出发，以事业为重，为师生服务，对未来负责"作为全区教育干部"崇高官德"建设的基本要求，努力做好锻铸崇高教魂工程的

顶层设计。

一是狠抓校长为核心的教育干部办学理念的提升。一个好校长就是一所好学校,因为校长是学校的精神领袖,是校魂的主要锻造者,其官德影响着师德和学生品德,其作风决定着校风、教风、学风、考风。因此,我们把校长“官德”建设作为“治校兴教”的天字号工程来抓。是按照教育家办学的标准提升校长的育人境界,制订了科学的培养、培训和监督考核奖惩机制,聘请顾明远、郭振有、周德藩、蔡林森、魏书生、李希贵、王金战、陈鼎常、吴甡、余映潮等数十位全国知名教育家作为我区教育顾问,定期邀请他们作辅导报告,把全国最前沿的课改理念引进台儿庄,使教育干部的高端培训培养、拓展提升成为新常态化。

二是深入持久地开展“教魂”锻造。开展了“校长当作蔡林森”、“我向蔡林森校长学什么”学习实践活动,学习全国著名乡村教育家蔡林森“没有教不好的学生”和“从最后一名学生抓起”的办学理念,举办了蔡林森校长事迹报告会,全面推行“教书育人承包责任制”。结合“教魂”锻造,制定了《校长一日常规》、《校长抓教学十条规定》、《校长任课兼任班主任管理办法》等,千分制量化考核把校长“官德”体现在德能勤绩首位。近2年,先后对全区40余名教务主任和校长进行了调整,占教育干部总数的60%,一部分“官德”不合格的干部被诫勉或免职,一大批德才兼备的教育干部被提拔到主要领导岗位。

二、培养“崇高师德”,锻造“博爱”教师

班级是学校的基础,好班级加起来就是一所好学校。抓好班主任这个世界上最小的主任,就会担当起人生最大的责任。为此,我们把“静下心来教书,潜下心来育人,俯下身来交流,净下魂来施爱”作为教师和班主任“崇高师德”建设的基本要求,并作为基石工程来抓。

一是把加强班主任队伍建设提到了前所未有的高度。首先,加大培养监督力度,提高师德水准和管理水平。制订了《2014－2016年班主任队伍建设三年行动计划》,成立了班主任工作站和60个名班主任工作室,开辟了班主任与家长沟通的直通车。实施名班主任培养战略,投入162万元计划3年完成千名班主任国家心理咨询师等级考试,班主任的事业心、责任感显著增强。其次,大力提高班主任待遇。设立了班主任节和班主任专项补助,提高班主任待遇,在评先树优、职称评聘、提拔重用等方面均优先,班主任由过去没人干变成现在争着干、抢着干。

二是加强师德建设，找回“传道重于授业”的教魂。立师德，树教魂，是我们开展师德建设的主题，除每年集中开展师德教育外，近年来，以学习苏霍姆林斯基、陶行知、顾明远等著名教育家教育思想为主题，开展了“教育振兴我的责任”演讲征文、“双十双百双千”评选表彰，举办了两届“感动台儿庄教育人物”评选，并组成宣讲团，在全区巡回开展“办有爱的教育，做有爱的教师”报告，在社会上广泛宣传他们的先进事迹。以治理有偿家教和乱收费为突破口，出台了《台儿庄区教师职业10条禁令》，每学年都与教师签订《不从事有偿家教和乱收费承诺书》，向社会公开局长信箱和举报电话，对违规违纪老师给予停职处理。

三、培养“崇高家德”，锻造“会爱”家长

全国最牛班主任、人大附中副校长王金战的座右铭是：“如果教育改革失去了家长的作用，那就会因一条腿走路而失败。”为此，我们十分重视学校教育与家庭教育的结合，把培育“仁爱和谐之家，勤俭清廉之家，礼义忠孝之家，学习健康之家”作为“崇高家德”建设的基本要求，让学校德育走进家庭。

一是让家长走进学校。全区成立家长委员会46个、家长学校60个；每年印发《家校联系卡》10万张；印发《学生成长手册》5万份，由学校、家长、学生共同记下个人成长的点点滴滴。在联通电信公司开通家校直通车，学校、课堂全天候向家长开放。定期举办家校论坛，本学年已举办区级家校共建论坛2次，开展家长讲座120余场次，召开家长会130场次。

二是让教育走进家庭。为提高家长素质，开展了“千家书香家庭”、“千佳家长”评选，举办了学生与家长共同参与的文明礼仪知识竞赛，向家长推荐赠送优秀教育图书杂志6万份，做到学校与家长相互影响、相互促进，提高了家长的道德素质和育人水平，营造了积极向上、温馨和谐的家庭育人氛围。

四、培养“崇高生德”，锻造“有爱”未来

育人之本，德育为先。近年来，我们把联合国教科文组织提出的“学会求知，学会做事，学会共处，学会做人”作为学生“崇高生德”建设的基本要求，开展了“走进崇高，爱满校园”养成教育系列活动。采取读书征文、演讲报告、知识竞赛、歌操汇演、才艺展示、社会实践等10余种多彩有效的载体，在全区中小学师生中开展了“唱《四德歌》，做四德操”活动，层层举办“四德”歌操大赛，每个学校都设立“四德榜”。邀请贺茂之将军做

“走进崇高”专题报告,邀请著名红色励志演讲家邹越举办了由15000名学生和家长参加的感恩励志报告会,收到了良好的效果,全区涌现了1000多名助人为乐、品德高尚的优秀学生,见义勇为、舍己救人的龚钰犇同学被授予最美中学生和山东省十佳道德模范荣誉称号,枣庄二中成为全国首批“走进崇高”践行基地。

“为政以德,譬如北辰,居其所而众星拱之”。台儿庄区教育强化推行崇高文化进校园,实施“四德”、“四爱”治魂工程,为教育事业的健康协调快速发展注入了生机、激发了活力,教育振兴行动计划成效明显。

一是在强化教育干部崇高“官德”建设中,建立了干部能上能下、异地交流机制,为推进校长职级制改革和去行政化奠定基础,38名任职5年以上的校长得到了交流,涌现了一大批求真务实开拓创新的蔡林森式好校长,为教育综合改革和打造创新型教育奠定了坚实的干部基础。

二是在强化“崇高师德”建设中,深化了队伍和管理机制创新,实施教书和育人一岗双责制,德育工作校长、班主任一票否决制,任课教师全员育人导师制,把育人列入学校和教师考核重要内容,下力开展了有偿家教、乱办班、滥订学习资料等违规行为集中治理,全面取缔罚站、罚款、罚作业等不正当行为,先后处理违纪老师5人。对家长反应强烈的加班加点、加重学生课业负担行为,实行校长、教师一票否决制。联合公安、卫生、文化等部门不定期开展黑网吧、校园周边流动摊点等治理,育人环境有了较大改善,教育行风建设取得明显成效,家长、社会对教育的满意度不断上升,2014年,我区教育系统市级民意调查位居全区8个部门第2名。

三是“五项教育”进课堂不仅整合了学科教学和德育教育,而且促进了仁爱和谐课堂建设,优化了师生教学关系,扩大了德育空间,构建了学科育人、全员育人的新平台,有力推动了自主合作探究生态高效课堂的生成,大大提高了教育质量。四是在家校共建推进“家德”建设中,优化了家校关系,形成了育人合力,提高了家长素质和家庭教育水平,为学校、家庭和社会三位一体育人网络的形成奠定了坚实基础,同时,为振兴教育汇聚了强大的正能量,如,企业为教育捐资560万元,有20个村自发为学校扩操场、为学生捐桌凳等。

教育是太阳底下最崇高的人类铸魂工程。教育的使命在于“为天地立心,为生民立命,为往圣断绝学,为万世开太平”。

推行崇高文化进校园,践行社会主义核心价值观,是教育的根本任务和永恒主题。我们将继续坚守立德树人的教育灵魂，认真遵循素质教育的发展规律，以“立崇高志，铸崇高魂，办崇高事，做崇高人”系列养成活动为总抓手，唱响“办仁爱教育，当博爱老师，做会爱家长，育有爱未来”主旋律，构筑教育发展新常态。

作者为枣庄市台儿庄区教育局局长

开展崇高教育　建设崇高校园

吴修洪

尊敬的各位领导、各位嘉宾：

大家好！在全国上下隆重纪念抗日战争胜利70周年的日子里，走进崇高践行基地全国现场会在台儿庄举行，首先请允许我代表枣庄二中全体师生对各位领导、专家的到来致以崇高的敬意！下面由我汇报枣庄二中充分利用校内外资源，开展崇高教育、建设崇高校园的做法，不当之处，敬请批评指正。

一、“走进崇高”教育理念的确立

1. 引入“走进崇高”理念是时代的需要。习近平同志指出，国无德不兴，人无德不立。当前，社会上出现的拜金主义、享乐主义、极端个人主义等突出道德问题也渐染了校园净土，加强民族复兴进程中青少年学生的思想道德建设，立德树人，已经成为学校教育的艰巨课题。现在，党和国家大力倡导践行社会主义核心价值观，而“走进崇高”理念与核心价值观高度契合，践行“走进崇高”，就是践行核心价值观。

2. 我校开展“走进崇高”活动有特殊契机。

2013年新校搬迁后，学校新的领导班子肩负着振兴台儿庄教育的重任。如何展示二中在区域教育的引领作用，实现教育的高质量，学校群策群力，潜心探索，以精心、精细、精致的工作要求，着力打造鲁南名校。在60周年校庆的校友讲坛上，贺茂之将军为全校师生作的“走进崇高”的专题报告，给我校师生极大的震动，为我校的工作指明了方向。我们认为，英雄台儿庄是崇高之地，校园是崇高之所，教师是崇高之职，学校势必要培养崇高之人，因此开展“走进崇高”活动、建设崇高校园便成为枣庄二中发展的目标所向。我们要通过全体师生的努力，让“走进崇高”理论在枣庄二中落地生根，开出绚丽的崇高之花，结出丰硕的崇高之果。

二、“走进崇高”活动的初步尝试

贺将军在报告中指出，走进崇高，就是走进真善美。崇高“既体现在惊天动地的伟业上，又渗透到平凡实际的生活里”。学校认识到，“崇高”并非高不可及，崇高离我们并不遥远：遵规守纪是崇高，刻苦学习是崇高，尊敬师长是崇高，拾金不昧是崇高，助人为乐是崇高，心地善良是崇高，朴素大方是崇高……于是学校把“走进崇高”引入到学生日常学习和生活的管理中来，制定活动方案，全面开展“走进崇高”教育，引领学生立崇高之志，做崇高之人，从而实现学校制定的“步步紧逼，步步为营，层层提高，全面提升”管理目标。

1. 用“三入”教育规范行为，养成良好的行为习惯。

“三入”即入校即快、入班即静、入座即学。

“入校即快”主要让学生营求紧张的学习氛围，不拖拉散漫。快，既克服了学生纪律观念不强的弱点，又培养了学生强烈的时间观念；既体现了学校生活的紧张有序，又展现了学生朝气蓬勃的精神风貌。

“入班即静”要求学生进入班级后立刻保持室内安静，不大声喧哗，不追逐打闹，轻言轻语见修养，勿喧勿闹见教养。这种静，既是追求环境的宁静，又是追求内心的平静。用“静”的教育达到修身致远的人生目标。

“入座即学”就是要求学生落座后快速进入学习状态，不瞻顾彷徨，不无所事事，而是凝神静气，调节学习节奏，提高学习效率。

2. 用“四正”教育，培育情操，养成高尚的道德品质。

“四正”即正形象、正言行、正交往、正学习。

“正形象”就是统一穿着校服，不佩戴饰物，不化妆，保持学生本色，培养学生健康的审美观和高尚的生活情趣。用清纯和天然，去流俗之气，立端淑之风，祛除他们衣着时尚化、行为明星化、形象另类化的倾向。

“正言行”就是引导学生说话文明，举止得体，谨言慎谈，不粗野，不霸道。用大度和宽容，去娇蛮之气，立儒雅之风，改变言谈举止不懂礼数、待人接物缺少教养的现象。

“正交往”就是引导学生树立正确的友谊观，交往观，交正直之友，交包容之友，交高尚之友。不交酒肉之友，不交意气之友，不交图谋之友。用志同与道合，去市侩之气，立君子之风，杜绝拉帮结伙，恃强凌弱，交往过密的风气。

“正学习”就是引导学生明确学习目标，端正学习态度，坚定学习信心，树立远大理想。不做无益之事，不读无益之书，用刻苦和毅力，去虚空之气，立实干之风，培养习惯，引领成长，成就自己，奉献社会。

3. 用“寻根”、“寻梦”活动，挖掘灵魂，养成崇高的价值观念

针对部分学生学习动力不足、缺少追求的情况，有针对性地开展“寻根”、“寻梦”活动，引导学生追寻农村之根、农民之根，质朴之根、勤奋之根，探寻家庭成长的足迹、祖辈创业的艰辛，自觉强化责任意识，明确方向，追求梦想。

“三入四正”“寻根寻梦”活动的开展，让学生逐步洗掉了身上的种种不良习惯，校园风气明显好转，学生责任意识明显增强，沉稳而不乏灵动，踏实而不失朝气。

三、走进崇高活动的持续推进

随着活动的不断深入，我们对崇高又有了更深的理解：学校要追求管理的高层次，老师要追求工作的高境界，学生要追求人生的高品位。“走进崇高”不仅是一种理想和信念，也是办学的理念和目标，更是办学的抓手和依托。“走进崇高”看似非常抽象，其实非常具体；不单侧重人的品德，也侧重人的行为；不单侧重精神引领，还侧重细节塑造。因此学校制定了再推进方案，把“走进崇高”理念融入到学校管理、教师管理和学生管理三个层面，全面建设崇高校园。

学校管理：研究崇高之道，鼓荡崇高之风，追求管理的高层次。

确立崇高理念引领学校持续发展，让学校成为崇高精神的文化特区。崇高管理是人人做好表率，崇高教学是师生共同成长，崇高生态是以文化点燃激情，以此来促进学校的内涵发展、特色发展和科学发展。

1. **扎实推进“学查纠”活动，让人人成为走进崇高的表率。**“学”就是

学制度，学榜样；“查”就是查问题，找方法；“纠”就是激浊扬清，自我完善。通过一段一查，一段一纠，老师的教学，干部、班主任的管理，学校的整体工作都大大提升；学生能够自主自持，良好习惯也逐步养成。制度的规范、榜样的感染、问题的洞察、方法的有效、更正的彻底，让整个校园变得井然有序，和谐向上。

2. **加强校园巡查，落实“走动式”办公，营造崇高育人环境。**学校、处室和学部根据统一的布置和规划，由值班干部和职员到自己所负责区域巡查，落实首遇责任制，及时解决存在的问题，尤其加强了重点时段、重点地段的巡查，防患于未然，维护校园的安全和稳定，增强学校管理的主动性，营造崇高育人环境。两年来，学校干净稳定，成为老师耕耘的乐土，学生求知的乐园。

3. **推行单元组织管理模式，促进师生共同成长。**单元组管理就是把每个班级的学生划分成若干个小组，充分发挥其在班级管理、教学管理和导师育人中的作用。尤其是导师育人，老师除了担负教学任务，还与小组结对子，及时了解学生的思想、行为、生活、学习等状况，在思想上热心帮扶，行为上精心要求，生活上细心呵护，学习上悉心指导，真正实现了教师的一岗双责。师生间双向互动，既能让学生多一个知心人，又能让老师体验育人的快乐。老师们以自己的人格润物无声，学生以自己蓬勃的热情唤回老师的青春萌动：师生在交流中交融，在交融中攀升。

4. **深入开展研究创新活动，提升办学层次。**学校秉承“走进崇高”理念，提出向“旧思维、旧习惯、旧方法”宣战，大兴研究创新之风，培养崇高团队。学校提出来一系列工作再深入地若干意见，领导干部深入到师生中去，倾听一线呼声，掌握第一手资料，探讨问题产生的原因，提出应对举措；班主任研究如何深入班级，走进学生的心灵；教师研究如何深入课堂，提高教学效率。经过1年的努力，管理由刚性要求转变为心性激发，消除了浮躁，沉淀了经营理念，助力了抓铁留痕的执著。

5. **加强校园崇高文化建设，点燃师生激情。**我校以“走进崇高”为核心，重点加强4个方面的建设。一是制度形态，建立健全各项规章制度，并使之深入人心，让师生懂规矩，守纪律。二是精神形态，在全校师生中营造人人走进崇高、人人践行崇高的氛围；三是育人环境的规划与布置，墙体大字宣传崇高理念，楼宇命名引导崇善向学，让全校师生从早到晚徜徉在崇高的环境中；四是班级环境的个性化建设，班名、板报、标语结合班级特点，张扬个性，彰显特色。通过 4 个方面的文化建设，我们突出一种崇高的精神——团结、拼搏、人文、科学，强化一种崇高的风气——勤奋、严谨、务实、创新，营造一种崇高的氛围——活泼、健康、和谐、向上，打造一支崇高的队伍——高层次、高水平、高素质。

教师管理：引导老师履行职责崇高，彰显自身崇高，培养崇高之师。

教师从事着阳光底下最光辉的事业，担负着以灵魂塑造灵魂，以人格感染人格的重任，应该时时无小节，处处是楷模。但“德不高者不能怀远，才不大者不能博见”，为培养德才兼备的优秀教师队伍，学校从制度规范和精神引领等方面引导教师“走进崇高”，铸德树魂，实现业务精良、境界提升、师德高尚的目标。

1. **提高教师的教学能力，促进教师专业发展。**“非学，无以广才”，为提高教师的业务水平，学校一是邀请专家讲学、外出学习和业务培训，引导老师学习先进的教育教学思想，掌握先进的教学方法。学校先后邀请北京广渠门中学校长吴甡、衢州二中校长徐建平、天津中学校长国赫孚、衡水中学校长张文茂、永威神话校长蔡林森等多位国内知名专家来校讲学；派出 10 多批次干部、老师外出学习。二是实施《教学常规精细化管理方案》，通过教学案改革，实现了老师教学思想和教学方法的双重革新。教学案是老师教和学生学的共同抓手，由备课组在集体备课时统一制定，然后每位老师再根据自身特点和班级情况进行个人的二次备课，这样的教学案是集体智慧和个人特长的有益结合。三是根据老师梯次培养计划，利用 2 年时间，组织两轮全员赛课，共执讲公开课 600 多节，听评课计 7000 多节次，在活动中评选出了校级教学能手和骨干教师，根据计划，学校还要后续评选首席教师和功勋教师。全员赛课活动不仅评出了先进，更让全体老师相互学习，取长补短，共同提高教育教学水平，为我校教学质量的提高奠定了坚实的基础。

2. **引导老师提高教科研水平，争做专家型教师。**学校开设名师讲堂，利用专题讲座，开阔师生视野；实施青蓝工程，促进青年教师快速成长；推行集体备课、周研讨课和学科大教研制度，促进教学研究向纵深推进；成立学科教学研究工作室、高考备考研究工作室和艺体工作室，选拔责任心强、能力突出的老师组成研究团队，精选课题，在每周五就学科教学、高考备考和艺体活动开展研究，加大创新的力度，不断更新老师的教学观念，探索提高效率的新形式，落实工作的新方法，成就名师，造就名校。

3. 制度规范和精神引领相结合，提升教师师德修养。“非修无以立德”，为提高老师的师德素养，学校制定《教师文明礼仪细则》和《正思想、转作风、树形象的有关规定》，规范老师的施教行为，提升老师的社会形象。学校每月举行一次“倾心交流，引领成长”活动，两年来，已有40多位优秀老师分享了他们成长足迹、工作心得和人生感悟。老师们通过学习身边的榜样，提升了自己师德修养，坚定了自己为人师表、教书育人的信念和信心。学校还通过评选各类标兵、魅力班主任和最受欢迎的老师等活动，引导老师立德修业，增强他们的职业幸福感。

学生管理：学习他人崇高，自觉践行崇高，努力锻造崇高。

崇高教育，源于小事，关乎国家，成于责任，奠基未来。习总书记指出，青年一代有理想、有担当，国家就有前途，民族就有希望。学校通过常态化、系列化和自主化的崇高教育活动，强化对学生的培养和锻造，培养他们的责任感，指引他们未来的方向，让真善美的种子在他们的灵魂深处生长。

1. 学习他人崇高，塑造精神长相。

(1)学习爱国主义和革命英雄主义。“天下兴亡，匹夫有责”，爱国是崇高之母，走进崇高就要有矢志不渝的爱国情操。作为中华民族的扬威不屈之地，台儿庄拥有丰富的地域崇高教育资源。学校依托台儿庄古城、大战纪念馆、无名烈士纪念碑和烈士陵园，让学生走进英雄，亲身感受他们的爱国主义和革命英雄主义情怀。每年清明祭扫烈士陵园已成为我校的品牌活动。

(2)学习崇高校友事迹。如贺茂之将军，南极科学家王腾飞，山东省道德模范、舍己为人的龚钰犇等，感受他们的崇高精神，点亮自己的情怀世界。三是学习身边的榜样，对照学校评选的崇高之星、文明之星、学习标兵和奋飞之鹰等，见贤思齐，形成“崇尚榜样、关爱榜样、争当榜样”的浓厚氛围。

2. 自觉践行，感受崇高真谛。

(1)系列化主题班会。学校每学期按照不同年级的需要，统一制定班会主题，统一组织实施。高一年级围绕习惯养成、诚信感恩等主题，着力培养学生的自制力，凸显规范、养成教育；高二年级围绕执着信念、强化责任等主题，着力培养学生的主动性，凸显责任、理想教育；高三年级围绕追求卓越、绽放梦想等主题，着力培养学生的创造性，凸显励志、成功教育。

(2)系列化演讲赛、辩论赛。学校根据统一的规划,制定演讲和辩论的题目,由班级、学部、年级通过层层选拔,优胜者在全校举行公开的演讲和辩论。系列化的演讲、辩论比赛,既能丰富校园文化生活,锻炼能力,彰显个性,又能引导学生摒弃陋习,树立正确的人生观和价值观。

(3)系列化每周一诵、每周一歌。学校发动师生选编具有陶冶意义的诗文和歌曲,每周一个主题,进行道德情操的熏陶,激发学生的学习、生活热情,铸造学生的优秀品格,促进学生思想、文化素养全面提升,为学生的终身发展奠定基础。

(4)系列化国旗下演讲。以"走进崇高"为主题,贴近生活,联系实际,列举生活中有悖崇高的现象,剖析本质,深究根源,提出解决之道。又选取蕴含正能量的典型事例,找出亮点,深入挖潜,激发学生走进崇高、践行崇高的热情。

(5)系列化成人教育。学校每年都举行18岁成人仪式系列活动。学生会发起成人倡议,组织成人纪念章设计大赛,自发征集成人誓词。每一次的活动现场,都成为情感激荡的海洋,学生和家长的亲情互动、师生同切生日蛋糕、学生慷慨激昂的青春颂歌,都留下了成长的美好瞬间,让每一个置身其中的人热泪盈眶。学校还以"十八岁的担当"为主题,开展征文活动,引导学生树立成人意识,明确社会责任,传承民族精神,肩负起当代青年人的历史使命。

3. 努力锻造崇高,彰显人生风采。

(1)远足活动,强化自我砥砺。远足活动是我校学生的一门必修课,学生们背起行囊,载着梦想,快乐起航,阳光下享受泥土的芬芳,亲吻绿色,放飞梦想。既有长途跋涉、走向目标的艰辛,又有投入自然怀抱、领略无限风光的喜悦;既磨炼了意志,又开阔了眼界。

(2)值周活动,加强自我锻造。每周安排一个班级,对学生到校、仪容仪表、校内骑车、就餐秩序、校园安全、班级卫生、宿舍内务等开展全方位的检查,把检查结果纳入班级量化。这样,既减轻学校管理的压力,又锻炼学生的能力。

(3)社团活动,展示自我风采。学校组织"春之声"声乐社团、八音盒器乐社团、"舞之韵"舞蹈社团、"乐陶馆"泥塑社团、"剪爱"剪纸社团、墨香阁书画社,学生自发组织飞翔篮球社、"天行健"足球社,老师开展了自己的活动工作室。学校定期举办特长展示活动,组织文艺汇演、书法展、绘画展、剪纸展和泥塑展。社团活动开辟了"走进崇高"的新阵地,丰富了校园课余文化生活,促进了学生多元化发展,让枣庄二中真正成为每个学生成长、成功的摇篮。

两年的努力,走进崇高活动在我校已生根发芽,初步绽放鲜艳的成功之花:学校的管理层次不断提高,精细化程度不断加深,全员育人和教学案改革已成为学校的品牌。老师们比忠诚,比责任,比奉献,比学习,比境界;工作有声有色、业绩可圈可点,涌现出一批以山东省教学能手李清华为代表的崇高教师。学生陶冶了情操,懂得了担当,学会了学习,学会了做人,提高了能力,成就了梦想,涌现出清华学子王宇这样的崇高之星。高考成绩也连续取得突破:2014 年一本上线比 2013 年增长 71%,今年比去年增长 40%。事实证明,走进崇高是理想也是现实,是过程更是结果。

四、走进崇高的思考

同志们,教育的责任并不仅仅是让学生考入好大学,更重要的是要让学生看到努力的方向,给学生植入崇高的美德,并使其内化为一种向真、向善、向美的正能量。回顾这两年我们学校开展走进崇高活动的历程,我们有如下思考:

(一)立德树人靠崇高教育。党的十八大,把立德树人作为教育的根本任务,但在实践中,教育往往落入功利化的泥潭,出现了一些令人痛心的现象:青少年信仰缺失,缺乏责任,不敢担当,甚至情趣低俗,法制观念淡薄。因此,我们必须牢固树立德育为首的观念,用崇高教育做好"立德树人"这篇文章。

(二)走进崇高是教育的灵魂。以往教育工作的效果不明显,很大的一个原因是内容空洞,缺乏有思想、有内涵、有深度的活动平台。走进崇高这个平台把崇高教育具体化了,在教育阵地上时时可以崇高,处处可以崇高,人人都能崇高。贺将军"走进崇高六步曲"给每一个人指明了前进的道路,对学校管理的提升、师德修养的提高和学生行为习惯的养成都具有现实的指导意义。

(三)走进崇高活动的关键在于理论和实践相结合。把走进崇高内化于心、外化于行,培好根,固好本,扣好人生的第一颗扣子,才能为每个学生成为最好的自己提供不竭的动力。

深入开展"走进崇高"活动,必须始终坚持正面教育,把丰富意义和深刻道理讲明讲透，让学生记得住、听得懂、学得会；必须更加注重自我教育，尊重每个学生的个性，引导学生直面价值冲突，提高对走进崇高的认知力和行动力。

走进崇高，关键是实践，目的是知行合一。通过生动的教育，让学生在所“知”上取得实效。运用课程教学、社会实践、校园文化、学校管理等途径，在落实上做文章。

走进崇高永远在路上。为此，我们提出4个“一”倡议：

第一，遵循一条规律。尊重教育规律，把整体性和层次性统一起来，形成依次递进、有序过渡的路径，提升学生走进崇高成就感。

第二，抓好一个结合。坚持“典型引领”与“规范约束”相结合，及时发现“身边的榜样”，用身边事教育身边人，用身边人感染身边人。同时，针对学生思想和行为实际，设置底线，以约束促进转变，使每一个学生心有榜样、行守规矩。

第三，形成一套制度。因“校”制宜，突出特色，把“走进崇高”具体化，实现走进崇高这个“魂”与规章制度这个“体”的深度融合。

第四，打造一支队伍。走进崇高，老师先行。育人先育师，提升教师的思想道德素养和人格魅力，发挥榜样的作用，使他们真正成为学生健康成长的示范者和领路人，把离学生最近的人，变成学生最敬的人，成为学生最感念的人。

以德铸魂，久久为功。为了学生的全面发展，为了民族的未来，让我们行动起来，认真做，细致做，深入做，把走进崇高理念根植于所有人的灵魂，把走进崇高活动开展得更加丰富多彩，让崇高之花开遍中华大地！

2015年8月28日

作者为枣庄市二中校长，走进崇高枣庄二中践行基地、示范基地主任，走进崇高先锋校长

“传奇”校长张斌利

盛金花

一位好校长就是一所好学校，一位崇高的校长一定能带出一所崇高的学校。张校长的崇高就在于他让两所完全不同层次的学校都迈向了崇高之路！——题记

传奇之一“细节教育”打造“精神特区”

张斌利校长的“传奇”是从10年前开始的。关于这个开始，张校长这样说“当时在北戴河听张向葵教授的讲座，提到罗杰斯人本主义的诞生是深受孔子影响，而儒家思想的人本主义，就在《论语》当中。我突然意识到，为什么一提教育就非得‘言必西方，行必现代’？中国数千年历史，就没有自己的教育理念吗？”回到学校，张校长马上开始研读《论语》。

“视其所以，观其所由，察其所安”，张校长从孔老夫子这句话中找到启发，“教育工作者更应关注学生的内心，学生发生问题，应该关注学生问题的背后——为什么，而不是问题出现了就简单地思考怎么为”？这让他兴奋不已，马上将理论付诸实践，在学校推行“细节教育”。从此成为中国细节教育第一人！

“细节教育的主要目的是让学生触摸到教师的关爱”。教师们每人一个细节记录本，把日常生活中观察到的学生的点滴细节随时记录下来，再巧妙地传递给学生。“我们开展的细节教育就是以欣赏的眼光、哲学的思考来关注我们的学生，发现他们的闪光点以及事物的两面性，帮助学生塑造富有个性的积极品格。”

细节教育在岔河中学结出了丰硕的成果，总结起来那就是4个字“五不”、“八无”。

“五不”之一：不为分数教，赢得高的分数。“不求分数”，还原教师、学生有血有肉、有情感有尊严的人，而不是生产分数的机器。只有这样，教育才能真正为每一个学生的终身幸福奠基，才有可能成为教师职业幸福的源泉。岔河中学“不求分数”，教学成绩却始终在全区名列前茅。

“五不”之二：不考核教师，赢得和谐团队。当其他学校的教师还在为得几个优秀，得几个先进而煞费苦心的时候，岔河中学的老师们已经把推让荣誉当作了平常之事，一位老师的困难，就是大家共同的困难，一位老师的荣誉，也是大家共同的荣誉。教师全员参与学校管理，每位教师除正常教学外都身兼数职，没有额外的报酬，但没有一位老师抱怨，在合作管理中教师之间的感情也日益亲密。

“五不”之三：不设班主任，赢得优质管理。岔河中学不设班主任，而是采用指导小组合作制，每班由两名或三名教师共同管理。这种合作，可以让教师在管理上扬长避短、互为补充，分解了班主任工作的重担。老师们就这样跟着张校长开始了对积极教育的实践与探索，用他自己的话说：“我们是一个打破了3个和尚没水吃的传统逻辑的君子团队。”

“五不”之四：不检查教案，赢得成长空间。岔河中学不检查教师的教案，是因为在斌利校长的眼里，教案只是教师备课的一种形式，它与备课之间不是完全对等的关系，为了应付检查的教案不论其内容多么充实，形式多么完整，书写多么认真，其实际的价值还是趋向于零，远不如让教师腾出更多的时间读书学习，从“实用”的角度备课，从“发展自己”的角度备课，岔河中学的老师也因此而获得了更广阔的成长空间。

“五不”之五：不检查作业，赢得彼此尊重。这里老师不检查作业，学生的作业纸却永远是写得密密麻麻，每一张上都有着3种到4种颜色的笔迹。比如：每一遍自己做是黑色笔，第二遍自己改是红色笔，第三遍学生之间互相探究是绿色笔……最后解决不了的问题老师讲，再用特殊记号进行标注。老师不检查作业，学生自己反而做得更认真，检查得更仔细，收获得更丰厚，赢得了成绩更赢得了彼此的尊重。

传奇校长用细节教育打造了“五不”“精神特区”的同时，也收获了“八无”岔河现象：这里学校后勤无老师；这里下课楼道无响声；这里墙壁无脚印；这里实验台无涂鸦；这里课间走步无队形；这里诚信考场无监考；这里校园超市无看管；这里洗碗池里无米粒……各地参观的同仁们来到岔河中学无不称赞道“这里创造了教育的奇迹！”

传奇之二“自控力进校园”再创“车中梦想”

2014 年初，张斌利同志调任车轴山中学校长。与张校长之前带领的岔河中学截然相反，车轴山中学是河北省首批办好的 24 所中学之一，是一所具有百年历史的老校，拥有 5000 名师生员工，如何让名校焕发出新的光彩？如何让大校开始高效率运转？如何让老校真正成为教育的圣地？经过一番广泛的调研，深刻地思考，张斌利校长以博文的形式向全体教师发出倡议：“如果我们能紧紧地抓住‘教育’两个字，如果我们形成车中特有的教育模式——车中教育计划，我们的教师就一定会幸福地教，我们的学生就一定会幸福地学！我们就势必会在中国教育界甚至在国际教育界产生深远的影响！放一句狂言——我们就能创造出世界名校！……谁愿与我同行？谁愿与我一起追梦”！（摘自张斌利校长的博文《车轴山上的梦》）

为了早日实现“车轴山上的梦”，张校长适时提出“自控力进校园”，并对此项工作做了科学部署。

第一步要让自控力理念深入人心。一是借助聊书会、座谈会等形式，让教师先行接触自控力概念；二是借助于各种学生活动，在活动中穿插自控力内容，让学生从心理上承认自控力的作用；三是开展大规模讲座，通过宣讲的方式扩大自控力的“知名度”。短短两个月时间，全校上下，人人皆知张校长的名言：成功的因素中，自控力的作用是智商的 2 倍！

第二步是要培养一批自控力训练专家型教师。通过严肃考察，确定了一批肯于钻研，勇于尝试，善于实践的教师，通过走出去，请进来的方式进行对他们进行多方培训，目前，组织了以鲁小梅、陈宏亮、杨亚斌、顾立凯、王志红等老师为带头人的自控力训练团队。他们对《思维导图》《习惯的力量》《意志力》《唤醒心上的巨人》《拆掉思维里的墙》的独到解读已经得到许多专家的认可。

第三步是把自控力训练作为课程引入课堂。仅以陈宏亮老师所带的高二·26 班为例,经过半年的训练,该班成绩年级名次提升 16.76 名,而其中能够完全按照老师要求去做的学生,年级名次平均提升 129.29 名,效果显著。基于此,自控力训练已经在整个年级展开,每天固定的时间进行固定的训练。

第四步是把自控力训练延伸到假期。为了让学生们度过一个充实而有意义的寒假,放假那天,张斌利校长站在校门口,亲自把写有“成功的因素中,自控力的作用是智商的 2 倍”!等励志性语言的小卡片送到学生的手中。并在全校范围内开展了假期“清晨把你叫醒”活动。孩子们自愿分为小组,每天清晨以电话、短信、QQ、微信等形式互相提醒,互相监督。每天通过网络沟通学习进度,以晒作业的形式向老师汇报学习成果。

第五步是将自控力作为校园文化展现。现在我校已经成立了校园文化建设小组,将从自控力现代理论文化,名人名校中的自控力文化,我国儒释道中的自控力文化 3 个层面全方位展现。

经过近两年的不懈努力,2015 年的车中,已经呈现出了一道道靓丽的风景!

教室里,小组讨论全员参与,“让学生成为课堂教学的主人”已经不再是口号;走廊外,思维导图缤纷展现,“科学用脑提高效率”演绎另一种风情;正课前,口琴齐奏乐音悠扬,“在音乐中感知教化”成为教育的有效手段;大课间,趣味运动其乐融融;“脖子以下的教育”开启提高心智的大门;食堂中,千人进餐没有喧哗,“千人用餐无剩饭”的壮美画面也即将展现;宿舍里,千人就寝一片安静,“带着温度的细节管理”已深入人心;操场上,全员太极蔚为大观,“科学用脑劳逸结合”足以唤醒无限潜能。

科学的管理,也带来了教学成绩的大幅提升。2015 年的高考,我校二本上线 1077 人,成为唐山市唯一一所连续 11 年二本上线突破千人大关的学校,其中应届理科上线率为 74%,比 2014 年提高 17%,比 2013 年提高 23%,实现连续 3 年跨越式提高,提升比率居各县一中之首!

相信,在张斌利校长的带领下,车中一定会向细节要成绩,向科学要成绩,步步为营稳扎稳打,打造出“车中文化专利”,实现“车轴山上的梦”!

作者为河北省丰润县车轴山中学副校长

践行崇高　奉献大爱

李家峰

尊敬的各位领导、各位来宾：

大家上午好！

很荣幸能参加“纪念抗日战争胜利70周年暨走进崇高践行基地现场会”。枣庄三中作为贺将军家乡的践行基地，一直不断地、持续为锻造、培养拥有崇高精神的老师和学生而努力工作。枣庄市第三中学位于枣庄市市中区，南邻万亩榴园，运河古城；北依红荷湿地，墨子故里；东靠沂蒙红区，临沂新城；西傍微山湖畔，薛国旧地。学校始建于1956年，1962年被山东省教育厅确定为省重点中学，1979年被确定为全省首批办好的19所重点高中之一，1993年被评为山东省首批规范化学校，2006年被评为山东省首批高中教学示范学校，是枣庄市唯一一所市直高中。

2014年11月29日，也许是一个平凡的日子，但在枣庄三中心里，却是一个永远值得铭记和感念的日子。这一天，走进崇高研究院副秘书长刘磊宣读了《关于对“走进崇高枣庄三中践行基地”申请的批复》，走进崇高研究院院长也是让枣庄三中由衷感到骄傲的校友贺茂之将军和我共同为枣庄三中走进崇高践行基地揭牌。

今年的教师节，我们学校将隆重举办一个“感动枣庄三中十大教师人物暨教师节庆祝”文艺盛会,名字就叫《平凡中的崇高》。

这里面有一个老师,满其伦老师,工作至今32年,当班主任31年,高三备课组长8年,送毕业班22届,教过的学生中有10余人考入北大、清华,为社会培养了数以千计的优秀高中毕业生。1995年学生宋军营进入高三不久患有偏头疼,满老师和年级主任宋主任请气功大师为其治疗,经过3个多月的治疗,使其康复,宋军营以饱满的精神投入到学习中,最终考入人民大学,现就职于中国国际问题研究院。2007年学生刘慧凝,以艺体生的身份考入我校,在高二时其数学成绩是60分,进入高三,满老师针对其专业课功底强,出类拔萃,但是数学不强的形式,利用课余时间、早晚自习时间,对其进行全面、深入、有针对性的辅导,功夫不负有心人,刘慧凝最终考入了北京大学,现就职于浙江卫视。2001年孙文升及其弟弟,在我校一个就读高三、一个就读高二,家庭经济供养两个孩子上学极其困难,辍学在家,针对这种情况,满老师两次家访,筹措资金,同时力争学校的帮助,使其哥弟俩重新回到学校,完成了学业,现在哥俩都有很好的工作,哥哥孙文升考入曲阜师范大学,现在我校教授物理。孙文升说:“满老师的关心,改变了我人生的命运,改变了我的家庭状况。”我们给予他的颁奖词是:“他人生的年轮已经50几圈,他在讲台一站就是30几年。老当益壮,不输青年;赤子之心,激情永远。他认为既然学无止境,那么教也应该无止境。”

毛主席说过:“一个人能力有大小,但只要有这点精神,就是一个高尚的人,一个纯粹的人,一个有道德的人,一个脱离了低级趣味的人,一个有益于人民的人。”“这点精神”是什么精神?本质上不就是一种崇高的精神吗?50多岁的人,30多年,始终如一,坚守在教育教学的第一线,默默耕耘,无私奉献,我们认为满老师是拥有“这点精神”的人。

我们认为,崇高在学校最直观的体现和彰显就是默默地耕耘、无私地奉献,崇高在学校最终极的目的和追求就是服务于于学生成长、致力于学生成才、助力于学生成功。枣庄三中作为走进崇高践行基地,不到1年的时间,做出了自己的探索和努力。汇报如下:

一、三风一训,崭新起航

为更好地展现学校文化底蕴,弘扬学校精神,凝聚师生力量,塑造良好形象,适应时代发展学校开展了重修校训,经过几个月的意见征集、研究和讨论,最终经欧阳中石先生锤炼提升并亲笔题写,校训内容确定为

“厚德容广,弘文学勤”。“厚德载物”是中华美德的一种高度概括,这句话历来是志士仁人崇尚的最高道德境界。作为国家人才培养的践行者,学校必然承担了在为国家培养栋梁之才时强调德才兼育的重任,从而实现“育德而德厚、成才而才用”的教育最终目的。古往今来,能容一人为师、能容一家为长、能容一国为君、能容天下为帝。“容”而能“广”,是培养有气度的学校、老师、学生的有效途径,是德育具体化重要内容。“弘文”要求教育者不仅要弘扬中国传统文化、世界文明,也包含了对现代中国和谐社会、民族梦想等正价值观、世界观的弘扬。“业精于勤,荒于嬉”,培养学生勤奋的学习习惯,进而培养其勤奋品格,必然使之受益终生。校训总括了学校的办学理念和育人理念,培育有德之人,培育包容之人,培育勤奋之人,弘扬正能量,这应该是对崇高精神的践行。

二、“三位一体”,全员育人

“三位一体”本质就是充分利用和学生关系亲密的、对学生发生直接影响的教育教学资源——同学、教师和家长——合成出一个积极向上的育人环境,来促进每一个学生的成长,帮助每一个学生努力达成德智体全面发展的目标。具体而言:组建学习单元组,成立家长委员会,实行“家长助修”制。每一个自修日皆邀请一名学生家长陪修。家长应按时到校到班,遵守自修纪律,像同学一样看书学习。实行导师顾问制。每一名任课教师在实施常规教育教学的同时都应负责和担当一定量学生的成长和进步,从学习、心理、身体、生活等诸多方面予其充分的关切和呵护。从实践看,“成长三合一,成就我和你”自觉实现了“我为人人,人人为我”的德育,渐渐形成了诱思探究的智育氛围,学社之间亦有生动活泼的体育活动;较好地实现了教育的公平与正义,为每一个学生的健康成长和人生的发展提供了学习、反思的深刻契机,让更多的学生学会了自我教育。

三、“花蕾”义卖,爱心传递

2014 年岁末,枣庄三中在西校喷泉广场至游泳馆主干道举办了首届“花蕾”爱心公益基金义卖活动。来自高一高二的同学们,以班级为单位在自己的摊位上摆放着精美的物品和学校白果树、木瓜树结下的果实作为义卖物品。义卖活动现场人头攒动,人流如织,人声鼎沸,买卖声交汇出一曲生动的校园爱心之歌。同学情、师生情,情深义重,情满校园。此起彼伏的叫卖声、欢乐声,将义卖活动推向了高潮。此次活动在同学们的积极参与下共筹得义卖善款 13834 元。其中高一共筹集了 6498.6 元,高二共筹集了 6510.9 元,校团委学生会协助学校义卖果实共筹集了 824.5 元。这些善款将全部用于资助我校贫困需要帮助的同学。

此次义卖活动同学们收获颇多,既提高了学生的自我管理能力和组织能力,更潜移默化地培养了学生乐于奉献、关心他人的品质。活动虽然结束了,但爱心无止境、义卖见真情,师生们点滴的付出汇成了爱心的暖流在每个人的心灵深处久久地回荡、涌动,师生间浓浓的真情仍然在校园里延续。

四、作业寄语,搭建心灵沟通平台

批改作业是每位教师的必修课,枣庄三中利用这一必修课推行"作业寄语制"。教师批改学生的作业,不仅仅是对学生知识的检查,更是与学生进行思想沟通,情感交流的桥梁。"作业寄语制",为师生搭建了心灵交流的平台。当学生进步很快时,表扬他"我很高兴地看到你有这么大的进步!";当一个学生退步时,勉励他:"锲而舍之,朽木不折;锲而不舍,金石可镂"。学生有问题,困惑,也可以写到作业本上,实现双向交流。作业本上,简短的一句话,精彩的一句对白,温暖的一声问候或婉转的一个暗示,会让师生相处得更融洽,配合得更默契。这里是纸上谈兵,更是相知相伴、催人奋发的平台。这里是无声的语言,却有着"无声胜有声"的效果。"作业寄语"让学生喜欢上了做作业,喜欢在作业本上与教师交流。"作业寄语"在不同程度上促进了学生的进步,促进了课堂气氛的和谐,增进了师生间的情谊。每次当学生拿到作业的时候,都会迫不及待地打开作业本,去享受那心灵交流的幸福。用自己的心去感受学生的心跳,让学生在自己的关爱下成长,教师收获的也必将是一园馨香。"作业寄语"在枣庄三中已经蔚然成风。

五、评选感动人物,用感动传播感动

我们正在紧锣密鼓地准备以"平凡中的崇高"为主题的"感动枣庄三中'十大人物'暨教师节庆祝大会"。榜样的力量是伟大的,"感动三中"的颁奖将为全体三中人展现发生在我们自己身边的动人事迹,在教职工中倡导积极进取、乐于奉献、健康向上的良好风尚,用感动发现感动,用感动唤醒感动,用感动传递感动,让激情在感动中点燃,让境界在感动中提升,让学校在感动中发展,让更多三中人走进崇高、传递崇高。用"感动三中人物"的事迹弘扬正气,歌颂真情,激发干劲,引领广大教职工进一步弘扬社会主义核心价值观,形成良好的教风校风,凝练总结三中精神,全力打造文明和谐校园。

之前，我们已经评选出了“感动三中十大学生人物”，并且予以物质奖励和隆重展出。

六、收获喜人，三中人在奉献中走向创新

2015 年高考我校尖子生人数在枣庄占有“半壁江山”。700 分以上两人（枣庄 4 人），690 分以上 7 人（枣庄 14 人）。梁潇雨同学以裸分 704 分的成绩名列山东省第 20 名，勇夺枣庄市理科状元（优秀学生加分 5 分，709 分）。这也是自 2012 年始，我校参加清华大学“领军人才”选拔高考成绩最好的学生（前 3 年的 3 个学生裸分均未过线），也是清华大学在枣庄进行“领军人才”选拔以来，以裸分过线、地市状元录取的唯一一个学生。刘东同学获清华大学篮球高水平降至二本线 65% 录取资格，目前高考成绩已经远远超过录取线，成为我校的第一个“准清华学生”。凭借学生过硬的综合素质，我校通过自主招生初审人数得到 60 余人次，名列山东省初审人数第 3 名；据教育部阳光高考平台公示显示，我校学生通过自主招生复试降分录取人数达到 30 余人次。

国际部 9 名学生共收到 29 所世界名校的录取通知书，其中 14 所的 2015USNEWS 的世界排名均在清华大学之前，远远超出同等甚至最好中考入学成绩的同学，再一次证明的我们的办学实力，也为学校增了光添了彩。

站在新的起点，每一个三中人，在日月更迭、四季变换中，收获了沁人心脾的甘甜，又将继续没日没夜的奉献。一个个匆忙的脚步，踏出白天，踏入夜晚；一节节丰盈的课堂，凝结的是智慧，释放的是大爱。与物质其实无关，与精神血脉相连。这正是三中人对崇高的解读，这正是崇高在三中人身上常态化的彰显。

谢谢大家！

作者为枣庄三中副校长

崇高精神成为新建学校文化基因

赵连峰

尊敬的各位将军、各位领导、各位教育同仁,大家好!

我来自美丽的内蒙古赤峰市宁城县第四中学。真诚的感谢北京走进崇高研究院给我校与各位同仁交流的机会,现将我们学校的一些肤浅做法向各位做一汇报,请给予指导。

赤峰市宁城县地处内蒙古、辽宁、河北3省交界处,我们学校是一所于2012年9月建成的初级中学。学校有72个教学班,教职工293名,学生3841名,其中住宿生2500名,80%教师和学生都来自农村。如何建设崭新学校的校园文化,成为学校领导班子着力探索的一个重要课题。

2014年秋,我们邀请北京走进崇高研究院院长贺茂之将军来到学校,为全校师生做了走进崇高专题讲座,把学校确定为走进崇高初级中学践行基地,把走进崇高的文化理念植入宁城四中这片希望的田野,学校以提升教师崇高形象、培养学生崇高精神为核心,研究行动策略,制定行动方案,引领全校师生走进崇高,践行崇高,增强责任意识,创新学校管理模式,推进了学校的跨越发展。

一、培育崇高教师精神

教师精神代表着一所学校的品位。我们将培育崇高的教师精神放在学校工作的首位。

（一）设立崇高的目标。我们学校是一所由6所农村初中整合而成的一所新学校，如何凝神聚力、共谋发展，学校也做了一些尝试，但都没有进入深层次和系统化的学校精神文明建设层面。贺将军离开学校后，我们研究修订、完善了学校"一训三风"，将"过幸福完整的教育生活"确定为学校校训，将"学校兴衰，我的责任"确定为学校校风目标，将"愉快、充实、有意义""学习、运动、艺术、健康"确定为学校教风和学风目标。学校提出了"用清洁的精神托举教师人格，用优质的工作创建学校品牌"的总体要求。创办了《做一个好老师》校园报纸，号召教师做好每一个教育细节就是践行崇高的职业精神，要用艺术化的工作落实学校提出的"爱护自我形象、坚守精神家园、提升道德品位、展示良好素质"的教师人格标准和"用心关爱每一位学生，用心设计每一个教育细节，用心上好每一节课，用心做好每一件事"的教师精神标准。现在，走进崇高，践行崇高的理念已成为学校引领教师增强职业责任感和使命感和幸福感的一面旗帜。

（二）专家引领，领导示范。我们先后聘请丁榕、肖川、鲍尔吉原野、高万祥、陶继新、张斌利等国内知名专家、学者、名校长到校为教师做专题讲座，引领大家"做幸福的教师"。在高层次引领、培训的基础上，学校制定了"引领全校师生读书"的行动策略，列出师生阅读书目，在各教室建立了图书角，开设读书课，要求教师与学生同步阅读。学校为每位教师购置了李镇西的《爱心与教育》及《为自己工作》《没有任何借口》等书籍。将读书作为"校长工程"，由校长亲自检查督促教师读书。校长亲自带头阅读，并和教师交流阅读体会，引领大家阅读高尚的书，做崇高的事，展现崇高的教师精神风采。

（三）强化制度管理，规范施教行为。学校出台了"宁城四中好课堂""学科带头人"、"名教师"评选办法和《教师形象建设管理制度》《宁城四中教师文明礼仪规范细则》（25条）等制度，为培养践行崇高的教师精神提供基本制度保障，实施量化管理，梯次评价，规范了教师的施教行为，切实改进了教师的工作作风，提升了教师的崇高形象。

二、落实崇高行动策略

培养崇高的精神需要一个常态化的教育过程,师生形成良好的习惯才能滋生崇高的精神。

(一)崇高教育常态化

1、"认星争优"活动常态化。为了能够扎实有效的实施养成教育,培养学生的高尚品质,学校制定了《认星争优,做美德少年活动方案》,活动分为知、行、评3个阶段,紧紧围绕节俭、感恩、诚信、友爱、学习5大主题,抓常规,常规抓;抓反复,反复抓,在持续的活动中提高学生修养品质。

2、专题活动常态化。开展"俭以养德,从小事做起"、"感恩父母"、"珍惜粮食"、"注意安全"等专题教育活动,教育学生孝敬父母、关注食品安全、远离垃圾食品、爱惜粮食、不剩饭菜,自觉落实"光盘行动"。针对学生成长问题的常态专题活动有效促进了学生的精神发育。

3、生活课程常态化。学生公寓落实"洗脚——看书——洗澡"生活课程化要求,引领大多来自农村的学生养成讲究卫生、珍惜时间、乐学勤学、遵规守纪等良好习惯。

(二)崇高教育主题系列化

学校将走进崇高,践行崇高做为民族文化教育的系统工程,认真做好总体规划和系列分解落实。

1、班会主题系列化。各年级主题班会活动围绕学生的习惯养成、理想前途、成功励志等教育主题根据年级学生特点有序进行。初一年级主要围绕习惯养成、诚信、责任、感恩等主题着力培养学生的自制力,突出习惯的养成教育;初二年级主要围绕理想、责任、励志等主题着力培养学生的主动性,凸显责任、理想教育;初三年级主要围绕追求卓越、绽放梦想等主题进行人生和升学教育,着力励志、成功教育。

2、每日诵读系列化。每天早、午上课前安排5分钟诵读校本教材《走进崇高》。学校为各年级师生指定必读书目,开设阅读课,每周二、四下午第四节为学生读书课,安排教师轮流陪读,时间雷打不动。营造浓郁的读书氛围。师生在读书中,吸收正能量,增强学习热情,在潜移默化中提升学生文化素养,培养高尚情操,铸造学生的优秀品格,为学生终身学习和发展奠定坚实基础。

3、升旗教育主题系列化。每周一严肃庄重的升国旗仪式是走进崇高，践行崇高的重要形式，更是展示师生崇高品质的重要窗口。带班领导和师生在国旗下做系列化主题演讲，增强了师生的民族自豪感和爱国主义精神，将实现中国梦的理想刻写在学生心灵深处。每月的升班旗活动激发了学生的集体凝聚力和荣誉感，成为校园里一道独特的风景。升班旗仪式和国旗下讲话成为宁城四中崇高文化教育的专题课堂。

4、“知恩孝亲”活动系列化。以践行《弟子规》为切入点，设计关注细节的感恩孝亲系列活动，如主动帮父母收拾碗筷、为家里搞卫生、农忙时为爸妈洗一次脚、为父母做饭、自己的事情自己做、父亲节母亲节主动给爸爸妈妈写封信，在自己的生日给父母鞠躬感恩并说一句感恩的话等，在细小的行动中学生感受到了父母常年奔波忙碌、操持家务、生儿育女的艰辛和不易，激活了学生孝老敬亲的感恩之心。

（三）崇高教育管理自主化

自我教育是教育的最高境界，崇高的精神和品格要在自我实践中逐步完善。学校精心设计、积极引导，努力提升学生走进崇高的自我教育意识。

1、成立学生自治管理委员会。按年级成立学生自治委员会，在学生餐厅、教学楼层和楼门设置礼仪标兵岗，学生轮流巡视课间纪律、检查早操、间操质量、管理就餐秩序，巡查结果纳入班级量化考核。学生自我管理提升了学生的自我约束能力，收到了良好效果。

2、树立身边的榜样。学校结合评优表奖活动适时发出学习榜样的倡议，激发师生学习先进努力向上的正能量。初二年级吕佳乐同学父亲患脑血栓后遗症生活勉强自理、母亲患癌症、类风湿卧病在床，生活不能自理，家庭住房破旧，借住邻居家房屋，家境艰难。吕佳乐同学用稚嫩的肩膀担起家庭的大梁，从小学五年级起就学会了做饭蒸馒头和一些农活。每周日下午给父母做出一周的饭菜。劝慰几度轻生的父母，悉心照顾父母生活。在学校里，她热情开朗、乐于助人、学习勤奋、成绩优秀，是同学们佩服的好班长。一个15岁的小女孩用顽强的毅力与命运抗争，让一个濒临破碎边缘的家庭充满了温暖，被评选为赤峰市“美德模范”，成为全校师生践行崇高学习的榜样。学校的“节俭、感恩、诚信、友爱”等10星也都成为同学们学习的楷模，激发了学生追求上进的积极性，引导学生以身边榜样为标准，认真查找自身不足，努力缩小与先进典型的差距。教师践行崇高行动中根据地区特色评比出女教师“巾帼建功杯”、男教师“成吉思汗”杯优秀教师，在师生中形成了走进崇高、践行崇高的浓厚氛围。

3、自主开展社团活动。学校成立了各类活动小组，如篮球队、足球队、排球队、乒乓球队、合唱队、舞蹈队、国画班、书法班等，学校、年级、学部经常举办经典诵读、合唱比赛和形式多样的读书汇报会，为学生张扬个性风采搭建校园舞台。学生在活动中，释放才情，崭露技能，健康成长。学生在健康的活动中远离了低俗，不知不觉走进了崇高的境界。

4、提升家长素质，提升家庭教育质量。怎样改变农村家庭的教育现状是我们目前正在探索的一个专题。但我们知道培养学生走进崇高，践行崇高非常需要家庭环境的影响。我们将在这个问题上进行持续研究和探索。

三、建设崇高管理文化

学校管理文化制约着崇高教师精神文化和学校文化建设。没有崇高精神的校长就不会有崇高精神的学校，没有崇高精神的管理团队就不会有崇高精神的教师，更不会有崇高精神的学生。我们明确提出了“身正则本固，风正则校兴”的领导干部管理理念，确定了“工作就是做事，就是发现问题、解决问题”、“把平凡的小事做好就不平凡”的领导干部工作标准。全面落实“用心做人的教育”的办学思想，践行崇高，弘扬正气、增强正面能量。同时，根据学校特点和运行实际，实施“三权四部育人教书责任制”管理模式，形成平等的竞争格局，制定完善的量化评价体系，明确职责，强化管理，增强环节部门执行力度，发现问题，及时整改，践行崇高责任成为学校管理文化的核心，“学校兴衰，我的责任”的校风蔚然兴起。

走进崇高，践行崇高的文化理念滋养了我们这所崭新的学校，成为宁城县第四中学校园精神文化的基因。传承民族文化，弘扬职业精神，落实崇高责任，成为学校文化的主旋律。在崇高文化理念的引导下，全校教师凝神聚力，同舟共济，用心育人，共谋发展，向建设“高品位、高质量、高声誉”的崇高学校的目标迈进。

作者为内蒙古宁城县第四中学校长，
走进崇高宁城四中践行基地主任

内化于心　外化于行

赵振艾

尊敬的贺茂之院长、各位领导、各位同仁：

大家好！

山东枣庄矿业集团技术学院是“三校一体”的技工类职业教育学院，既是以培养中、高级技工为主的技术学院，又是枣矿集团职业中专，也是山东科技大学继续教育学院的枣庄分院。学院办学历史最早追溯于中兴公司1930兴办的中兴学校职业部（1936年正式更名中兴职业中学）。新中国成立后于1958年恢复建校，最初名称为山东煤矿枣庄技工学校，1995年以来先后晋升为省部级重点技校、国家级重点技校和重点中专，2005年列为省级“金蓝领”技师培训试点单位，2006年初经山东省劳动和社会保障厅批准筹建技术学院，形成了集高技、中技与中专、成人大专、职工培训与技能鉴定为一体的多层次办学格局。在校生规模2500余人。毕业生除由枣庄矿业集团定向安置外，学院与沙钢、日钢、海尔、中煤五公司等大中型企业建立校企联合订单式培养合作关系。

我院于2015年5月28日挂牌，成为北京走进崇高研究院践行基地。基地建设时间不长，还谈不上什么经验，只能向大家汇报一下基地建设中的初步做法和粗浅体会，希望各位领导、专家和同仁多提宝贵建议。

一、珍惜机遇，抓紧行动，促成走进崇高践行基地又好又快建设

我院对北京走进崇高研究院仰望已久。枣庄市二中等院校成为基地后，我们更想学习效仿。但是，我院与北京走进崇高研究院过去没有联系。贺茂之院长虽然是枣庄人，之前我们只是听说和仰慕却并不相识。几年前，我去北京出差，从住宿的招待所路经走进崇高研究院。看到标牌感到新鲜、好奇，于是在门口驻足探视良久，但是没好意思入门参观。那次隔门相望算是我第一次知道北京走进崇高研究院。后经了解院长是贺茂之将军。从此，崇高研究院和贺院长的名字时常萦绕在我的脑海。

从 2013 年开始我院开展了书香校园建设，为了深化这一活动，我产生了邀请贺院长来我们学院作一场读书演讲报告的想法。今年 4 月份，我抱着试试看的心情，通过北京“枣庄村”取得了与贺院长的联系。当第一次给贺院长打电话时，原本惴惴不安、担心害怕，听到他的声音后，立刻打消了顾虑，没有想到他如此和蔼可亲，没有架子，没有官腔，不仅答应了我们的请求，而且表示尽快安排。2015 年 5 月 8 日，贺院长应邀及时莅临，为全校师生做了关于读书的专题报告，并且为我院赠送了《走向成功的阶梯》等图书，为读书演讲比赛十佳选手亲手颁发了证书。贺院长的演讲在师生中产生了强烈共鸣，多次赢得热烈掌声。报告会结束后，大家恋恋不舍，久久不肯离场，很多同学留下激情的泪水，走进崇高研究院随行秘书也激动得流泪。那场景的确是群情振奋，备受激发。

报告会圆满举办后，贺院长建议我们申请创建走进崇高研究院践行基地，并且给我院提出许多具体意见和建议。全院师生受到很大激励和鼓舞，于是认真筹划，积极准备，迅速掀起创办走进崇高践行基地的热潮。时隔 20 天，2015 年 5 月 28 日，贺院长再次莅临，为我院举行了走进崇高研究院枣矿集团技术学院践行基地揭牌仪式。这次揭牌仪式受到有关各界领导高度重视。走进崇高研究院顾问、原中国妇联副主席、农工党中央副主席汪纪戎也亲临大会，为师生作了关于母爱和中华母亲节的精彩报告。枣矿集团公司总经理满慎刚亲临大会并参加揭牌。集团公司宣传部部长、团委书记等都参加了揭牌仪式。揭牌仪式举行得热烈隆重，进一步激发起全院师生学习崇高、践行崇高、走进崇高的激情，很多同学和班级自发写了心得体会和决心书，从而使我们学院走进崇高基地建设有了良好开端。

二、全方位宣传教育，让崇高理念内化于心

在揭牌仪式举行前后，我们以崇高理念为主线，采取多种形式，开展了广泛深入的宣传教育活动，为践行崇高理念进行了充分的思想准备。

一是开展了以走进崇高为主要内容的读书系列，引导鼓励大家阅读崇高的书籍及观看崇高的影视作品。读书是走进崇高的阶梯。健康向上的书籍和影视作品可以荡涤心灵、激发走进崇高的正能量。近年来，加强学生思想政治教育的传统方法面临许多新的挑战，空洞的说教和大话套话，学生不仅不愿听，而且很反感，而优秀的书籍及影视作品在提高学生的思想政治素质方面却具有独特的优势，易于被学生接受。我们学院开展书香校园建设的要求和目标，就是“让书香溢满校园，让读书成为习惯”。书香校园建设得到上级领导和部门的大力支持。集团公司团委号召矿区团员青年多次捐赠了书籍、书架，在我院先后两次召开了读书座谈会。贺院长的读书演讲报告和走进崇高践行基地的建立把我院的书香校园建设推向了新阶段。同时，书香校园建设为走进崇高践行基地的建设奠定了思想基础，提供了动力。两项活动互相促进，相得益彰。

二是围绕走进崇高广泛开展研讨活动，以学院共青团组织为主体开展“怎样理解崇高、如何走进崇高”的大讨论。许多班级自发主办了走进崇高专栏，展示了讨论成果，表达了走进崇高的决心。

三是举办走进崇高书法美术摄影比赛。党委书记带头题写了学习崇高，践行崇高，走进崇高的书法作品，广大师生踊跃参加，形成了走进崇高的浓厚气氛。

四是开展走进崇高演讲比赛。获奖的院级优秀选手，由贺茂之院长亲自颁发了奖状，极大地鼓舞了师生热情。

等等一系列活动的开展，不断产生潜移默化的作用，使崇高理念逐步沁入广大师生的心扉。

三、注重实效，大力践行，促进心行合一

我们认为，崇高贵在行动、贵在实践、贵在落实；贵在说做合一，心行合一；贵在从我做起，从现在做起，从一点一滴做起。为此，我们注重搞好“四个结合”：与书香校园建设相结合，与日常行为规范相结合，与评先树优活动相结合，与德育教育和社会主义核心价值观教育相结合。

在践行过程中，我们十分重视榜样的作用，及时发现典型、培养典型、宣传典型，用身边的先进人物和事迹，影响人、鼓励人，激发正能量。为此，我们开展了“身边明星”评选活动，比如“学习之星”“文明之星”“礼貌之星”“守纪之星”“卫生之星”等，发动学生在同学中寻找自己的生活榜样、学习榜样和行为榜样。班级每周表扬一星，学院每月公布表扬一次，把这些“明星”的事迹在校园宣传栏和自办的《校园生活报》刊登展示。用能够展现崇高精神的“明星”，让学生受到鼓舞和熏陶。

我院建设走进崇高基地的时间虽然不长，只有短短几个月，已经收到非常明显的效果。

一是助人为乐的多了。青年志愿者协会、青年义工联盟等组织不断壮大，大家更加热心于开展帮贫助困、服务社会等活动，自发出资发起成立了山亭区爱心助学协会，为山区学生捐款、捐物。

二是学生自发开展了“爱我校园”行动。积极组织学生开展?“垃圾分类回收”、“环境卫生义务清扫”等活动，不乱丢垃圾，不随地吐痰，共同参与校园环境整治。大家自觉“爱绿护绿”、“节约一度电、一滴水”、“创建环保公寓、卫生宿舍”、“杜绝校园吸烟”等活动，积极宣传环保知识，倡导节能减排、低碳生活，自觉保护环境、节约资源、美化校园。

三是遵章守纪、团结友爱的多了。打架斗殴恶作剧的现象明显减少，讲文明、讲礼貌蔚然成风。技工类院校生源素质一般说来不如高中和正规大学高，打架斗殴现象比较严重。尤其是完成校内学业、准备上岗实习的班级，离校的那一天往往闹点事，甚至出现打砸行为。今年实习生离校那天，我们学院非常平稳，没出现任何恶劣行为。分管学生管理的张汉东副处长非常感慨，他说：“每年的这一天我都特别紧张，没想到今年一点事没出。”

四是爱读书、爱学习的气氛浓了。班级纪律明显好转，学习的自觉性明显提高，作业收缴率明显提高。2014 级高技综采一班学生在期末考试时发出了开展“阳光考试活动”活动的倡议书。全院期末考试秩序明显好转。

五是教职工更加爱岗敬业了。我们属于企业办学，集团公司要求我们自负盈亏，不给办学经费。因此，生存非常艰难、工资水平较低。在这种情况下教职工依靠爱岗敬业的崇高精神，依然不分分内分外地工作。普通老师每周代课量平均达 16 节课，学院领导、中层干部普遍带课。假

节日很少休息，因为需要开职工培训课。老师们除了带课外，还要参加大量的义务劳动，以减少费用支出。滕国新等老师带领部分同学，主动对学院的楼顶义务修缮，有效解决了防水问题。刘辉、张朝前、李卫民等人亲自动手粉刷涂料，大大降低了成本。正是靠这种乐于奉献的崇高精神，使我院在没有经费来源的情况下，生存下来。

在建设走进崇高践行基地过程中，我院虽然做了积极探索和努力，取得了一定成效。但是与先进单位相比我们还有很大差距，离崇高精神的要求还有很大差距。我们一定以这次现场会为动力，认真学习借鉴先进单位的经验和做法，把我们学院的工作做得更好，让崇高精神进一步发扬光大、开花结果。

作者为枣庄矿业集团技术学院原书记，
走进崇高枣矿技术学院践行基地主任

传承古城文化　为学生崇高人生奠基

刘玉国

台儿庄，红血洗过的战场。
一万条健儿在这里做了国殇。
——臧克家

为弘扬优秀传统文化，培育和践行社会主义核心价值观，台儿庄区实验小学利用“运河古城”这一得天独厚的地理优势，借助枣庄市教育局推出“闲暇教育”的良好契机，以“传承古城文化、立崇高之志、做崇高之人”为目标，创建了“古城文化进校园”特色品牌系列活动，对学生进行古城文化教育，让学生了解台儿庄，了解古城文化，培养学生热爱祖国、热爱家乡的深厚感情，培养学生具有儒雅的气质、高尚的人格、求真务实的品性、科学研究的精神，提升学生的综合素质。同时，实现学校“科学发展、开拓创新、突出特色、争创一流”的办学理念，全面拓展素质教育空间。

一、古城文化进校园，让学生享受文化熏陶

学校从关注学生终身发展出发，构建“古城文化进校园”的学校课程，全方位打造特色品牌。

一是营造古城文化育人氛围。学校立足于创建“古城校园、美丽校园、文明校园”,倾力打造校园文化育人氛围,充分发挥校园环境和校园文化潜移默化的育人作用,做到草坪花园成体系,育人氛围有主题,文化长廊有内容,校园广播有生机。开辟古城文化宣传长廊,布置古城文化展室,创办校刊《古运新雨》,悬挂古城宣传标语等,从源远流长的古运河文化,到可歌可泣的台儿庄大战文化,再到缤纷多彩的古城文化,都生动地再现了台儿庄历史文化的繁荣变迁。

二是开发古城文化系列教材。从2009年开始,学校探索运河文化、大战文化、古城文化在教育教学中的方法策略,通过阅读运河书籍、调查古城风俗、考证古城历史、搜集台儿庄民间传说,追溯运河古城的历史渊源,编印了《英雄台儿庄》《台儿庄的传说》《台儿庄古城文化》等系列校本教材,促进台儿庄运河古城特色品牌项目的开发,将厚重的历史文化,家乡的一山一水、一草一木展现在学生面前,拉近了学生与家乡的情感,为丰富校园文化生活,为教育、教学活动提供了鲜活的素材。

三是探索古城文化特色课堂。根据国家课程实施方案,三至六年级开设“古城文化”校本课程,间周一节,做到“五有”,即有计划、有教材、有老师、有备课、有活动。学校深化“三六五”课堂教学模式改革,开展“赛课”活动,组织教师听课、评课,互相借鉴研讨,让“古城文化”成为学校常规教学的一部分。将育人寓于课堂教学之中,落实习惯养成教育、自主合作教育、信念信心教育、感恩孝心教育、道德法制教育等“五项教育”,让课堂回归育人的原点,有力地推进了素质教育的深入实施。

四是实现古城文化资源整合。学校充分挖掘各种优秀教育资源,实现家庭教育和学校教育的优势互补,成立家长委员会,积极开展家长进课堂活动,邀请有古城专业知识的家长、台儿庄大战纪念馆解说员到校为学生授课,激发了学生的学习兴趣,开阔了学生的视野,丰富了学生的学习方式,让学生学到在教科书上学不到的知识,促进了学生的全面发展。

二、古城文化促活动,让学生心灵得到浸润

学校把古城文化与育人有机结合起来,开展富有特色的古城实践活动,让学生在活动中健康成长。

古城小报童、小花童活动。每到节假日,运河古城里就会出现一群“小报童”、“小花童”,他们统一着装,沿街叫卖,成为古城一道靓丽的风景线,这便是我校组织开展的社会实践体验活动。这些活动大大丰富了学生的社会阅历,让他们体会到“报童”、“花童”的艰辛,培养了他们吃苦耐劳、坚忍不拔、勤俭节约、自力更生的品质。在“千年古城快乐游”启动仪式上，市区领导高度赞扬了这项活动，并向“小报童”、“小花童”颁发了社会实践证书。

古城小导游活动。学校成立了古城小导游社团，举办小导游大赛，定期组织小导游深入古城，现场为游客义务讲解。每一个学生，都成为古城文化的“小专家”，文明的“传播者”。在活动中，学生学会如何待人接物，训练了文明举止，提高了个人素养。更重要的是，学生在心灵上得到古城文化的浸润，增强了民族自豪感及爱家乡的热情，提升了自信心和幸福感。在全区开展的“小手拉大手，文明伴古城”活动的启动仪式上，学校小导游的精彩表现得到了与会领导和众多游客的赞赏。

古城学雷锋活动。每年3月份，学校在古城开展“传承雷锋精神活动月”系列活动。举行学雷锋启动仪式，向游客发出“践行雷锋精神，争做文明市民”倡议，与游客一起签字承诺，组织学生讲雷锋故事、清扫古城卫生、做古城志愿者、写古城学雷锋日记，强化学生思想道德教育，培养学生助人为乐的高尚品德，争做古城文明新人，扮靓台儿庄运河古城。

古城综合实践活动。学校组织学生或到古城参观，通过绘画、摄影、泥塑、手工剪纸、当场作文等手段，领悟运河古城文化的真谛，提高学生的综合素质；或品尝古城风味小吃，感受家乡古城的饮食特点；或探寻古城名人的足迹，通过采访，感悟古城名人雅士的潜心、静思和勤奋；或通过走访、调查等形式，了解台儿庄古城的风土人情，感受运河古城文化的人文魅力和博大精深。学校先后举办“百名儿童画古城”、“我是古城设计师”、“我讲古城故事”和“古城小课题研究”等活动。

爱国主义教育基地系列活动。我校依托国家级爱国主义教育基地——台儿庄大战纪念馆，开展丰富多彩的爱国主义教育。定期组织队员参观革命烈士陵园、大战纪念馆、中正门、火车站及清真寺等台儿庄大战纪念地，并在这些地方举行入队仪式、宣誓仪式、主题队会和扫墓等活动，还组织学生开展讲英雄、写英雄、学英雄等系列活动，使他们受到思想的洗礼，在心灵中播下爱国的种子。这些活动社会反响巨大，《鲁南晨刊》、大众网、台儿庄区电视台多次对我校的这些德育活动进行了专题报道，得到社会的一致好评。

三、古城文化显实效，让学生展现人文风采

（一）与古城共成长，学生的综合素养得到培养

通过学校组织开展的各类古城实践活动，有效地激发了同学们树立

远大的理想和高尚的道德情操，弘扬传统文化，传承民族精神，争做“四好少年”，坚定报国志向，实现伟大中国梦。思想的洗礼，心灵的润泽，他们对家乡的风景名胜、风俗人情了解更深了，爱祖国、爱家乡的情感更浓了。他们能自觉地走出校园，走进古城，了解家乡历史，发掘家乡文化，感知家乡魅力，获取更多更鲜活的人文知识。近年来，我校学生依托古城开展的《悠悠古城桥》《台儿庄大战的民族精神》等 7 项“小课题”研究，在枣庄市“小哥白尼”杯实践与创新技能大赛中分别荣获一等奖。马钰涵同学被评为枣庄市“十佳少先队员”和齐鲁小名士，并当选为山东省第七次少代会代表；马悦同学在第二届山东省青少年“国学达人”挑战赛中获金奖第 2 名；黄芳源获全国童歌赛金奖；李文琪同学被聘为山东电视台少儿节目特邀主持人……

（二）与古城共发展，学校办学特色得到提升

随着“古城文化进校园”活动的推进，学校的特色愈加凸显。2010 年 5 月 4 日，在全国首家“海峡两岸交流基地”标志建筑泰和楼奠基仪式上，学校百名儿童中华经典诗文诵读表演，受到了各级领导、特别是国民党名誉主席连战先生的高度赞扬。自 2010 年以来学校连续 5 届在山东省素质教育论坛上作典型经验介绍。2012 年 10 月，我校又作为枣庄地区的代表，在全国德育现场会上作典型发言，特色育人经验得到与会专家和领导的高度好评。

2011 年 5 月 22 日，中央四台《海峡两岸》栏目对学校开展的古城文化育人活动进行了相关报道。2015 年 8 月 28 日，在“纪念抗日战争胜利 70 周年暨走进崇高践行基地台儿庄现场会”上，与会人员参观实验小学活动现场并给予一致赞赏。11 月 5 日，学校与韩国东都小学在台儿庄古城举行联谊活动，中韩两国小记者互赠礼物，手拉手一起游古城，参观台儿庄大战纪念馆，共同感受中华民族威武不屈的民族精神，表达对革命先烈缅怀之情。

传承古城文化是一项长远的任务，只有起点，没有终点。学校将不断深化、不断延伸、不断升华，倾力打造具有内涵特色的古城文化育人品牌。我们坚信，“古城文化进校园”特色品牌建设，一定会在台儿庄区实验小学结出奇葩硕果，为学生的崇高人生奠基。

作者为枣庄市台儿庄区实验小学校长

践行崇高文化　打造尚雅校园

李居涛

走进崇高研究院对崇高的诠释是：崇高，真纯的情感，伟大的精神，高尚的行为，神圣的使命，人类共同崇尚的美德，推动社会前进的动力；一旦占有主导地位，就会释放出撼人心魄之光华，形成催人奋进乃至排山倒海之威力，锻铸真善美之辉煌。学校教育的核心追求，就是通过各种恰当的教育手段，深入到学生的灵魂深处，潜移默化地帮助学生建立崇高的人格品位，对学生进行崇高的精神引领，帮助他们树立崇高的品德追求。

作为地处台儿庄大战故地的枣庄市第三十九中学，在多年的教育实践中，不断践行崇高文化，围绕书香校园建设，精心打造以“尚雅”为内核的崇高文化，铸造师生崇尚真善美的崇高精神境界，开展文明礼仪教育，让学生成为文明人；弘扬传统文化，让学生成为有品位的人；教育学生守规矩不任性，让学生成为真诚的人。

在走进崇高这一精神引领之下，枣庄市第三十九中学走出了一条以构建尚雅文化为主题的校本研究特色发展之路。无论是学校潜移默化的学生德育，还是独具一格的综合实践教育，以及卓有成效的“三六五”生态高效课堂建设,枣庄三十九中始终从学生的实际需要出发,推进尚雅文化,构建校本特色,着力为不同的学生提供多元的学习机会,为学生搭建着通往未来的寻梦阶梯,形成了极具特色的育人文化品牌——尚雅。因为,"雅"就是"高尚、美好"的修养。

阅读,成就最好的教育

古罗马哲学家朗吉努斯说:"崇高就是伟大心灵的回声",而产生这种"回声"最有效的方式就是读书,用书香浸润心灵。近两年来,学校通过深入开展读书活动,激发师生的读书兴趣,促使师生与书本为友、与大师对话、与经典交流,为教师专业发展、学生健康成长提供了精神动力和智力支撑。

构建立体图书网络。全方位多渠道开放图书室,建立学生阅览室,班级建立图书角,师生设立图书架,每一层楼设置了开放书架,让学生在课下随手可以拿到书,让读书成为习惯,让读书成为学生课余时间休息的首选方式让"沉淀"的图书"流动"起来,使之成为师生借书、读书的开放港湾。

开展怡情养性的读书活动。学校向师生精心推选以人物传记为主线的书目,引导师生在读书中学习他人的崇高精神及世界上的崇高行为。新生入学,校长亲自向每一位学生赠书,每年教师节,全校老师都会收到校长赠与的礼物——书,每一次例会都拿出相当长的时间向全体教师阐释读书成长的意义,畅谈学校发展的前景。工作安排,必与读书心得结合。

举办读书论坛。一是干部读书论坛,从学校宏观管理的层次去谈学校发展的方向。二是学科骨干教师读书论坛,从教学经验的提升层面谈教学改革新思路,为学科骨干提供了一个展示、交流经验的平台。三是青年教师读书论坛,从专业成长的角度谈教学基本理念、教学基本素质。

开设名家讲坛。广泛地挖掘了区域内的教育资源,建立了专家、名家、名人档案。每年邀请10余位专家、名家、名人走进了校园,举办专题讲座,让全校师生能够近距离感受到名家智慧。他们围绕参加公益活动的体会,传播的是弘扬社会崇高的种子,提升了师生的文化品位和思想素养,锻铸了师生崇高的精神境界。

设立了"小百家讲坛"。围绕读书活动,校园电视台专设2个专栏,一是"美文推介",选出经典文章,安排师生朗诵。二是"我读经典",以讲座或读后感的方式,安排教师开讲座、讲读书方法;学生以谈感受的方式,交流读书体会。“小百家讲坛”吸引了学生的目光，教师的读书风气影响和带动了学生的爱好和学习风尚。

设立读书月，开展聊书活动。学校成立了芸香书社。每年9月设立为读书月，倡导师生读书，并于今年九月成功开启全校师生参与的聊书活动。全校每一位师生积极参与，畅谈读书理想，分享读书心得。10月10日至11日，我校成功承办了全国校长聊书会暨第六届师生聊书会，10月30日至31日，我校又应邀选派部分骨干教师相约包公故里、巢湖河畔的合肥五十五中参加全国校长聊书会（2015合肥站）暨合肥市第五十五中第二届聊书会，共同“借鉴圣贤智慧，相约经典文化”。

“走进崇高，就是趋步进入真、善、美之境界，即彰显自身崇高，学习他人崇高，履行职责崇高，弘扬社会崇高，用崇高规范自身，以实现人格优秀，社会和谐，祖国强盛，人类美好。”我校努力践行这一理念，倡导“读书是走进崇高的阶梯”。用浓郁书香夯实文化底蕴，使师生追求崇高的品质获得了主动、和谐、全面的发展。

德育，重在潜移默化

崇高不仅具有目标性、标准性，而且还具有规范性。一旦用崇高规范自己的思想，其言行就会自觉的崇高。我们把“雅”的教育作为铸造师生崇高品格的核心内容，因为“雅”在中华文化中就是超功利的，就是追求不累于俗、不受制于外物束缚的精神愉悦，追求行为过程中的自怡。

1. 洁雅的校园文化——让学生在熏陶中耳濡目染

我们精心创设了原汁原味的校园文化，打造以“整洁，有序，活跃，雅致”为特色的洁雅校园环境，让有形无形的文化自然流淌，做到目之所及都带有教育性，让学生入眼、入耳、入脑、入心。

校园建设以“雅”为定位。校园里的每一座楼、每一面墙、每一块牌板，都独具匠心、富含深意。四座教学楼分别以文渊楼、文博楼、文贤楼、文达楼命名，取“渊博贤达”之意，图书楼取名“芸香楼”，紧扣学校特有的文化烙印——尚雅。各楼层的系列牌板上展示着国学系列、历史故事、科学史话等德育内容。校园的楼梯、走廊、车棚……随处都有养成教育的“温馨提示”，让学生随时随处都能获得默默的善意提醒，自觉检查和规范自己的行为举止。

校园活动以“雅”为指导。学校每月评选由“孝德之星”、“爱德之星"、"诚德之星"、"仁德之星"组成的"四德少年"以及各类美德少年，并在学校宣传栏中展出。学校开设了书法、绘画、合唱、朗诵、跆拳道、乒乓球、篮球、足球、健美操等十余个活动小组，让学生与艺术结缘，学有特长。每年开学季的隆重拜师仪式，毕业季的毕业庆典，以及争当"绿色、文明、环保、安全、爱心"五使者活动等，都使学生在参与中体验，在体验中成长，在成长中内化道德修养。

2. 优雅的行为规范——让学生在训练中获得提升

培养学生良好的习惯，就要在学生常规管理和行为训练上下功夫，在尚雅这一主题下，我们提出了儒雅男生、优雅女生的行为要求。

气质修养以"雅"为内涵。儒雅男生，就是要求男生要彬彬有礼，仪表端庄，谦恭礼让，胸怀宽广；理想远大，心态阳光，博学多识，奋发图强；忠孝诚信，坚韧担当，一诺千金，意志如钢。优雅女生，就是要求女生文静可爱，整洁大方，活泼健康，朝气阳光；举止优雅，气质高贵，不娇不俗，与人为善；知书达理，自尊自爱，自信自强，聪明能干。

制度建设以"雅"为准则。制度的意义在于树立行为规范的权威性，让学生进一步意识到规范自身行为的必要性。学校出台《学生文明行为十项要求》《课堂文化建设（纪律）十项规定》，让学生知道哪些是优雅的、儒雅的行为，找到提高自己修养的方向。杜绝了带手机进校、骑电动车上学、不规范着装、喧哗、乱丢垃圾等违纪行为。针对中午时段的管理盲区，学校实行"午间静校"制度，提出"进校即进班，进班即静，入座即学"的要求，学生在午休时段或者休息，或者自习，避免在校园闲逛、串班。

行为习惯以"雅"为追求。每周一的升旗仪式上，学生从集合、整队到出旗、升旗，都做到规范、庄严；国歌奏响时，3000 名师生高亢嘹亮的歌声常常吸引路人的关注；国旗下的讲话则从文明礼仪、名人轶事、学习方法、时事热点等专题进行系列教育。学校制定了学生进出校园的路队制度，成立文明监督岗，督查路队秩序；课间跑操是学校的一项校本活动课程，我们用音乐代替教师口令，使学生在雄壮的乐曲、整齐的步伐、响亮的口号中贴近思想教育、纪律教育、集体观念教育的内涵。

3. 尚雅的多维评价——让学生在激励中发展个性化

检查评比以"雅"为标准。依照儒雅男生、优雅女生的要求，学校将学生习惯养成的具体要求细化为评比考核内容。德育处"一日一结分，一周一总评"，每周举行"授旗"仪式，对表现突出的班级授予"流动红旗"，每获一次流动红旗为一星。透过群体评价，时时激励学生为班争光的意识，培养集体荣誉感和责任感，有效促进了学生良好行为习惯的养成。

家校联系以“雅”做沟通。每周，学校通过《家校联系卡》和学生《成长记录册》开展周评。学生根据实际情况，确立本周习惯养成的主攻方向，填写在记录册的“本周小提示”中，并列出计划，填写“我要做的事”。周末，由学生本人、教师、家长针对学生本周目标的执行情况，分别在“周记”、“父母寄望”、“教师心语”里做出评价。由此，形成学生、教师、家长三位一体的督导评价体系，深化德育。

有了以“雅”为核心的崇高目标，则激发出师生“雅”的言行，从而变得心地善良、视野开阔，言行中洋溢着真善美，连走路都显得格外笔挺，格外有力。

实践，铸就综合素质

铸造崇高的精神境界，就要锤炼学生的意志品质，通过亲身体验进行学习，积累和丰富直接经验，培养创新精神、实践能力和终身学习的能力。我校融合校本特色、地方特色和时代特色，在“尚雅”这一主题的指导下，走出一条“以特色培养素质，用实践铸造品行”的综合实践教育之路。

1. 体验式实践：做了才能明白——雅行是做出来的

学校建立“新天地”综合实践活动基地，开设远足课、交通安全课、花木修剪课、绘画摄影课、劳动教育课。通过系列实践活动，学生学到了课本没有的知识，锻炼了动手能力，开阔了视野，增长了学识，陶冶了情操。

徒步远足，考验毅力。从学校到综合实践活动基地，师生需要徒步往返 12 公里，这对当今离开代步工具就不愿行走的孩子们来说，不是一件轻松的事。这一行程，锻炼了学生的意志，培养了他们吃苦耐劳的精神，给他们带来难得的人生体验。很多学生在回来后写的实践报告中说，“虽然很累，但我知道，经过这样的长途跋涉，再也没有什么克服不了的困难”；“再长的路，一步一步也能走完”；“脚有些疼，但每经过一个里程碑，我都会觉得很快乐”……

亲近自然，成就自我。学校特别在园林里有目的地开展四项活动：一是参与花木修剪和标本采集，二是园林写生和摄影，这两项活动引导学生观察并探究自然，增进对自然的认识，形成关爱自然、保护环境的意识；三是开展分组合作的体育活动，培养了同学们团结互助的精神、团队合作意识和永不服输的韧劲；四是花圃除草和厨房帮厨，培养技术意识和技术实

践能力，锻炼了学生的动手能力和劳动服务意识。

2. 服务式教育：在行动中提升——雅行是有影响的

“古城志愿者服务队”。台儿庄古城蜚声中外，学生自发组织“古城志愿者服务队”，利用节假日走上街头、路口，协助交警维持交通秩序，提供旅游资讯，引导外地游客；在古城充当义务小导游，给游客介绍景点分布、景点内容与特色；主动担当“古城小卫士”，帮助环卫工人捡拾垃圾。古城志愿者服务队长期参与宣传古城、服务古城、爱护古城活动。志愿者行动的坚持开展，增强了他们热爱家乡、服务家乡的意识，也提升了自己的社会价值。

“文明创城”实践活动。近年来，学校抓住“创建文明城市”的政策契机，在学生中间开展以“创省级文明，建幸福台儿庄”为主题的综合实践活动。学生成立文明使者宣传队，上网搜集、整合资料，印制宣传手册，宣传“四城同创”的意义、目标和对公民的要求，并利用节假日，到路口、社区进行宣传。学生自发成立校外文明监督团，督查学生节假日期间的校外行为，对于发现的违反交通规则、随地乱丢垃圾、随地吐痰、说粗话脏话等不文明行为和现象，予以记录，每周一公布。利用节假日，组织学生开展社区服务：一是清理社区、街道的卫生死角，二是花木种植与修剪，三是清理小广告、纠正错别字这些活动，增强了学生的服务意识、公德意识和社会主人公的精神。

“必脱弃势利，而后谓之雅也”。“尚雅”，就是崇尚“雅”的精神追求，它否定世俗纯感官性的享受，追求超越对象物质外壳的精神性的愉悦，追求典雅的标格，却蕴藏着悠长隽永的意味与美，这就是崇高精神境界的完美体现。走进崇高，走入尚雅，枣庄市第三十九中学育人以德，导人以行，给予全校师生以人生之路上受用不尽的精神给养，在全校师生心里打上一种崇尚崇高、追求尚雅的人格与精神的烙印。

作者为枣庄市第三十九中学校长

专题报告

从“物质人教育”到“精神人教育”

张志勇

8月28日，北京走进崇高研究院在枣庄举办研讨会和实践教育基地揭牌活动。

设在北京的走进崇高研究院，是由共和国的一批将军们主办的以学习和弘扬军队英雄人物的崇高精神为宗旨的教育公益组织。

我是抱着支持和学习的目的参加这次活动的，本无打算在会上发言。可会议期间，聆听将军们讲述我军的英雄故事，整个心灵深深地为这些共和国英雄们的事迹所感染，内心充溢着不吐不快的冲动。

近期，走进崇高研究院要出版一本文集，院长贺茂之将军希望我把发言整理出来，这个命令我不得不从。

一、不要忘了我们为什么出发

黎巴嫩诗人纪伯伦曾经说过一段令人深思的话：我们已经走得太远，以至于忘了为什么出发。

我觉得，用这句话来概括当代中国教育的成就和存在的问题，再恰当不过了。

改革开放以来，我国在加快教育事业发展，普及各级各类教育，为广大人民群众提供教育机会、促进教育公平方面，取得了巨大的成就，人均受教育年限大幅度提高，在9个世界人口大国中率先普及九年义务教育，高中阶段教育毛入学率已达86%，高等教育进入大众化阶段，支撑了我国经济社会的快速发展，为建立人力资源强国奠定了坚实的基础，其成就令世人瞩目。

但是，我国教育存在问题和挑战也显而易见。特别是，重智育轻德育，重考试升学轻人的全面而个性的发展，导致我国中小学生课业负担沉重，身体素质持续下降，创新精神、实践能力和社会责任感不强。

我国教育存在的上述弊端导致国民创新素质和人文素养不高，已成为我国经济转型升级、创新发展、社会和谐的重要制约因素。

基于此，党的十七大提出报告“育人为本，德育为先”；党的十八大报告进一步强调“立德树人是学校教育的根本任务”。

我们的教育不能忘了为什么出发，我们的教育必须尽快回归育人为本的轨道。

二、德育是当代教育面临的最大挑战

著名教育家吕型伟先生曾经说过：“现在是地球变暖了，人心变冷了。德育是未来教育的最大难题，这不是我一个人的担心，因为这是个国际性的问题。如今，人类可以享受科技带来的成果，可以让飞天不再是梦想，可以克隆自己的生命，但是，有一个问题无法解决，那就是德育。目前，人类的道德不是在进步，而是在滑坡。”

那么，对于我国广大教育工作者来讲，当前德育工作到底难在哪里？我认为，以下几个方面是关键：

“物欲主义”正向整个社会漫延。1977年，粉碎“四人帮”时，我国国民经济已处于濒临崩溃的边缘，人民生活水平长期处于贫困状态，吃饱穿暖成为人民群众的迫切期盼，发展国民经济，最大限度地释放生产力，让一部分人先富起来，成为我国改革开放的首要战略选择。正是在这样的背景下，“以经济建设为中心”、“发展是硬道理”，等等，保障了几十年来我国经济社会的持续发展。但是，不能不承认，“让一部分人先富起来”，在释放国人的创造活力、促进社会生产力快速发展的同时，也导致了“一切向钱看”思潮的泛滥，“物欲主义”不断向整个社会漫延，有的人甚至为了致富、为了赚钱，不择手段，不惜突破道德和法律的底限。而当这一思潮从社会领域向教育系统漫延时，中小学生道德成长面临的困境日益严峻，就是其必然结局了。

物质文明与精神文明的“二律背反”现象。18 世纪的法国思想家卢梭在研究古罗马时期的贵族生活时得出一个结论，即道德与社会的二律背反。卢梭认为，物质文明每前进一步都伴随着精神不平等的深化和道德的堕落。卢梭的研究揭示了人类社会发展过程中的一个普遍现象，就是在人类社会的发展进程中，物质文明的进步与精神文明的进步并不是完全同步的，有时甚至会出现物质文明欲发达，精神文明欲退化的现象。改革开放以来，国人在享受日益进步的物质文明成果的同时，却时时刻刻面临着物欲横流、道德滑坡带来的种种困扰。

南怀瑾先生曾经说过：这是最好的时代，也是最坏的时代。西方文化的贡献，促进了物质文明的发达，这在表面上来看，可以说是幸福；坏，是指人们为了生存的竞争而忙碌，为了战争的毁灭而惶恐，为了欲海的难填而烦恼。在精神上，是最痛苦的。在这物质文明发达和精神生活贫乏的尖锐对比下，人类正面临着一个新的危机。

全球化浪潮。伴随着当代人类社会科学技术的迅猛发展，工业化进程的快速推进，交通工具的日益便捷，世界范围内物质产品生产、交换分工和贸易体系的加速形成，在全球范围内，各个国家之间的人流、物流、思想流，几乎进入了无障碍、无隔膜感的时代，人类社会真的变成了一个地球村。在这种背景下，东西方的文明范式、社会思潮、价值观、生活方式的交流、交融与冲撞，日趋激烈。

网络化时代。信息技术革命推动下的网络化、信息化时代的到来，一方面，使信息和知识在人类社会传播方面，更加开放、公平、便捷；另一方面，人们的生活日益虚拟化，其信息、知识和思想的分享常常处于无“安全阀”状态，尤其借助网络快速传播的图像、视频，为当代青少年提供了唾手可得、数不胜数的感官刺激……这些因素对青少年的影响利弊互现，人类社会面临着日趋严峻的道德教育挑战。

三、单向度的教育造成了当代人精神世界的日益贫困

人有两个世界：即物质世界和精神世界。教育在人的物质世界和精神世界的建构中发挥着巨大的作用。这种作用，体现在对人的物质力量和精神力量的培育上。人的物质力量是改变物质世界的力量，这里突出的是知识的力量、能力的力量；而人的精神力量，则是改变人的内心世界的力量，这里，突出的是人的品格的力量，精神的力量。

在这里,我把着眼于人的物质力量培育的教育,称为"物质人教育";把着眼于人的精神力量培育的教育,称为"精神人教育"。所谓"物质人教育",从教育价值定位上讲,更多地强调教育的人力资源开发功能;从教育内容上讲,更多地强调知识和能力教育;从教育个人功用上讲,更多地强调教育改变个人命运、改善个人生活的价值。这种教育,突出的是人与外部世界的关系,是对人的物质力量的释放。所谓"精神人教育",从教育价值论上讲,更多地强调教育的文化意义,特别是人的人文素养教育;从教育内容上讲,更多地强调人的德性成长和人文教育;从教育的个人功用上讲,更多地强调教育对人的自我成长的意义。这里,突出的是教育对人与内心世界的关系,强调修身与内省,释放的是人的精神力量。

当代教育面临的最大挑战,就是全社会日益被极端功利主义的应试教育所绑架,使整个教育深陷单一的"物质人教育"泥潭之中无力自拔,让教育沾染上了日益严重的"金钱味"、"铜臭味"。这种教育培养的人,由于精神发育不健康,在人生的长跑中,往往会得"三种病",一是"犹豫症",面对人生的各种抉择患得患失,人生的路迈不开步;二是"躁动症",面对人生的各种诱惑没有定力,人生的路走不稳;三是"近视症",面对人生的各种考验没有远见,人生的路走不远。

四、精神世界的培育离不开三个载体

一个民族,精神世界的培育,离不开以下三个具体载体:

一个民族一旦丧失了对本民族的文化崇拜,这个民族就没有了文化根基。任何一个民族,要想自立于世界民族之林,都离不开文化自信。中华民族伟大复兴的中国梦,自然包括文化复兴之梦。中华优秀传统文化,是中华民族的精神命脉和文化标识,是滋养每个中华儿女心灵的最丰厚的精神产品。必须大力弘扬中华优秀传统文化,将中华民族优秀文化基因植入中小学生的大脑。

一个民族一旦丧失了对本民族的信念崇拜,这个民族就没有了精神支柱。任何一个民族,要想在日益激烈的世界竞争大舞台上站稳脚跟,必须有自己的理想信念,并通过系统完整的教育,将这种理想信念转化为本民族的价值崇拜,这就是要在全社会大力弘扬社会主义核心价值观,尤其需要在基础教育阶段为每个孩子打牢价值观的根基。

一个民族一旦丧失了对本族的英雄崇拜,这个民族就没有了国家正义。任何国家的文化和价值观都不是虚无缥缈的,她既植根于这个国家和民族的历史文化之中，更浸透在这个国家和民族的英雄人物群体之中。如果这个国家的国民，丧失了对民族英雄人物的崇拜与敬仰，无疑这个国家就丧失了正义感。

加强传统文化教育，加强理想信念教育，加强英雄人物教育，是培育精神富有的一代新人的必由之路！

作者为山东省教育厅副厅长

践行基地的经验启示与抗战胜利的理论思考

杨瑞森

在纪念抗日战争胜利70周年之际，作为一名长期从事高校思想政治理论教育和毛泽东哲学思想的教学与研究工作者，能有幸参加在台儿庄这座历史名城的几十所中学召开的走进崇高践行基地现场会，心情十分激动，收获也十分巨大。大学同中学的思想政治教育相比较，是既有区别又有联系的。现在，我已退休多年，已是年届8旬的耄耋老人，但仍以不同形式参与高校思想政治理论教育的某些工作。我这次来台儿庄参加践行崇高现场会，是带着求知和探索的心态来的，是想从在中学开展的践行崇高的活动中探求推进高校思想政治教育的启示。昨天上午，我认真地听取了枣庄二中、三中和河北省丰润县车轴山中学、内蒙古宁城县四中、枣矿集团技术学院等5所学校的校长所作的关于用走进崇高理念治学、育人的经验报告；昨天下午，又到台儿庄二中、三中等几所学校实地参观，印证了“走进崇高”进校园的重要性、可行性和有效性；会议期间，我也饶有兴趣地阅读了会议印发的有关资料，并与几位参会的同志围绕现场会主题交流了彼此看法。现在看来，这次台儿庄之行，真可谓收获颇丰，不虚此行。此外，作为一名长期从事毛泽东哲学思想教学与研究的理论工作者，我也想在这次现场会上，以“走进崇高”为视野，就抗日战争同毛泽东哲学思想的关系问题谈一些看法。下面，我就学习践行基地的经验启示和抗战胜利的理论思考这两个问题，谈点感受和体会，以便同与会同行朋友们交流。

一、践行基地的经验及其对推进高校思想政治教育的有益启示

我是一名长期从事高校思想政治理论教育的工作者。我在人民大学教过公共哲学课，在南开大学当过马列教学部主任，后调教育部社会科学司任司长，主管高校思想理论教育工作，退休后又以不同形式参与这一领域的多项工作，仍在关注和思考高校思想政治理论课的教学改革和人才培养。在高等教育中必须对青年学生进行思想政治理论教育，这是由社会主义教育的本质和教育方针决定的，因而是不能动摇的。现在，我们需要着力思考、研究和解决的重要问题，是如何使高校的思想政治理论教育工作做得更有效、更受学生欢迎，使高校马列理论教育真正成为学生终身受益的精神营养，使青年学生成为我国社会主义事业的优秀建设者和接班人。我们过去长讲马列主义在高校要“三进”，即进教材、进课堂和进脑筋。在这“三进”中，“进脑筋”是根本目的，但如何实现“进脑筋”则需要下大工夫加以认真研究和解决，高校的政治课改革正是围绕解决这一根本问题展开的。我在人民大学招收和培养的博士生中，先后有两名学生以增强高校思想政治教育的有效性问题作为学位论文的选题。应该说，制约高校思想政治理论教育有效性的因素是多方面的，其中包括教师素质、教学方法、领导重视和政策支撑等，但更为重要的乃是思想政治理论教育自身的科学性。邓小平同志在“南方谈话”中曾说过，“我坚信，世界上赞成马克思主义的人会多起来的，因为马克思主义是科学”。邓小平的这段著名论断，正深刻地揭示了思想理论教育的有效性同思想理论教育自身科学性的内在的和本质的关系。因此，我认为，高校思想政治理论课的教学改革要在理论教育内容的科学性上下功夫。

大中小学的思想政治教育工作是联结在一起的，是一体化的系统工程。中学的思想政治教育是基础教育，对高校开展思想政治教育关系极大。我在位期间，就曾接触到中学的思想政治教育，并引起我的相关思考。有一次，教育部的一位司机请我为他女儿的政治课高考作些辅导，我答应了。于是，这位考生将她在初中、高中时所学过的一大摞政治课教材

放在我的办公桌上，我粗略地翻阅了一遍，吓了我一跳。我发现，高校政治课（主要是哲学课）的主要内容在中学教材中都有，中学的政治课可称之为是高校政治课的浓缩版。这使我联想到，这样的教学内容怎能引起中学生的学习兴趣呢，其教学效果是不难想象的。还有一次，是在高校考研结束后我到一所高校了解青年大学生在读本科时对高校思想政治理论教育课教学的意见和建议。一位应届本科毕业生坦诚地对我说，大学的公共哲学课没有必要开设，说他们在中学不但都学过，而且哲学基本原理都能背下来。我请他举几个例子，他说，比如关于唯物主义和认识论的基本原理，就是“世界是物质，物质在运动，运动有规律，规律能认识”；又如关于辩证法的基本原理，就是“事物有两点，两点有重点，重点能转化，转化靠条件”。这使我感到特别惊讶。我十分感佩中学的政治课教师能下工夫对马哲基本原理作出如此通俗的概括，致使中学生能长期牢记。但是，我也由此担心，在中等学校进行这样的思想政治教育能否真正使教育的科学内容在青少年学生中入心入脑。由此也促使我一直在认真思考大中小学德育教育的关系问题，也即教学内容的一体化衔接和教学方法问题，以及相关的师资队伍建设和政策支持问题。

我对走进崇高研究院所开展的践行崇高基地建设工作怀有浓厚兴趣。前几年，我在参加崇研院的一些活动中，曾接触到河北省丰润县车轴山中学开展思想政治教育的一些资料和该校校长张斌利同志的传奇事迹，使我十分感动，并引起我对高校思想政治理论课教学改革的若干思考。大家知道，在改革开放和市场经济条件下，青少年学生的思想政治状况发生了重大变化，具有新的特点。学校的思想政治教育工作要想取得实效，就需要作新的探索和改进，教学的内容和方法亦需根据学生的思想实际作出某些新的调整或改革。这是一项十分重要而复杂的工作，其中包括教学理念的转变，对以往教学经验的全面总结，教师素质的提高和领导骨干的培养、遴选和使用，以及相关政策支撑等问题，都需要深入研究和总结。河北省丰润县车轴山中学运用传统文化教育学生，在学生中深入开展“自控力”训练，在学校中遂出现考试无监考、食堂无乱剩饭菜等“八无”现象。这使我产生浓厚兴趣，并对车轴山中学的教改探索充满敬意。这种探索精神是多么难能可贵和值得称颂的啊！

我这次参加“走进崇高践行基地台儿庄现场会”，是带着问题来的，或者说，是满怀着敬意和学习的心态来的。与会期间，我认真地听取 5 位中学校长所作的关于践行崇高的经验介绍,饶有兴趣地参观了枣庄二中等3所学校有关践行崇高的教改展览,也看到了学校开展教学活动的现场,并同包括践行基地学校领导和相关教育部门的领导同志作了广泛交流,使我对“践行崇高”的理念和实践产生了许多新的认识。如果说,在前几年我所接触到的关于车轴山中学的先进典型还只是一个个案,即特殊案例的话,那么,这次台儿庄之行所见到的案例就不是个别案例了,我们的认识也就由个别上升到一般。具体说来,有两个方面:一方面,我对崇研院的工作、特别是贺茂之院长的贡献充满敬意,他给我们这些离退休的老同志树立了一个退而不休、仍以全部精力献身教育事业的榜样;另一方面,我也从在中学中开展的“践行崇高”的探索实践中获得了一些关于在高校中深入开展思想政治理论教育和教学改革的思想鼓舞和深刻启示。我从“走进崇高践行基地台儿庄现场会”受到的鼓舞和启示,简略地说来,有以下4个方面:

其一,思想政治教育要牢牢坚持理论联系实际的指导原则,要把教书与育人紧密结合起来。我们所从事的思想政治教育,顾名思义,它不是单纯地传授文化知识,而是要进行思想上和政治上的教育。我们所说的“走进崇高”并不是某种高大上的遥不可及的东西,其实,“崇高”的科学内涵既包括崇高的理想、信念、精神和理论,也包括崇高的事业、职业、实践和行为。枣庄二中对“崇高”的理解是正确和深刻的。在他们看来,崇高“是理念也是信念,是理想也是现实,是思想也是行动,是目标也是过程,是方向也是抓手”。正是在这一科学理念指导下,他们把思想政治教育与养成教育紧密结合起来,把传统文化中重视践行的理念同培养和践行社会主义核心价值观的教育紧密结合起来,坚持“以文育人,以文化人”,为学生的健康成长和成才奠定了良好的基础。我总体的印象是,走进崇高践行基地的实践效果是明显的。这些实践效果表现在学校管理理念和教学内容、教学方法的更新,学生整体精神面貌和行为举止的积极变化,学生升学率的大幅度提高,以及校园环境的改观和丰富多彩校园文化的呈现等等诸多方面。大学和中学的思想政治教育相比较,是有很大区别的,但在坚持理论联系实际、教书与育人相结合指导方针上却是完全一致的。几所中学“走进崇高践行基地”所取得的经验,值得高校借鉴和吸收。

其二,教师是学校开展思想政治教育的主体或主导,要下大工夫培养和造就一些德才兼备、矢志献身教育事业的师资队伍。开展思想政治教育，把我们的学生培养和塑造成为毛泽东同志所倡导的那种高尚的人、纯粹的人、有道德的人、脱离了低级趣味的人、有益于人民的人，这是一项伟大而崇高的事业。教育者首先自身需要受教育。培养崇高人的人首先需要自身崇高。走进崇高践行基地台儿庄现场会给我留下的最深印象是，这几个基地都有一批德才兼备、矢志献身思想政治教育这一崇高事业的教师队伍。他们是开展学校思想政治教育这一崇高事业的关键和第一助推者。他们对培养和塑造崇高的人怀有强烈的事业心和责任感，他们坚持“内化于心，外化于行”的教学指导原则，他们对学生奉献大爱，他们用崇高规范自身，使教师在学生心灵深处成为颇具魅力的德才兼备的良师益友。践行基地的教师们为深入开展思想政治教育工作提供了经验，作出了贡献，是我们学习的榜样。

其三，为提升学校教学质量和学生思想道德情操，必须加强全方位管理。办教育、特别是思想政治教育，是需要加强管理的；在思想政治教育方面，中等教育属于养成教育的范畴，更需要加强管理，需要在教育管理的科学性和有效性上下功夫。现在，社会上流行着一种否定教育管理、鼓励和赞赏“任性”的论调，那是一种谬说，需要旗帜鲜明地予以拒绝和澄清。台儿庄现场会为我们提供了加强思想政治教育管理的可贵经验。枣庄三十九中学提出的“规范出精品，落实出成效，坚持出特色”的办学理念，是科学教育管理学的具体体现；他们创造的学生家长参与学校管理的经验，是一种民主办学的新形式。枣庄二中关于管理格局的安排和关于管理内容及目标的设定，都很有新意。在他们的管理体系中，不仅强调对学生的学习、思想和生活等多方面进行全过程、无缝隙管理，并形成规范性和常态性的可操作的和有效的规章制度，而且更加强调干部和教师在学校管理工作中的引领、规范、落实、创新作用。走进崇高践行基地所提供的经验，不仅体现在管理理念和管理制度上，更重要的是他们的管理理念和管理实践已产生了明显效果，形成了崭新的校风校貌。在校园中洋溢着的勤奋之风、沉稳之风、求知之风，以及端淑之气、儒雅之气、君子之气、实干之气，令我们心旷神怡，备受鼓舞，从而也增强了我们对深化高校思想政治理论课教学改革的信念。

其四，领导高度重视，并给以切实的和强有力的思想指导和政策支持。作为一名长期从事高校思想政治理论教育工作者和管理工作者，我参加台儿庄现场会所受到的一个重要启示是在领导工作层面。台儿庄践行基地的经验，不只是几个先进典型的经验，而是一批先进群体的经验。在这次台儿庄现场会期间，我们听取了5位校长所作的经验介绍，我们实地参观了4所学校，其中还有1所实验小学。台儿庄践行基地的经验具有典型性、代表性和普遍性。其中关键的一条经验和启示，是有关领导高度重视，并给以切实的和强有力的政策支持。我们看到，在践行基地新校园的规划、教学和生活实施的建设、办学新理念和校园新风气的倡导、教学新方案的制订和教学管理新体制的推行等等诸多方面，出现的令人赞叹和鼓舞的新变化，都是同有关领导部门和领导同志的关心、重视、指导和支持分不开的。当然，这里应该强调指出，在“走进崇高”科学内涵的界定和践行崇高的推进工作上，贺茂之同志和北京崇研院作出了杰出贡献，是我们学习的榜样。在中央高度强调建设中国特色文化强国的今天，我们需要更多的象贺茂之同志这样的好榜样。但是，还应强调指出，从根本意义上说，包括大中小学在内的我国广大青少年学生思想政治面貌的变化和素质的提升，还是要靠各级教育主管部门领导同志的重视和广大教职员工的努力。这里，就涉及到一个关于思想政治教育在整个学校教育中摆位问题的认识问题和处理问题。显然，这一问题的关键，首先是个领导问题。山东省教育厅副厅长张志勇同志讲得十分深刻，他强调指出，走进崇高进校园是纠正长期以来学校教育“重知识轻品行，重分数轻素质”顽症重病的良药妙计，他号召山东省的学校要以走进崇高枣庄二中践行基地为榜样，走进崇高并拥有崇高。

二、对进一步完善和推进践行基地建设的几点建议

我这次参加走进崇高台儿庄现场会，是带着问题来的，想从中学习、研究、探索一些有关深化高校思想政治理论课教学改革的一些重要问题的启示。现在看来，我获得的启示是丰富的和深刻的。与此同时，我也思考了一些问题，形成了一些想法。为进一步完善和推进走进崇高践行基地建设，提几点不成熟的看法和建议，供同行友朋们参考。这些看法和建议，也是对践行基地经验的另一种形式的启示。

其一，要进一步总结和完善走进崇高践行基地的建设经验，从中深入揭示和阐明开展思想政治教育的一些重要的深层次的认识问题。比如，关于大中小学德育一体化及其相互联系和区别问题。这是一个关涉中学德育教育的前提性或基础性的功能定位的重要问题，需要深入研究和总结。在以往的一个较长时期里，中学思想政治课存在的知识化、理论化、高等教育化的教训,应该总结和记取。在我看来,台儿庄践行基地所取得的一条十分重要的经验,正在于正确认识和处理中学德育教育的功能定位问题,把中学这一学历层次的德育教育的内容和方法同中学生健康成长成才的思想特点和实际需要紧密结合起来。我建议,有关这方面的丰富经验要进一步深入总结,并加以弘扬和宣传。又如,关于中学德育养成教育与良好思维方式培养的关系问题。从理论上说,这两者是一致的,中学的德育养成教育理应包括青少年学生良好思维方式的培养或养成;青少年学生良好的规范性行为方式的形成,是建立在学生自身理性思考基础上的。从实践上说,在台儿庄几所走进崇高践行基地的思想政治教育活动中,就有着关于对学生进行良好思维方式教育的丰富内容,其效果也是十分明显的。对于这方面的经验,亦应进一步深入总结。再如,关于中华民族优秀传统文化教育与社会主义核心价值观教育的关系问题。这是一个十分重要的理论问题和实践问题。对这一问题,习近平同志有十分重要的和深刻的论述。他强调指出,中国特色社会主义和社会主义核心价值观同继承和弘扬中华优秀传统文化之间有着内在的和本质的联系,他提出了中国特色社会主义要"从延续民族文化血脉中开拓前进"的重要论点。习近平同志的这些论述,是我国思想政治教育领域深化教学改革的重要指导思想。在这一方面,走进崇高践行基地的探索为深化思想政治教育的改革提供了可资借鉴的重要范例。践行基地思想政治教育的最大特点和核心内容是深入开展中华优秀传统文化教育,也就是说,把社会主义核心价值观教育同弘扬中华优秀传统文化教育紧密结合起来。对这方面的经验,需要深入研究和总结。大家知道,在高校思想政治教育工作中,马克思主义思想政治理论教育与中国优秀传统文化教育是既相互联系又相互区别的两类课程。中国优秀传统文化教育课,是高等教育中的重要课程,其中也蕴涵着有关思想政治教育的重要内容,但它不能取代思想政治教育。在高等教育中,马克思主义理论教育课乃是高校思想政治教育的主阵地和主渠道。从这个角度上看,在走进崇高践行基地中开展的以弘扬和传承中华优秀传统文化为基本内容的思想政治教育如何与培育和践行社会主义核心价值观教育更加紧密结合的问题,就值得进一步研究和总结。

其二,思想政治教育师资队伍建设是一个特殊重要的问题,需要进一步下大工夫从多方面加强建设。开展思想政治教育是一项十分崇高的事业。走进崇高和践行崇高的关键在于建设一支拥有崇高的优秀师资队伍群体。台儿庄走进崇高践行基地的一条根本性经验,是坚持不懈地在思想政治课师资队伍建设上下工夫。致使广大思想政治课教师都有着对教育事业的深刻情感,有着对业务能力的卓越追求,有着对人生价值的深刻领悟,从而使学校的思想政治教育工作取得明显成效,受到家长、社会以及有关领导部门的高度评价和颂扬。台儿庄践行基地在政治课师资队伍建设上所开创的经验,值得重视和学习。在这里,我想就中学思想政治教育教师队伍建设问题提一条建议,就是要加强教师队伍自身分析和回答重大现实问题的能力培养。应该说,不同学历层次的思想政治教育在思想内容上是有本质差别的,不能把中学的思想政治教育大学化、知识化和理论化。但是,中学的思想政治课也是需要强有力的理论支撑的;中学生所关注和思考的人生道路和社会问题中,有许多问题蕴涵着一些深层次的理论问题和认识问题。就中学思想政治教育课师资队伍的建设来说,不论就提升师资队伍自身的素质和能力而言,还是就增强教学的有效性和说服力而言,都需要加强师资队伍自身分析和回答重大现实问题的能力培养。应该说,在思想政治课师资队伍建设问题上,中学同大学有许多相似或相同之处。具体说来,在师资队伍建设问题上,有如下几方面的工作是需要关注和着力加强的。一是要加强思想政治课教师队伍自身的理论学习,其中包括马克思主义基本理论和党的相关文献的学习,以进一步夯实理论功底和拓宽理论视野,增强理论自觉和理论自信;二是要关注和把握当今中国社会较为流行的社会思潮,并学会运用马克思主义基本理论加以分析和澄清,努力防止或减轻不良社会思潮对主流意识形态和学生健康成长的冲击和影响;三是要加强调查研究,了解和把握青少年学生的真实思想和心理诉求,以便有针对性地言传身教,用爱、用心、用情、用理去有效地感化学生、引领学生。

其三,走进崇高践行基地的经验具有普遍指导意义,要在进一步充实和完善的基础上有计划地逐步向更大范围拓展。对于走进崇高践行基地的经验,要放在党的十八大以来党中央和习近平同志关于实现民族复兴和建设文化强国这样的视角和战略高度上去研究、总结和评价。习近平同志多次强调,要实现中华民族复兴的中国梦必须弘扬中国精神,必须充分发挥中国优秀传统思想文化文以化人的教化功能。2013 年 12 月,中共中央办公厅印发了《关于培育和践行社会主义核心价值体系的意见》;

2014 年 4 月，国家教育部颁发了《完善中华优秀传统文化教育指导纲要》。这 2 份文件，对加强中华优秀传统文化的重要性和紧迫性作了全面论述和分析。对加强中华优秀传统文化的指导思想、基本原则、主要内容和相关政策等问题，都作出了明确规定和阐发。当前，需要着力研究和解决的一个重大理论问题和实践问题，是如何将社会主义核心价值观教育同中华优秀传统文化中的相关思想有机地结合起来，以实现古今结合、以古鉴今、古为今用的目的。这是一个须经长期艰苦探索的重大科研课题。令人感到欣慰和鼓舞的是，我们从聆听和参观践行基地的丰富的教改探索的实践经验中，对认识和解决上述重大科研课题获得了许多深刻启示。走进崇高践行基地的实践探索是成功的，为我们提供了一个将社会主义核心价值观教育同中华优秀传统文化教育相结合、从而更有利于学生健康成长和成才的思想政治教育的教改成功典范。这些典型范例的产生，是党的十八大以来深化教学改革探索的可喜成果，是落实党中央和习近平同志有关指示精神的生动体现，因而受到社会和家长们的高度评价和广泛颂扬。现在，需要认真研究的是关于如何将走进崇高践行基地的探索经验进一步充实完善和加以学习、宣传、推广问题。台儿庄几所中学走进崇高践行基地的丰富而深刻的教改探索经验，是在有关教育主管部门和领导同志的热情关怀和有力支持下取得的，当然，不容讳言，也与贺茂之将军和北京崇研院的悉心指导和大力帮助分不开的。对此，作为一名退休多年并长期从事理论教育的工作者，我再次向贺茂之同志和北京崇研院表示由衷敬意。但是，我认为，从全局工作考虑，关于培育和践行社会主义核心价值观，探索、研究和推进对青少年学生加强中华优秀传统文化教育的工作主要应由政府来承担。有关教育主管部门应将这项工作列入教育发展规划，并提供多方面支持和政策保障。这次举办的走进崇高践行基地台儿庄现场会，有全国百余位中学校长参加，有几位地方教育主管部门领导同志与会，并表示拟在本地区建立几个走进崇高践行基地，给以多方面政策支持。这一情况的产生，令人鼓舞。

三、关于抗战胜利的几点理论思考

走进崇高践行基地台儿庄现场会，是在纪念抗日战争胜利 70 周年的大背景下召开的，会议的内容亦与纪念抗战胜利这个主题直接相关。抗日战争是一场伟大而崇高的革命斗争实践，它在推进中华民族文明发展和社会进步中，在推进世界范围内反帝反殖和世界文明进步中，在推进马克思主义中国化和实现中华民族伟大复兴的历史征程中，均有极其重要的意义。在伟大而崇高的抗日战争革命斗争实践中，形成和体现了伟大而崇高的抗战精神，弘扬和升华了伟大而崇高的中华优秀传统文化和中国精神，形成和铸就了马克思主义中国化第一大理论成果即毛泽东思想这一伟大而崇高的科学理论，形成和凝聚了中国共产党人高度重视思想政治教育和创造性学习运用马克思主义哲学的优良传统。应该说，在抗日战争伟大而崇高的革命斗争实践中所形成和铸就的这些伟大而崇高的精神、理论和优良传统，都是我们走进崇高践行基地应该认真学习、继承和弘扬的。我是一个长期从事毛泽东哲学思想教学与研究的理论教育工作者，我想围绕着抗日战争与毛泽东哲学思想的关系问题谈几点看法，主题是对抗战胜利的理论思考，重点是深入研究和总结抗战胜利问题的思路和方法。

其一，要把抗战史的研究放到我们党领导和推进的新民主主义革命和马克思主义中国化的整个历史进程中去研究，从中揭示和把握毛泽东哲学思想是时代精神和民族精神的精华。

抗日战争史是我国民主革命史的一部分或一个重要历史阶段，抗日战争期间所发生的一切重大历史事件和历史问题，都是我国民主革命时期社会基本矛盾的历史产物，是近现代中国社会发展历史逻辑的展现。因此，研究抗日战争时期的重大理论问题和实践问题，都应放在我国民主革命的整个历史进程中加以考察，而不能孤立地就抗战论抗战。众所周知。1840 年鸦片战争后，中国逐步沦为半殖民地半封建社会。近代中国面临的历史任务的主题，是中国社会的出路问题。这个问题包含着互相联系的两个方面：一是求得民族独立和人民解放；二是实现国家繁荣富强和人民共同富裕。近代中国所面临的这一历史任务的主题，也正是习近平同志提出的关于“中国梦”的科学内涵。近代中国的社会矛盾是极为尖锐和复杂的，是世界东方各种矛盾的焦点。从总体说，“帝国主义和中华民族的矛盾，封建主义和人民大众的矛盾，这些就是近代中国社会的主要矛盾”。（毛泽东：《唯心历史观的破产》）近代中国所发生的各种革命斗争，以及与此相关的思想文化论争，都是围绕着如何认识和解决近代中国的社会矛盾即如何认识和解决近代中国的社会出路问题而展开的。从鸦片战争到“五四”运动这 80 年间，中国人民为挽救民族危亡，反抗阶段压迫，曾进行了可歌可泣的、波澜壮阔的英勇斗争，先后爆发了太平天国农民战争、义和国运动和孙中山领导的资产阶级民主革命等伟大的反帝反封建的革命运动。与此相适应，在近代中国历史上，也曾出现过反映这些斗争的思想诉求并为之服务的各种思想理论。其中，既有蕴涵着中华优秀传统文化的丰富内容，更有从西方思想武库中学来的天赋人权论和各种政治改革方案。应该说，近代中国人民所开展的英勇革命斗争和在追求救国救民真理问题上所进行的艰辛探索，对于动摇中国封建王朝的统治基础，阻碍帝国主义列强直接瓜分中国，以及促进中国人民的觉醒和推动中国社会的发展，都起了十分重大的作用。但是，应该强调指出，近代中国人民所开展的这些斗争和所进行的这些思想理论上的探索都失败了。失败的原因是多方面的，其中，最主要的原因是近代中国的革命缺少科学世界观和方法论指导。这里，就涉及到近代中国的革命同马克思主义在中国传播、并被先进的中国人接受的关系问题了。马克思主义是在19世纪中叶即鸦片战争之后不久而产生的。从19世纪中叶到20世纪初俄国十月革命这70多年中，当马克思主义在欧洲已形成重大社会影响和当国际资本主义已进入帝国主义时代的历史条件下，多数先进的中国人还不知道有所谓马克思主义，还在热衷地向资本主义学习。马克思主义作为一种独立的思潮在中国传播，是伴随着中国革命的深入发展和中国人民思想觉悟的逐步提高出现的。在这一历史过程中，新文化运动为马克思主义在中国的传播提供了重要的思想条件，而俄国十月革命则是马克思主义广泛传入中国的桥梁和重要的国际条件。正当先进的中国人经过多次失败重新探求革命真理、寻求新的解放之路时，俄国十月革命把书本上的社会主义学说变成了活生生的现实，这不能不对近代中国的革命产生重大影响。近代中国社会矛盾问题的解决，需要有科学世界观和方法论指导，这是近代中国社会发展的客观要求，也是近现代中国政治思想史的发展逻辑。近代中国人民为解决中国社会的出路问题，在经历了长期的艰苦卓绝的革命斗争实践之后，在俄国十月革命的启发下，在“五四”时期经过尖锐激烈的思想文化论争，才最终选择了马克思主义，才产生了中国共产党，才找到了中国社会发展的出路，才科学地解决了我国民主革命的性质、对象、动力和前途等认识问题，才开创了中国社会历史发展的新时代。习近平同志深刻指出，“近代以来中国社会各种政治力量和政治主张争论和较量的实质，是不同的历史道路、社会发展之争”，“历史在人民的探索和奋斗中造就了共产党，中国共产党领导人民又造就了新的历史辉煌”。（在中央党校2011年秋季开学典礼上的讲话）我用相当篇幅讲了一点大家所熟知的道理，旨在强调一种研究抗日战争史的思路和方法。抗日战争史是我国民主革命史的一部分或一个重要发展阶段，因而研究抗日战争史不能脱离我国民主革命的主题和主线。抗日战争是在中国人民为解决近代中国社会发展出路问题而选择了马列主义和中国共产党的历史条件下发生的，是在马克思主义理论指导下进行的，马克思主义是指导抗战取得胜利的理论旗帜，中国共产党在抗日战争中的中流砥柱作用的深层社会历史根源正在于此。抗日战争在中华民族伟大复兴的历史上具有特殊重要的意义，它是民族复兴的历史转折点，并开辟了中华民族伟大复兴的光明前景，但抗日战争并不是中华民族伟大复兴的历史起终点，实现中华民族历史复兴的任务还很艰巨和长远。

抗日战争史是马克思主义中国化历史的重要发展阶段。抗日战争作为一场伟大而崇高的革命斗争实践，它对推进马克思主义中国化历史进程的发展和马克思主义中国化伟大理论成果即毛泽东思想的形成和发展有特殊重要意义。就毛泽东哲学思想而言，它正是在抗日战争时期形成和发展的。大家知道，从1931年到1945年，近代中国的抗日战争经历了14个年头，而毛泽东哲学思想形成发展的历史正是同我们党领导和推进的伟大的抗日战争紧密结合在一起的。从以《反对本本主义》为标志的毛泽东哲学思想的孕育和萌芽，到以“两论”为理论标志的毛泽东哲学思想的系统形成，再到以延安整风运动为实践标志的毛泽东哲学思想的进一步成熟，最后到1945年党的七大将毛泽东思想确立为党的指导思想，毛泽东哲学思想形成和发展的这一历史进程，都是在抗日战争这一伟大而崇高的斗争实践中实现的。抗日战争伟大斗争实践的丰富性和深刻性，决定了毛泽东哲学思想的丰富性和深刻性。毛泽东哲学思想作为具有中国共产党人显著特色的马克思主义的立场、观点和方法，在抗日战争时期逐步形成和完善，这既是对马克思主义哲学的丰富和发展，也是中国共产党自身在思想上政治上和理论上进一步成熟的显著标志，反过来又有效地指导抗日战争伟大斗争实践，并最终取得了抗日战争的伟大胜利。我们看到，正是在抗日战争时期，我们党在系统总结以往革命斗争实践经验的基础上，形成了党的实事求是的思想路线和群众路线的领导方法和工作方法；我们党将马克思主义哲学思想创造性地运用于对抗日战争的指导，提出了“兵民是胜利之本”的重要思想和“持久战”的总方针、“抗战必胜”的总结论，提出了把游击战提高到战略地位的重要思想和正确认识与处理抗日战争中诸多复杂矛盾辩证关系的重要思想；我们党在科学分析和正确把握我国民主革命中政治形势和阶级关系的新变化，提出了建立抗日民族统一战线的方针，坚持抗日民族统一战线中独立自主和原则性与灵活性相结合的原则，提出了正确认识新民主主义政治、经济和文化建设辩证关系的重要思想，以及把不断革命论与革命发展阶段论辩证统一的重要思想。毛泽东哲学思想并不是纯抽象的思辨哲学，它本质上乃是实践哲学或应用哲学，它的显著特点是它的实践性，是同抗日战争的伟大斗争实践紧密结合在一起的。我们党领导中国革命有三件法宝，即党的建设、武装斗争和统一战线，毛泽东哲学思想的深刻理论内涵和重大实践指导意义，正集中地体现在这“三大法宝”之中，体现在抗日战争历史的全过程和抗战胜利的根本结论中。我们党领导的包括抗日战争在内的我国民主革命的胜利，是马克思主义在中国的胜利，也是在毛泽东哲学思想指导下取得的伟大胜利。

抗战胜利与中国精神和毛泽东哲学思想的关系问题，值得深入思考和研究。习近平同志深刻指出，要实现中华民族伟大复兴的中国梦，必须弘扬中国精神，这就是以爱国主义为核心的民族精神和以改革创新为核心的时代精神。中国抗日战争的胜利是鸦片战争以来中国人民反抗外敌入侵第一次取得完全胜利的伟大的民族解放战争，也是中华民族走向伟大复兴的历史转折点。因此，弘扬中国精神就理应包括弘扬抗日战争时期所展现的辉煌而深邃的中华民族精神和时代精神，而不能把民族精神简单地理解为中国古代传统文化精神和党的十一届三中全会以来的改革创新精神。在抗日战争时期所凝聚和展现的抗战精神，是实现中华民族伟大复兴的强大精神动力。习近平同志对抗战精神的科学内涵作了高度概括，指出抗战精神包括如下四个主要方面：一是天下兴亡、匹夫有责的爱国情怀，二是视死如归、宁死不屈的民族气节，三是不畏强暴、血战到底的英雄气概，四是百折不挠、坚忍不拔的必胜信念。习近平同志对抗战精神所作的这一概括，既是对中国古代传统文化中以爱国主义为核心的民族精神的继承和弘扬，又是对近代以来包括抗战以来中国人民为争取民族独立和解放在民族觉醒和精神升华方面所达到的全新高度的科学概括和总结。在马克思主义看来，世界观、方法论、人生观和价值观是紧密结合在一起的。抗战精神是以抗战理论为理性依托的，是抗战理论的精神表现。抗战精神的内涵十分丰富，其中最为重要的是理想和信念。正如习近平同志强调指出的，要实现中华民族伟大复兴，靠的是信念，为的是理想。理想和信念是同思想理论结合在一起的，是由思想理论决定的。在科学理论指导下，民族精神就会表现得更加坚毅、更加顽强、更加深厚，更加广泛，更加持久和更为崇高。抗日战争既是民族的，也是国际的和时代的，是同马克思主义科学理论的指导和马克思主义中国化的历史进程紧密结合在一起的。马克思主义是科学的世界观和方法论，它为世界无产阶级和广大人民群众争取解放、谋取幸福提供了强大思想武器。列宁领导的俄国十月革命的胜利，使科学社会主义理论变为现实，在世界上开辟了由资本主义向社会主义过渡的伟大时代。在20世纪初期的中国，作为世界东方经济和文化都十分落后的半殖民地半封建社会的大国，如何摆脱帝国主义和封建势力的统治和压迫，实现民族独立和解放，如何把马克思主义普遍真理同中国的具体实际紧密结合起来，实现马克思主义中国化和民族化，这是马克思主义发展史上的一个重大时代课题，也是实现中华民族伟大复兴中国梦需要着力解决的重大理论课题和实践课题。毛泽东思想是马克思主义中国化的第一个伟大理论成果，以实事求是、群众路线、独立自主为主要内容的毛泽东哲学思想，是贯串于毛泽东思想各个组成部分中的“活的灵魂”。中国共产党是实现民族独立、人民解放和国家富强、人民幸福这一崇高历史使命的历史担当者。毛泽东哲学思想是具有鲜明中国共产党人特色的中国化的马克思主义哲学，是马克思主义这一科学世界观和方法论在中国的创造性应用和发展。创新性是毛泽东哲学思想的根本特征。毛泽东哲学思想的创新性表现在两个方面：一是对中华优秀传统文化的继承、弘扬、发展和创新，其中包括对以爱国主义为核心的民族精神的创新；二是对马克思主义基本理论及其在指导中国革命斗争实践中的创新，提出了一整套把马克思主义普遍真理同中国革命具体实际相结合的马克思主义的理论、路线、方针和政策。上述这两个方面是联结在一起的，都体现了毛泽东哲学思想的创新性，体现了毛泽东哲学思想乃是民族精神和时代精神的精华。

其二，要进一步深入研究中国共产党与中国传统文化的关系，从中揭示和把握毛泽东哲学思想是对中华优秀传统文化的继承、弘扬、发展和创新。

毛泽东和毛泽东思想、特别是毛泽东哲学思想同中华优秀传统文化的关系问题，是马克思主义中国化研究中的一个十分重要的理论问题，也是抗日战争问题研究中的一个重要理论问题，值得深入研究、总结和阐发。一方面，在一个很长的历史时期里，我国学界对马克思主义中国化问题的研究和宣传较多地集中在近现代中国的政治和经济方面，对马克思主义中国化文化内涵的研究重视不够，对毛泽东和毛泽东哲学思想同中国传统文化的关系问题研究和阐发不够。对此，我们应予重视并开展深入研究。另一方面，在我国学界和思想文化领域中，对毛泽东和毛泽东思想同中国传统文化的关系问题存在着不同看法，表现着不同的思想理论倾向。有人把毛泽东说成是思想文化上的狭隘民族主义者，有人则把毛泽东说成是中国历史文化的虚无主义者。值得关注的是，在我国社会主义现代化建设新时期，有些学者在认识和评价中国共产党同中国传统文化的关系问题上，把毛泽东同习近平对立起来。比如，有人认为，在我国民主革命时期，以毛泽东为代表的中国共产党对中国传统文化持“激烈否定、基本否定”态度；在我国社会主义现代化建设新时期，以习近平为代表的中国共产党对中国传统文化持“高度评价”的态度，甚至还有人把习近平同志说成是“红色新儒家”，认为习近平同志关于弘扬中华优秀传统文化的许多重要讲话掀起了“中国尊孔崇儒时代”的序幕，如此等等。显然，对这些论点理应给予回应和澄清。

抗日战争时期，我们党领导的民主革命斗争既包括战争即军事方面，也包括政治、经济和思想文化等诸多方面。在中国共产党领导的我国新民主主义革命时期，对以儒学为主导的作为封建社会的政治和经济在观念形态上反映的思想理论体系，当然要持批判的态度，但这并不意味着主张彻底否定中国古代传统文化。也就是说，对中国古代传统文化应持科学分析态度，将其区分为精华和糟粕两部分内容，取其精华，弃其糟粕，达到古为今用之目的。关于中国共产党同中国传统文化的关系问题，习近平同志作过明确的论述。他指出，中国共产党自成立之日起，就既是中华优秀传统文化的忠实传承者和弘扬者，又是中华先进文化的积极倡导者和发展者。这个论断是正确的和深刻的。关于中国共产党的理论形态即马克思主义中国化第一大理论成果毛泽东思想同中国传统文化的关系问题，刘小奇同志在党的七大讲话中做过这样的评价：他指出，“毛泽东思想是马克思主义民族化的优秀典型”，“是中国民族智慧的最高表现和理论上的最高概括”。这个评价也是正确的和深刻的。毛泽东同志是中国共产党第一代中央集体领导的核心，毛泽东思想是马克思主义中国化的第一大理论成果，是中国共产党领导中国革命和建设的指导理论，因此，研究中国共产党同中国传统文化的关系问题，就应该着力深入研究毛泽东和毛泽东思想同中国传统文化的联系或关系。

关于毛泽东和毛泽东思想同中国传统文化的关系问题，可以开展多方面研究。比如，关于毛泽东在建党前 10 年中西文化的激烈论争和冲突中基本的思想文化倾向的研究；关于毛泽东的文化修养、思维方式、语言风格和人格特征的研究；关于毛泽东思想、特别是毛泽东哲学思想同中国传统文化、特别是中国古代传统哲学之间在思想理论内容上内在的本质的联系和区别问题的研究；关于毛泽东和党中央对待传统文化的方针、政策以及在不同历史时期所形成的新民主主义文化和社会主义新文化同继承和发扬中国传统文化关系问题的研究，等等。这里，我拟简略地谈谈其中的两个问题：一是关于毛泽东在建党前在中西文化论争中的基本思想文化倾向问题，二是关于毛泽东哲学思想同传统文化的关系问题。鉴于毛泽东是中国共产党第一代集体领导的核心，也考虑到党的早期领导人在建党前后基本的思想文化倾向上有其内在的联系性或一致性，因此，研究毛泽东在建党前 10 年关于在中国社会出路问题的探索中，以及与此相关的中西文化论争中的基本的思想文化倾向问题，对于正确认识和把握建党后中国共产党与中国传统文化的关系问题有重要意义。大家知道，建党前 10 年即从 1911 年到 1920 年，正是毛泽东早期思想形成和发展时期。在这 10 年中，在中国的旧民主主义革命中曾发生了辛亥革命、新文化运动和五四运动等重大历史事件。毛泽东作为近代中国人民追求救国救民真理的先进知识分子，他亲身经历了全部这些重大政治事件，是这些政治事件的积极参加者、鼓吹者和忠实的历史见证人，他的早期思想的全部内容，都是这些政治事件的思想反映，并伴随着这些历史事件的展开而发展。毛泽东早期思想是在当时关于中西文化激烈的论争和冲突的大背景下逐步形成和发展的。在新文化运动中，在认识和对待中国传统文化问题上，当时的思想文化界存在着三种基本的思想倾向，除了固守传统主义和反传统主义这两种基本倾向外，还存在着第三种基本倾向即中西文化融合论，主张融合中西文化的优点，同时改造两种文化的缺点。李大钊是第三种基本倾向的代表。毛泽东在其政治生涯的头 10 年中，他既保有扎实的中国传统文化功底，又是一位热切向西方寻求真理的仁人志士。

他通过中西文化的比较，特别是在杨昌济这位学贯中西、人品高尚的恩师影响下，加深了对中国文化历史传统的认识，促成了他的早期新民主主义思想的形成。从总体上看，在毛泽东政治生涯的前10年期间，他对传统文化持一种彻底改造的态度，主张中国传统文化应向现代化方向转换。毛泽东既不是鼓吹“全盘西化”的文化自由主义者，也不是固守传统文化的文化保守主义者，而是中西文化融合论者。他不赞成新文化运动中盛行的那种全盘否定传统文化的民族文化虚无主义论调和倾向，他甚至认为，全盘否定祖国传统文化将导致“学绝道丧”。

研究中国共产党同中国传统文化的关系，应着重研究中国共产党的指导思想理论即毛泽东思想同中国传统文化之间在理论内容上的内在的和本质的联系性，并着力揭示和阐发毛泽东思想对中国传统文化的发展和创新。毛泽东是中国共产党第一代中央集体领导的核心，是马克思主义中国化第一个伟大理论成果即毛泽东思想的缔造者。毛泽东在领导我们党推进马克思主义中国化的历史进程中所做的一项杰出贡献，就是他把马克思主义这一科学世界观和方法同中华优秀传统文化创造性地结合起来，继承、弘扬、发展和创新了中华优秀传统文化，从而形成了具有中国特色的马克思主义即毛泽东思想，从而推动了马克思主义中国化这一伟大而崇高事业的胜利发展。我是一名长期从事毛泽东哲学思想教学与研究的理论工作者，对毛泽东哲学思想同中国传统文化的关系问题作过一些粗略研究，也撰发过几篇诸如《马克思主义哲学中国化与中国哲学现代化》、《关于马克思主义中国化与弘扬祖国传统文化关系的几点看法》、《弘扬中华优秀传统文化四题》、《毛泽东对弘扬和创新中华优秀传统文化的杰出贡献》、《关于正确对待和评价中国传统文化的两个认识问题》等论文，从不同方面论述过我对毛泽东和毛泽东思想同中国传统文化关系的看法。就毛泽东哲学思想形成发展的具体历史过程而言，应该说，毛泽东哲学思想是从马克思列宁主义的学习而来的，而不是从对中国传统文化的继承与改造而来的。但是，毛泽东哲学思想的存在和发展又离不开中国自身固有的哲学传统或文化传统这一土壤和条件。毛泽东哲学思想是马克思主义哲学的中国化、民族化。马克思主义哲学中国化包括内容和形式两个方面。毛泽东哲学思想作为中国化的马克思主义哲学，不论就其重要的思想理论内容而言，还是就其所蕴含的丰富而深刻的思想文化内涵而言，抑或就其独特的思维方式和语言表达方式而言，都深刻地表现了毛泽东和毛泽东哲学思想对中国优秀传统文化遗产的继承、弘扬、发展和创新。关于毛泽东哲学思想对中华优秀传统文化的继承、弘扬、发展和创新的具体内容,我在以往撰发的论文中已作过专题阐发,这里不拟赘述。关于中国共产党与中国传统文化的关系问题,习近平同志提出过一个关于要"努力实现传统文化的创造性转化、创新性发展"的重要论点和指示精神。这一论点,在我看来,既是我们党在当前和今后对继承和弘扬中华优秀传统文化问题的根本指导方针,也是对马克思主义中国化第一大理论成果即毛泽东思想同中华优秀传统文化关系的深刻揭示和总结。毛泽东作为中国共产党第一代中央集体领导的核心,他是继承、弘扬、发展和创新中华优秀传统文化的杰出代表;毛泽东思想作为马克思主义中国化第一个伟大理论成果,它既是对马克思主义的创新性发展,同时又是对中国传统文化的创造性转化和创新性发展。马克思主义中国化是中国共产党人历史活动的主题。继承、弘扬、发展和创新中国传统文化,是马克思主义中国化的重要科学内涵和题中应有之义,是实现中华民族伟大复兴的重要内容和精神动力。我们应充分重视毛泽东同志对弘扬和创新中华优秀传统文化的杰出贡献及其在推进中华民族伟大历史复兴中的重要意义和作用。

党的十八大以来,习近平同志关于弘扬中华优秀传统文化的讲话讲得很多、很重、很新、很深,具有崭新的科学视野和方法,深刻的哲学内涵和意蕴,具有重要的理论意义和实践指导意义。习近平同志的这些重要讲话,对马克思主义中国化文化内涵及其在推动中国社会文明发展的重要作用作了深刻揭示,对建设中国特色社会主义与弘扬中华优秀传统文化的关系作了科学阐发,对中华优秀传统文化的当代价值作了具体分析和全面概括。习近平同志强调指出,我们是从历史走向未来,中国特色社会主义要"从延续民族文化血脉中开拓前进"。我们不能忘记历史,不能忘记历史经验,要善于从丰富的历史经验中汲取智慧和力量。在我国社会主义现代化建设新时期,在当今世界全球化时代,应更加充分继承和弘扬中华优秀传统文化,中国传统文化自身亦应加快再创新、再转化的历史步伐。要努力克服当前我国学界实际存在的把马克思主义中国化的研究同弘扬中华优秀传统文化的研究相割裂的倾向。作为思想政治理论教育工作者,亦应把弘扬中华优秀传统文化的研究和传播推进到一个新的阶段。

其三、要继承和发扬我们党一贯重视思想政治教育和学哲学用哲学的优良传统，在学科建设和人才培养上下大功夫。

重视和加强思想政治教育，是我们党的优良传统、政治优势和重要的工作方法。党的这一优良传统和政治优势在抗日战争时期表现得极为突出和鲜明。在中国共产党的思想政治教育史上，抗日战争时期是党的思想政治教育理论与实践日趋成熟的时期。在中国共产党的历史上，党开展思想政治教育的重要机构，如延安中央党校、抗日军政大学、陕北公学等，是在抗日战争时期创办的；党的思想政治教育的许多重要思想理论内容，如关于党的思想路线、领导方法和工作方法、调查研究、独立自主、马克思主义大众化等理论问题和实践问题，是在抗日战争时期提出、形成并取得重大成绩的；党有关思想政治教育的一些重要论著、文献和会议，如“两论”的发表和延安整风运动及毛泽东在延安文艺工作者座谈会上的重要讲话等，也都是在抗日战争时期所发生和实践的。所以，要特别重视研究和总结抗日战争时期我们党开展思想政治教育工作的历史经验。这里，应该强调指出，在中国共产党的思想政治教育史上，马克思主义理论教育，特别是马克思主义世界观和方法论教育，具有特殊重要的意义和作用。习近平同志强调指出，中国共产党的历史是一部丰富生动的教科书。用党的历史教育党员、教育干部、教育群众尤其是教育青少年，是思想政治理论教育工作者服务党和国家工作大局的重要内容。“注重从党的历史经验中汲取智慧和力量以推动党的事业不断前进发展，是我们党的一个优良传统和政治优势”，也是“我们党一贯重视并倡导的做好领导工作的一个重要的思想和方法”。重视历史和历史教育，就是要善于从历史的经验中认识和把握社会发展规律，并“善于从不断认识和把握历史规律中找到前进的正确方向和正确道路”。这就需要认真学习和把握马克思主义的科学世界观和方法论。这是我们党 90 多年来能够领导中国革命、建设和改革事业不断取得胜利的传家宝。作为具有中国共产党人显著特点的马克思主义立场、观点、方法即毛泽东哲学思想，它的形成是中国共产党在思想上、政治上和理论上成熟的显著标志，它在中国共产党领导和推进的马克思主义中国化的历史进程中起着极其巨大的作用。我们党的许多老一辈无产阶级革命家都提到在延安整风时期所受到的关于实事求是和群众路线的教育。重视思想政治教育，特别是马克思主义世界观和方法论教育，这是我们党推进马克思主义中国化的本质要求、历史特点和优良传统,我们应该认真地和坚决地加以继承和发扬。

开展思想政治教育是一项复杂的系统工程,要善于把马克思主义思想政治教育同弘扬祖国优秀传统文化教育紧密地结合起来。我们看到,在我们党所领导的实际工作中,其中包括在思想政治教育工作中,都包含着弘扬中华优秀传统文化的重要内容。比如,毛泽东在《愚公移山》一文中关于艰苦奋斗精神的倡导,刘少奇在《论共产党员的修养》一书中关于个人主体修养的倡导,中央关于文艺“古为今用”方针的倡导,关于以爱国主义为核心内容的民族精神的倡导,关于“八荣八耻”的总结和倡导,关于“以文育人”、“以文化人”方针的提出和倡导,等等。更值得我们高度重视、并加以认真学习、研究和把握的是,习近平同志关于弘扬中华优秀传统文化的许多重要论述和指示,是习近平同志系列重要讲话中的重要内容,是习近平同志治国理政思想中的重要文化战略构想,对于实现中华民族伟大复兴和和建设中国特色社会主义文化强国有特殊重要意义。习近平同志深刻指出,中华优秀传统文化积淀着中华民族最深沉的精神追求,包含着中华民族最根本的精神基因,代表着中华民族独特的精神标识,是中华民族生生不息、发展壮大的丰富滋养。中国特色社会主义的发展和中华民族伟大复兴中国梦的实现,需要继承中华民族的精神基因,从延续民族文化血脉中开拓前进,因而需要对广大人民群众、特别是青少年学生加强中华优秀传统文化的教育,以便发挥中华优秀传统文化“以文育人、以文化人”的教化功能,提高其思想文化素质,培育和践行社会主义核心价值观,使他们能应对实际生活和工作中可能遇到的各种困难和挑战。我们看到,为深入学习和贯彻习近平同志关于继承和弘扬中华优秀传统文化一系列重要指示精神,中共中央办公厅于 2013 年 12 月曾印发了《关于培育和践行社会主义核心价值体系的意见》;国家教育部于 2014 年 4 月颁发了《完善中华优秀传统文化教育指导纲要》。这两份文件,对加强中华优秀传统文化教育的重要性和紧迫性作了全面论述和分析,对加强中华优秀传统文化教育的指导思想、基本原则和主要内容作了明确规定和阐发,对大中小学不同学历史阶段关于中华优秀传统文化教育的重点作了明确区分和界定,对与加强中华优秀传统文化教育直接相关的师资队伍建设、政策和相关条件的支撑等问题,都作了具体规定和说明。作为一名长期从事高校思想政治理论教育和马克思主义中国化教学与研究的理论工作者,我对党中央和相关职能部门在弘扬中华优秀传统文化和加强中华优秀传统文化教育工作上作出的部署感到十分欣慰和振奋，也对在各类教育部门中所取得的巨大成绩感到鼓舞、并从中受到许多重要启示。

在改革开放和建设中国特色社会主义新时期，既要充分继承和发扬我们党一贯重视思想政治教育的优良传统，又要根据新情况和新特点不断更新和发展思想政治教育的内容和方法。开展思想政治教育，要坚持正面教育的原则，坚持正面宣传为主的方针，以激发正能量，达到团结稳定和鼓劲的政治目的。然而，这种正面教育又应与总结历史经验和研究现实问题紧密结合，这样，党的思想政治教育工作才会具有鲜明的时代感、现实性和针对性，才会具有科学性和说服力。比如，我们在论述改革开放新时期思想政治教育的指导思想、方针政策和取得的巨大成绩问题时，不能忽视邓小平同志关于"一手软和一手硬"问题的重要论述，不能忽视邓小平同志关于"十年来我们最大的失误是在教育方面，对青年的政治思想教育抓得不够"的重要论述；我们在论述党在思想政治教育工作中所取得的巨大成绩时，不能忽略关于在党的许多干部中存在的腐败问题同思想政治教育关系问题的深入探讨、研究和相应的科学阐发。总之，重视思想政治教育工作既是党的优良传统和政治优势，也是全党面临的现实性的重要理论问题和实践问题。作为教育部门和学校的思想政治教育工作者，理应在学科建设和人才培养上下些大工夫。

作者为教育部原社政司司长，
北京走进崇高研究院专家指导委员会专家

人生三拷问

孙南京

尊敬的各位将军、领导、专家，各位老师们：

在纪念抗日战争胜利70周年之际，作为一名刚刚退休的革命老兵，能有幸参加这次走进崇高践行基地现场会，心情十分激动，收获十分巨大，也有很多感想。

我是一个农民的儿子，高中应届毕业那年应征入伍，到部队后甩开膀子干，一心想着提干，吃国家一份粮，走出农村，摆脱祖祖辈辈“面朝黄土背朝天”的命运。提成23级干部后，一心想着好好干，那时，根本不懂什么叫人生，更不懂什么叫人生设计、社会价值，只知道为父母争气，为家乡人民争光。一晃40多年过去了，今年我已经退休。在别人眼里，我是一个成功人士，因为我们家乡同批入伍的几千人中，最终成为共和国将军的寥寥无几。但在我自己眼里从来不这么看，我经常扪心自问：人生到底是什么？人生到底为什么？人生到底应该怎么做？为此，我新近出版一部新著《人生三拷问》。

究其原因有二：

一是事业的成功不代表人生的成功。

一个一心追求事业成功的人，最终往往成为人生失败者。君不见？

有的人虽然在人生舞台上是成功的，但所扮演的角色却是失败的；虽然拿到了事业成功俱乐部的入场券，而人的形象却像古代人的脸上刺字那样，被贴上了人生失败的标签；更有甚者，建起的人生大厦一阵风雨即坍塌了。我们闭上普通人的肉眼、睁开哲人的慧眼看一看，现在有些人的人生价值追求走进了天大误区：追求事业的成功而不追求做人的成功。在浮躁浮华甚至忧贫不忧道的大环境下，有的人放弃了修身为本，追求大官、大款、大腕而淡忘了做人、做“大人”，结果为实现个人价值，达到个人目的而不择手段、不择路径，人变得功利、低俗、庸俗，进而使人活得很累，充满着人生风险。

这是一个需要端正人生动机和目的的时代。

一个人如果没搞清楚人生是什么、人生为什么这些人生的基本问题，怎么可能知道人生为什么而出发？怎么可能知道幸福在哪里？怎么可能去打造自己的5A级人生风景？

二是成功的背后有太多的遗憾。

现代著名作家冰心说过：“成功的花，人们只惊羡她现时的明艳，然而当初她的芽儿，浸透了奋斗的泪泉，洒满了牺牲的血雨。”对我来说，何止是“当初”，“当中”、“当后”也都浸透着这样的“泪泉”和“血雨”。我时常扪心自问：我一路走来，所付出的“奋斗的泪泉”、“牺牲的血雨”，是为了事业的成功还是为了人生的成功？有些付出应该吗？有必要吗？值得吗？

事业有遗憾，苍天都会谅解，因为一个人的事业能干到什么程度不完全取决于自己的努力，而人生有遗憾，连自己都不会原谅，因为人生的成功自己基本可能掌控、管控。所以，明代的经学家史学家思想家黄宗羲告诫世人：“大丈夫行事，论是非，不论利害；论顺逆，不论成功；论万世，不论一生。”对照这惊世骇俗之言，自己深感惭愧，我的人生遗憾即缘于此。

回首往事，我年轻时没有把人生琢磨透，以致人生的动机和目的是不纯的，人生是盲目的。由于没有很好地对自己的人生进行科学的设计规划，很长一段人生路上就像浮萍那样，飘到哪里算哪里，缺乏明确的人生方向和人生信念，常常用世俗的眼光看待人生，常常为无尽的烦恼锁住了自己的心灵的翅膀，常常使人生追求和人生价值取向出现偏颇。一个人事业的成功如台历，翻过去就消失得无影无踪，但人生的遗憾沉淀在心里犹如胆结石，时常让人疼痛难忍。

《道德经》里把人生之道分为“常道”和“圣人之道”。纵观人生历史，走常道之人的人生一般分为三阶段：起步时意气风发，途中懈怠散逸，终点充满懊悔。

《中庸》的核心思想是：真实无妄不自欺。那些取得事业成功人士的人生，做到了真实、无妄、不自欺吗？不具备这三条，历史和时间这两位人生终审法官，能判决他是人生成功者吗？

《菜根谭》指出人生有两条路：天理路、人欲路。古往今来的人生严酷现实告诉人们，天理路才是人间正道。可世上有多少人能真正告别人欲路而在天理路上“逍遥游”呢？

诺贝尔文学奖获得者海明威告诫世人：“世界上最复杂的事物莫过于一个人的一生。”

古巴思想家诗人何塞·马蒂在《我们为什么活着》中指出：“最困难的职业就是怎么为人。”

古罗马哲学家塞涅卡指出：“没有比人生更难的艺术了，因为其他的艺术、学问到处都有老师。”

回想起来，我年轻时把人生看得过于简单，好像人生是无师自通的事。等我发现理想与现实的距离、意识到人生的复杂性后，虽不像有的人那样已是遍体鳞伤，但也伤痕斑斑，辜负了大好青春时光。我开始冷静观察，潜心去读人生方面有字和无字这两本大书，寻找人生的答案。虽然我从父母、老师、领导、战友和相关人生书籍中获得了很多很多，但总觉得缺少一种身同感受的能惊醒梦中人的力量，缺少一种让我对人生问题一下子能理清头绪、形成系统思维的力量，缺少一种对自己人生实践具有指导性操作性的力量，缺少一种“随风潜入夜、润物细无声”的力量。“一梦醒来已三秋。”直至后来历尽挫折、事业上看到了尽头、尤其是面临退休之后，我仿佛在人生的床上从半醒半睡的状态一下子清醒过来，使我对人生有了更加深刻更加透彻的感悟。到这时，我才懂得了美国哲学家教育家杜威为什么说：“没有那个年龄有的知识，就有那个年龄该有的一切痛苦；”我才发现自己此时是真正的破除了一切自我，包括进退、去留、得失、毁誉、利害等等，挣脱了个人私念，逾越了尘世中很多的东西，心中肃然宁静，胸中洞然无物。

难怪前苏联著名作家诗人高尔基说：“曲折是人生的清醒剂，在曲折的道路上获得教益，是你一帆风顺时难以得到的。”

难怪古希腊思想家哲学家教育家苏格拉底教导人们:“患难与困苦是磨炼人格的最高学府。”

难怪古代思想家哲学家文学家庄子认为,一个可以学道之人,必须有圣人般虚淡的心境。

我要把自己人生征程中的经验教训和体会感悟告诉大家。因为这样可以让更多的人在人生路上少走弯路、少摔跤。

我要把自己学习中外人生导师们尤其是学习中国传统文化中一些经典人生思想、人生箴言和自己学习心得有条理成系统的告诉大家。因为熟知圣人之言,才能知道圣人为何有此言;漠视圣人之言,就是漠视自己的人生。

我要把自己对古今中外茫茫人海中那些成功人生和失败人生的剖析与思考告诉大家。因为古罗马哲学家塞内加指出:“教诲是条漫长的道路,榜样是条捷径。”

不撞南墙不回头,这是人之共性毛病。人生中的许多事情,总是在经历后才会清醒。痛过了,才知道如何防范;傻过了,才清楚什么该坚持什么该放下;失去了,才明白到底什么珍贵什么不值得。

人非得要自己去经历一切吗? NO! 我希望读了这本书的人,能从先哲和圣贤的教诲及他人的人生经历中汲取经验教训,避免人生伤痛;那些已经有了人生伤痛的人,能从中得到心灵的慰藉。

人生犹如一幅自然风光的摄影作品,应该具有近景、中景、远景的画面,而我们在创作自己人生风景这幅作品时,往往只关注近景,失去了人生应有的深度,让人感觉不到人生的纵深感、厚重感。现实生活告诉我们,不懂得以深刻的内容来充实人生的每个瞬间,这样很容易使人生变得浮躁浮浅甚至浮华,这样没有“觉悟”、“觉醒”、“觉解”的人生,无异于虚度人生,甚至是行尸走肉,这样的人很容易成为没有灵魂的躯壳,体会不到人生活着的五个层次的人生价值和意义。

中国进入社会转型期之后,由于思想多元、价值多元、文化多元,一些人的思想道德防线被冲垮,人生观念和人生实践出现混乱,有的人出现了“人生迷茫”、“精神恍惑”等不正常现象,也有的甚至处在“上不在天下不在地、外不在人内不在我”的不可思议的人生状态,无论哪种的迷失自我,必然导致人生迷失。

俄国19世纪艺术大师契诃夫认为,“科学是人生中最重要的最美好的和最需要的东西。”也就是说，无论是人生设计还是人生实践，都需要讲人生科学。

人生既是知的过程，又是行的过程，是知行合一的过程。

“小惑易方，大惑易性”。（《骈拇》）人生不能迷糊迷惑。

美国心理学家富勒告诫世人：“如果思想是混乱的，我们的行为就是混乱的。”任何一个人如果在人生问题上思想混乱了，其人生行为必然混乱，这样的人生就会在成功与失败之间摇摆，人生充满风险。

德国思想家诗人作家歌德是人生导师中的大师。他提醒世人：“每个人都应该坚持走他为自己开辟的道路，不被权威所吓倒，不受行时的观点所牵制，也不被时尚所迷惑。”现实生活中，做人的文化底蕴不够，没有足够的人生信念作支撑，就难以坚持这“三不”，就难以做到反抗诱惑、守住原神，这样的人，何谈人身自由？怎么可能进入庄子所说的“自由之乡”？

中共十八大以来反腐频出重拳，有一批看起来事业成功人士的官员包括省部级以上高官纷纷落马，有一批经不住心灵重压的不洁之人纷纷自杀，有一批身有污点、心里有事之人寝食难安，与此同时，也有一批始终严以修身、“守死善道”之人，悠然宁静地行走在人间正道上。

“与覆车同轨者倾，与亡国同事者灭。”（黄石公《素书》）

大浪淘沙，始终是人生之海的残酷景观；清者自清、浊者自浊，始终是大浪淘沙之后的必然结果。我们既要为经过大浪淘沙留存下来的“金子”而点赞。又要为那些被“淘”出去的“沙子”而痛心，更要为后来的人如何防止被“淘”出人生赛场而思考。

古希腊哲学家亚里士多德指出：“人生最终价值在于觉醒和思考的能力，而不只在于生存。”在红尘万丈、物欲横流的世俗社会里，一个人要面对“乱花渐欲迷人眼”的现实，就要反求诸己，坚守忠恕之道，强化以山为德、以水为性的修为意识，跳出梦幻沧影般的俗世苦海，伴随着人生梦三部曲上路，走好人生每一步，从而使我们擦亮眼睛，澄怀观道，不断提高人生思考能力，早一点“觉醒”，使自己一步步成为人生的赢家，一生做到“仰不愧于天、俯不怍于人”。

俄国伟大作家托尔斯泰告诫人们：“正确的道路是这样，吸取你前辈所做的一切，然后再往前走。”遗憾的是，能吸取前人经验教训往前走的人有多少？忽视这一点，有几个人所走的人生之路顺利而无憾？

为了吸取前人的人生智慧，本书将与读者一道穿越时空同圣哲对话，与经典同行,走进历史人物,倾听历史故事,剖析古今中外的人生典型案例,尤其是通过荡思八荒、神游万古之后,便能发现违背人生导师谆谆教导的危害后果,悟透古往今来一个个流芳人生与遗臭人生的根本原因,从而提高自己的人生站位,拓宽人生视野,启迪心智,点燃心中的人性之光,提升人生智慧,升华人生境界,引导我们站在自己生死临界点上和人类历史长河的制高点上思考人生,看清三类人生和人生彼岸的三个码头,坚定不移地紧紧拥抱智慧人生。

“世纪伟人”爱因斯坦指出:“我们一来到世间,社会就会在我们面前树起了一个巨大的问号:你怎样度过自己的一生?”

其实,每一个人成年之后时时处处都在接受人生的三大拷问,即人生是什么?人生为什么?人生怎么办?一个人的一生经受住了这三大拷问,才能经受住人生之海大浪淘沙的严峻考验。

人生三大拷问,从根本上讲,拷问的是人的心灵和灵魂。

不同的人生观价值观,人生三大拷问得出的结果是不一样的。

人生是一个复杂的系统工程。不明白人生是什么和人生为什么,就很难明白人生怎么办。人生系统工程,就是把人生目标、人生路径、人生信念等各个组成部分联系起来思考,从全局从整体角度进行系统分析、系统设计和系统综合,以此构成一套系统的人生思想,形成一套处理复杂人生问题的基本理论、方法、途径和原则,使自己在对待和处理人生问题以及人生实践时,做到知行合一、表里如一,始终如一地不背离人生的系统性和整体性,体现人生科学性、人生艺术性和人生哲理性。

这是一个物质家园越来越奢华、精神家园越来越贫乏的年代。

一个人的人生如果缺失精神家园,就成了找不到人生归宿感的“人生孤儿”;人生如果缺失心灵驿站,就会失去修身养性的精神寓所。

一个人的人生不仅仅在于生存的物质丰富,更在于生活是否具有精神性、文化性和发展性;人生路上不仅仅在于快慢,更在于是否具有持续性;人生的前进不仅仅在于速度,更在于能否保持正确的人生方向。

这是一个人需要回归、社会乃至人类都需要回归的年代。因为我们忘了黎巴嫩诗人纪伯伦的警告:“我们已经走得很远,以致忘了为什么而出发。”

“中华文化积淀着中华民族最深沉的精神追求,是中华民族生生不息发展壮大的丰厚滋养。”习近平主席关于弘扬传统文化和“三严三实”等一系列重要指示精神，引导我们给自己的“人生汽车”，重新审视或选择人生之路；开中华文明的历史源头，去畅饮“人生纯净水”，使我们重新找回中国人的遗传密码，找到自己的人生归宿，使自己由无主人生变为自主自觉人生。

“欲求本之长者，必固其根本；欲流之远者，必浚其泉源；欲思国之安者，必积其德义。”（唐·魏征《谏太宗十思疏》）国家拨乱反正、正本清源，做人乃至人生的返璞归真是源头、是根本。

人生的路有千条，但高尔基指出：“走正直诚实的生活道路，必定会有一个问心无愧的归宿。”人生终极的心愿，是无怨无悔，问心无愧。正如当代诗人郭小川所说：“但愿每次回忆，对生活都不感到负疚。”

“善人不得圣人之道不立，跖不得圣人之道不行。”（《胠箧》）做善人才能堂堂正正，内心毫无负疚；做至善之人，才有资格吟唱“人间正道是沧桑”！

人生就在选择与坚守之间。人怎么活都是一辈子，与其活得渺小卑微，不如活得平凡而伟大；与其让生命生锈，不如让生命发光；与其让日子过得暮气沉沉，不如让自己脱俗高尚；与其让人生腐朽，不如让人生挺拔。

我国古代伟大哲学家思想家、道家学派创始人老子，把人分为上士、中士、下士3个层次，指出了这三类人对待人间正道的3种态度：“上士闻道，勤而行之；中士闻道，若存若亡；下士闻道，大笑之，不笑不足以为道。”意思是说：“上士闻道”，勤勤恳恳的践行；“中士闻道”，将信将疑，有时能做到有时做不到；“下士闻道”，哈哈大笑，如不被这种人嘲笑，那就不足以成其为道了。我回想自己年轻时每当看到先哲和圣贤们指出的“大人”之道、人生之道、做人之道、为官之道，总是半信半疑，对自己有利的就记在心里，照着去做，没利的视若无睹，丢到一边。现在想起来，那时以功利之心对待人生箴言，真是太无知太低俗了！

人生的过程，实际上是一个不断实践不断思索不断体悟不断升华的过程。人生有了这样的过程，才能感悟人生哲理，品味人生精华，做最好的自己；才能走向自己的人生高地，获得出彩人生，活出人生的最大价值和意义。

人走出的每一个足迹，都是自己人生五线谱上的一个跳动的音符。一个人往高处走多了，他的生命演奏出来的生命交响曲，将是豪迈而激昂的旋律。

愿我们每一个人都能以唐朝伟大的现实主义诗人李白的两句诗作为自己的人生信念：

仰天大笑出门去，
我辈岂是蓬蒿人。

作者为解放军装备指挥学院原副政委，少将，
北京走进崇高研究院政委

授牌和颁奖

关于授予枣庄二中走进崇高示范基地的决定

为积极响应党中央关于“发挥文化引领风尚、教育人民、服务社会、推动发展的作用”的伟大号召，认真落实习近平总书记“只要中华民族一代接着一代追求美好崇高的道德境界，我们的民族就永远充满希望”的重要指示，更有力地推广走进崇高理念，在教育界树立起一面走进崇高的旗帜，经多方面考察比较，本院研究决定，并报请总顾问迟浩田上将批准：授予枣庄二中为走进崇高示范基地。这是走进崇高践行基地中第一个示范基地。

他们主要经验是：

一、领导重视，认识深刻

校领导自 2013 年 10 月接触走进崇高理念，就格外重视，组织在全校唱响“立崇高志、做崇高人”的口号，把崇高文化融入校园文化。2014 年 3 月成为走进崇高践行基地之后，在全校迅速形成开展学习崇高、践行崇高的群众性活动热潮。吴修洪校长多次强调：“走进崇高集传承中华民族传统美德和践行共产主义风尚于一身，是培育社会主义核心价值观的有力举措，必须纳入整个治校、教学、教育的全过程。”并组织专门人员推动走进崇高理念与教学实践多层面、深层次的融合。

二、勇于创新，科学推进

该校领导对走进崇高理念，结合实际情况，赋予了新的内涵，鲜明地提出：“走进崇高是理念也是信念，是理想也是现实，是思想也是行动，是目标也是过程，是方向也是抓手”，并把走进崇高理念贯穿于精神层面、管理层面、活动层面，突显质量提升、管理精细、多元培养、快速高效几大特色，积极打造崇高校园，紧扣走进崇高教育常态化，以培养良好行为习惯；

走进崇高教育系列化，以发挥引领把关作用；坚持走进崇高教育自主化，以促进走进崇高的自觉。校领导深刻认识到："走进崇高是锻铸完善人格和超强能力的有效法宝。"

三、内强外化，成效卓著

走进崇高理念，在二中师生中已经起到内强于心、外化于形的显著效果。校领导与广大教师，进一步强化了事业心和责任感，爱校如家、爱生胜子的佳话层出不穷；广大学子养正气、学圣贤、求佳绩、铸崇高蔚然成风，教学质量和整体素质普遍提高。2014 年升学率提升 70%，2015 年提升 40%，并创造了多名学生直升清华、人大、同济的零的突破；尤为可贵的是涌现出了一批走进崇高典型，总结提炼出了一套行之有效的走进崇高进校园的经验，为走进崇高践行基地树立了光辉榜样。

希望枣庄二中发扬成绩、再接再厉，在走进崇高、拥有崇高的活动中，不断取得新成绩，总结新经验。希望所有践行基地认真学习二中的先进经验，结合实际做好本基地工作，共同努力把走进崇高进社会推向新的境界。

北京走进崇高研究院

2015 年 8 月 26 日

名誉院长李殿仁中将（右）和石香元中将（左）为枣庄二中授牌，吴修洪校长（中）接牌

授予吴修洪同志“走进崇高先锋校长”称号

枣庄市第二中学校长吴修洪，以高度的事业心和责任感，视走进崇高理念为治校教学的法宝，深究细研，掌握其真谛；联系实际，丰富其内涵；创造了“走进崇高理念‘是理念也是信念，是思想也是行动，是目标也是过程，是方向也是抓手’”的理论，把走进崇高渗透到精神层面、管理层面、活动层面，同时率先垂范、身体力行，以校为家、爱生如子，严以治校、慈以育才，勇于担当、迎难而进，带出了一支优秀的教师队伍，带出了满园佼佼学子，带出了一个崇高的校园，也带出一批国家栋梁之才。故此，特授予吴修洪校长为“走进崇高先锋校长”称号。

北京走进崇高研究院

2015 年 8 月 28 日

孙南京政委（右）为吴修洪校长（左）颁发证书

授予张斌利同志“走进崇高先锋校长”称号

鉴于张斌利校长11年前就以崇高的中国优秀传统文化之经典著作《论语》治校育人，择其精华、有的放矢，克己达人，内化于心、外化于行，创造了本校“八无”佳绩；接受走进崇高理念后，心向崇高，力挺走进，劈风斩雨，革故鼎新，取得了优异成绩。故经本院院委会研究决定，授予张斌利校长“走进崇高先锋校长”称号。

北京走进崇高研究院
2015年8月28日

贺茂之院长（右）为张斌利校长颁发获奖证书，
盛金花副校长（左）代领。

总结与升华

努力做走进崇高的助推者

石香元

尊敬的各位领导、同志们！

这次到台儿庄来参加这个非常有意义的活动，只做好了认真学习的准备，没有作讲话的准备。27号下午，贺茂之院长亲自到徐州观音机场接我，令我非常感动！当天晚上在吃饭的时候，我说这次一是慕名而来，二是有感而来，三是有备而来，而这个有备不是别的，就是做好认认真真的学习准备。我觉得咱们这次活动，安排得非常科学，有经验的交流，有现场的观摩，有非常精彩的讲座，还有名副其实的表彰，最后还有院领导作指示，内容非常丰富，感受非常深刻。我是反复说不讲的。但是今天开会前贺院长又反复说你还是说几句。因此我就想呢，这个说几句，已经是一个学生，参加一天半这么一个非常重要的活动的态度问题和认识问题了。那就汇报几句，耽误大家几分钟时间。我感觉啊，我们这次活动，有“三个重大”。一是主题非常重大，二是意义非常重大，第三呢，作用也非常重大。在思考这三个重大的时候，我的脑子里也是在拼命地转啊！我在想，这么重大的一个主题，重大在哪里呢？刚才教育部杨司长他讲的时候，我可以说是目不转睛，我是不断地在点头啊！我觉得他讲得分量很重。这次来的都是教育界的专家或者是关心教育的专家。有一点大家是共同的,就是对贺茂之院长将走进崇高理念延伸到扩展到校园非常赞赏。这次活动的重大主题就是践行崇高进校园!一方面我要说这个主题实在是可喜可贺!另一方面,我们在思考这个重大主题的时候,又不能不感到它的沉重!甚至说得极端一些,从逻辑关系上或许觉得有些颠倒!甚至认为本来不该这样!为什么?因为谁都知道,校园它本来就应该是拥有崇高的啊!崇高是应该从这里走出去的啊!教师是铸造灵魂的工程师,学生是天真烂漫的祖国的花朵!学校应是崇高的源头,像长江之水、黄河之水,涓涓溪流,汇入江海。而今天呢,我们确实也看到了一些被污染的滔滔江海在向源头倒流!一些充满铜臭的腐朽的东西在向本来是纯洁的源头倒灌!面对此种令人痛心的情况,一切有良知的人们怎能坐视不管!怎能任其发展!因此,贺茂之院长把走进崇高扩展到校园,借助广大的社会力量去保护学校这个圣洁的殿堂,这无疑是一股暖人的春风!就像今天我们去清理被污染的长江黄河的源头时那样,怀揣的是一份沉重的心情。所以说这个主题是重大的,同时也是沉重的。可喜的是,通过几位校长的介绍,我们已经看到,走进崇高,践行崇高,已经在校园取得了可喜的成就。校园的秩序发生了很大变化,当令老师头疼的吵闹和打架现象消失的时候,校长们感到了安慰。但当我听到这些事例的时候,依然感到沉重。这种沉重,让我们这些退休了的休息了的老兵,感受到了身上的重大的责任!一方面,我们应当为这些进步而发自内心的高兴,另一方面,我们还笑不出声来。因为我总在想,为何主题如此重大又觉得如此沉重?为何意义如此重大又觉得如此无奈?为何作用如此突出又觉得如此有限呢?因为大家都觉得很难、很难啊!有些同志甚至难得想哭啊!为何哭?为我们党!为我们的人民!为我们的孩子!习近平总书记在古田政工会上讲了"四个牢固确立起来",第一个就是把理想信念牢固确立起来。没有这个不行啊!我想到了中央电视台采访曾经演了焦裕禄、杨善洲的这样一个著名演员的情景,他也觉得很无奈。他说电影《杨善洲》首发式的时候,他在云南,他给她的夫人打电话,问北京那里怎么样?他的夫人讲,偌大的一个电影院,只有一个观众,那就是我。第二个电话打给他儿子,他儿子说,我看了。他问,那里也只有你一个人吗?他说不是。他非常高兴,问,那有几个人啊?有 3 个人。这个老演员哭了。当央视在播这个的时候,我们都在思考。像这样一种沉重这样一种无奈和这样一种有限，不正说明我们走进崇高研究院和走进崇高研究院所做的这种事业的重要吗？

下面，谈三点体会，也可以说是建议：

一是要呵护崇高之心

这次活动中我反复在想，也常常左右在看啊，年近8旬的老同志，上车的时候已经不太灵便了，很多来自教育战线，怀揣着各样的理想和抱负，从四面八方赶来的，为何一见如故？为何如此亲切？用我们河北的土话石家庄的土话讲，看着都非常顺眼，为什么？因为大家都是怀揣着一种崇高之心来的，因为我觉得要做一个好人，首先要有一副好心肠，有一个好心地，正因为我们有一个好的心地，我们走到一起来了。由此我也想到，因为我曾经长期在西南工作，有幸到小平的故乡广安去看过他家的祖坟。他的祖坟的墓碑上有这样两句话："阴地不如心地，后人须学好人。"但是现在看呢，有些人把心地看得多么轻，看得多么无足轻重，而把阴地看阴阳宅又看得多么重！一些把父母都快要饿死的不孝子孙，父母死了以后不惜重金打造富丽堂皇的坟墓。这样的事例可不少。大家都知道四川的贪官李春城，他写了忏悔录，我看了以后觉得他写得还算深刻。他说为了自己再往上爬一步，有一个更高更大的平台做事请，就听信风水大师的话，专门请人看阴地。他本来是东北人，居然又在美丽的青城山脚下，弄了块坟地，把他祖父的一个遗物放在里面，试图通过这样的法术，保佑他升迁。多么可笑！多么可悲啊！由此，我想到要呵护崇高之心！呵护崇高之心，其实就是在呵护我们自己的良心、也是呵护我们的人民！毛泽东之所以伟大，因为他是人民的领袖，他始终与人民心连心。呵护崇高之心，也是在呵护我们的祖国，呵护我们党的事业，因此我在这里用呵护这个字眼。反过来呢，当前确实有一些人正在摧残崇高之心啊！怎么得了啊！这是第一。

第二，要提高践行崇高之力

我以为，崇高是平凡中的伟大，崇高是默默无闻中的突出奉献。你仅仅是默默无闻，一点奉献都没有，或者说奉献太微薄，那你也崇高不起来呀。从这个意义上说，人人只要有崇高之心，都可以崇高，但要崇高得像点样子，就得有崇高之力才行。因为力大力小确实不一样。一方面毛主席讲过了，一个人的能力有大小，但只要有这点精神，就可以成为"五种人"，大家都理解。但是另外一看呢，崇高之力大与小，显著的不同。那天我们在二中看的时候，我们看到茂之院长的诸多事迹，他也是休息了的人，虽然说他的力气比我小,但他的精神之力比我大得多了。今天咱们杨司长的那番报告,可以说是振聋发聩。我们的孙政委,由于时间关系,没有让他放开了讲,但是你的那个片子拷给我,我们带回去。我感觉崇高之力如果不注意培养和提高啊,堵枪眼堵不住,举炸药包举不起来,去抗洪的时候,还没有把落水的老百姓救起来呢,自己先淹死了,去救火的时候,火没有扑灭,自己已经烧死在里面了,我们经受过无数次这样的现实,当然他们的精神是崇高的是伟大的,但微薄之力也难以做出崇高的事。从这个意义上说,提高崇高之力也是一种责任。我们既要像黄继光董存瑞那样能够在关键时候堵枪眼举炸药包,又要像钱学森那样,具备广博的知识和能力,在高科技领域做出贡献,使我们的国家有强大的国防,有今天这样的航天的能力。这样的崇高之力更为重要,学校在这个领域有巨大潜力。

第三,要助推践行崇高之为

崇高之为就是践行崇高的具体行动。助推践行崇高之为,就是人人要成为崇高精神的呐喊者、助推者、名副其实的助推器。中国需要崇高啊,人民需要崇高啊,当前更需要崇高的助推者和崇高的大力士。当前来看呢,我们眼睛看到的、耳朵听到的,我们现实当中确实不乏崇高的促退者,让我们伤心、寒心,甚至非常的痛心!所以说我们有责任做崇高的助推者,哪怕是一个力气不太大的崇高的助推者!

这次到台儿庄,时间虽然很短,但印象深刻。枣庄台儿庄历史文化厚重,有7300年的始祖文化,4300年的成邦文化,2700年的大运河文化,130年的工业文化,70多年的抗战文化。相传还是补天女娲诞生之地,又有匡衡凿壁偷光的勤奋之为,我想一定能在践行崇高的新征途中有新的更大的斩获。有感于此,特赋诗一首存念:

抗日齐鲁顶大梁,万敌魂丧台儿庄。
兰陵书院始祖印,大运城邦主义昌。
走进崇高立枣庄,践行基地再弘扬。
巨石补天天不漏,接力偷光光更强。

谢谢大家!

(根据录音整理,题目为编者加)

作者为成都军区原副司令,中将,北京走进崇高研究院名誉院长

四好、四举措

李殿仁

石司令从成都远道而来，给我们带来了精彩深刻的讲话。这本身就说明他有崇高的境界。他用实际行动表达了对走进崇高事业的关心和支持。我们首先向石司令表示感谢！本来我是不准备讲话的，贺院长让我讲一讲，那我就讲几句自己的体会。

第一个体会是，这次现场会开得非常好。好在哪里呢？至少有四点：

一是时机选得好。选在纪念抗日战争胜利70周年的时候，恰逢其时。这就使我们的走进崇高和弘扬抗战精神结合起来。同时也是全国人民培育构建社会主义核心价值观的时候。我们的崇高理念和培育社会主义核心价值观是一致的，为了一个共同目标，运用不同方式，提高人们的思想境界，建设崭新的精神家园。也是我国经济和社会发展走向常态化的时候。常态化的一个重要标志就是速度变慢了，但质量提高了，更加科学合理可持续发展。这种发展方式有一个长期稳定的过程，需要我们的思想、观念与之相适应。这也反映了广大人民群众的一种精神面貌、一种内心期待，所以说时机选得好，可以说顺应天时。

二是会场地址选得好。台儿庄既是抗日战争的大战现场，也是一批走进崇高典型的诞生地。这里的领导很重视，教育部门很重视，涌现出了枣庄二中这样的一批崇高典型。这里既有深厚的历史文化，又有我们共产党创立的红色文化，既有改革开放后形成的新文化，也有世界各地的外来的有益文化，可以说是多样化文化的聚集地。在这个地方开会，一方面可以得到理论上的启发，另一方面还能受到鲜活的现实教育，所以说这个地方选得好。

三是会议主题和内容好。这个方面，刚才大家都讲得很多，非常丰富。几位领导的讲话、学校的汇报都说明了这一点，我就不再多说了。

四是会议组织和服务得好。感谢台儿庄为我们提供了很好的现场和服务。开会没吃的地方不行，没住的地方也不行，这是需要经费的。大家都知道，社会团体组织活动最大的困难就是经费问题。过去讲生命在于运动，而社会团体的生命在于活动，没活动体现不出价值，也很难总结提高。要搞活动，就要有活动内容、活动经费。这次活动，枣庄、台儿庄，教育局、院校都提供了大力支持，在这里，向他们表示感谢！

第二个体会是，这次走进崇高基地选择教育系统、院校作为突破口，非常正确、非常好。为什么呢？因为走进崇高涉及到社会各个层面、各行各业，但是教育系统和院校在弘扬崇高方面的作用更大更多。刚才石司令讲，院校本来就是崇高的场所，教育本来就是崇高的职业，老师本来就是崇高的岗位。为什么这样说呢？因为院校有四大功能：第一是培养人才；第二是创新理论，很多新理论都是从院校产生的；第三是传承文化，要把中国文化和世界文化传承下去；第四是服务社会。走进崇高与院校教育相结合，就有了具体内容、发展机遇和存在价值。所以说，这个突破口选得好。四个功能当中，最根本的还是培养人才。走进崇高的崇高表现在哪里呢？表现在家国情怀、社会责任和公民素质上，公民素质尤其重要。社会主义核心价值观有三个层面：国家层面、社会层面、个人层面。第一个是建设什么样的国家，谁来建设？当然是人来建设；第二个是构建什么样的社会，谁来构建？当然也是人来构建；第三个是做什么样的公民？还是人的问题。国家是人的国家，人是国家的人；社会是人的社会，人是社会的人；公民不是孤立的人，是一个个活生生的，生活在一定历史阶段的具体人，是实实在在的人。走进崇高也好，培育弘扬社会主义核心价值观也好，一定要坚持人的主体地位，坚持以人为本，以培养和造就优秀人才为根本目标。刚才孙政委专门讲了，人为什么活着、怎样活着等问题，讲得很全面、很生动。人是万物之灵，是物质和精神的统一体。无论搞什么教育都要以人为本，都要注重培养人的家国情怀、社会责任、公民素质。只有这样，才能走进崇高，才能巩固社会主义核心价值观。人的素质包括两个层面：一是精神道德层面，二是知识能力层面。只强调精神道德不对，只强调知识能力也不对，必须把两者结合起来。为什么参加天津救火的公安消防队员牺牲那么多？如果第一次爆炸后不喷水，就不会发生第二次爆炸，就是因为没有这个知识，才出现了重大伤亡，所以人的素质非常重要。既要有为人民服务的思想，又要有为人民服务的本领，两者不能偏废。培养什么样的学生，培养什么样的人是非常重要的，一定要培养德智体全面发展的学生，培养对社会有用的人。现在有人说，学校不要讲升学率。不讲升学率讲什么？当了半天老师，培养的学生连个大学都考不上算什么？升学率没有错！但升学是为了什么，要跟学生们讲清楚。说升学是为了个人前途，这也没有错。如果没有个人前途，还有什么动力？关键是要把个人前途融入到国家前途、社会责任中去，把三者看成命运共同体。毛主席曾经给我们讲，要把个人的前途、国家的发展和社会的大环境一致起来，国家好了你才有前途。过去我们很多学生跑到美国去，大学毕业以后考研究生就不回来了，即使回来也不到20%。现在多了，为什么？就是因为我们国家强大了。学生不回来，一个是世界观问题，还有一个就是现实问题。只有把个人命运与国家发展、社会进步一致起来，才能造就高素质人才。有时候我跟一些大学生交谈，了解他们的学习目的时会对他们说，学习是为了国家为了人民也为了你自己！你可不是幼儿园小孩，做作业不是给家长做、给老师做，真正受益还是你自己。这个话一定要讲清楚，不讲清楚，你讲课就没人听。你把他个人利益都舍弃了，他就会感到迷茫。大家都说美国人讲个人主义，其实它的个人主义也是一个思想体系，包括 3 个层面：第一层是个人利益不容侵犯；第二层是个人权利不容剥夺；第三层是个人责任必须个人尽到。个人的事情个人办好，个人的任务个人完成好。他们特别强调要把个人事情做好、个人责任尽到，否则他们那个权利和利益根本得不到保障。可是大家光讲前两条不讲后一条，其实美国人主要讲第三条，前两条是宣传用的。我和石司令都去过美国。西点军校的校训就是国家、荣誉、责任！你不给学生讲责任，不把国家、社会的命运和他个人联系起来，你这个崇高就没有生命力。

只有讲清楚了，学生才爱听，才符合实际。刚才我说了，现在一定要克服片面性。光讲升学率、光讲分数、光讲知识是片面的，但是不讲分数、不讲升学率、不讲提高知识能力，也是片面的。要把理想信念、道德修养和知识能力很好地结合起来。用理想信念、道德修养指导教学求知，用知识能力支撑理想信念、道德修养。理想信念、道德修养也是能力。毛主席曾讲过："一个人的能力有大小，但只要有这点精神，就是一个高尚的人，一个纯粹的人，一个有道德的人，一个脱离了低级趣味的人，一个有益于人民的人。"他讲的精神是什么呢？一个是对工作极端负责，一个是对同志极端热情。不要把精神说成空的，空的就不行。张思德全心全意为人民服务的思想，体现在烧炭的实际工作中，愚公移山的精神体现在挖山不止的意志当中。我们讲理想讲道德，不能讲成宿命论，不能讲成一切听天由命，逆来顺受，一定要让学生正确地看待人生，很好地度过人生。人生当中，有些是自己无法选择、无法左右的。比如，人生不能选择父母是谁，出生在什么家庭，长得俊丑，高矮胖瘦等等，那是客观的，先天的，自己作不了主。但是有些是可以把握，可以选择，可以创造的。比如，选择什么学科，什么职业，朝什么方向努力，做个什么样的人，如何处理所遇到的矛盾和问题等等，都是可以选择，可以经过努力达到最好效果的。走进崇高就是一种选择，一种努力方向，一种实践活动，一种生活方式。走进崇高和院校教育相结合，前途光明，后劲很大。

第三个体会是，进一步探索了在院校开展走进崇高的方法路径。刚才听了几个院校的介绍，大家做得都很好，各有千秋。归纳起来有四点：

一是摆上位置。要把走进崇高摆到学校工作的一定位置，提到党委会、校务会的日程上来。要有大体的规划设想，有一套自己的想法做法，有人管有人抓，定期检查不断提高，成为办学治校的一个重要内容。

二是抓住关键。即抓住一个核心两个重点。核心就是树立正确的人生观、世界观、价值观。走进崇高的价值观核心是解决好我是谁、为了谁？怎么解决呢？有很多办法。比如，学历史、学哲学、学典型等等。重点是谁呢？重点是校长、校领导班子，重点是教师队伍。

三是运用载体。没有载体就没有依托，就不容易落到实处。这样的载体，包括在平时教学中、校园文化中，丰富活动中、日常积累中。大家说的崇高，是蕴含在平时的一点一滴中，是大家都可以做到的。这就需要选择和运用好载体，做出成效，增强说服力。

四是建立信心。我们经常讲3个自信:道路自信、制度自信、理论自信。先要把信心建立起来。现在讲100多年的屈辱,唤起人们的觉醒,增加忧患意识是对的。但是,讲得太多了,会让人觉得中国不如别人,会产生自卑感,这是应该引起注意的。我们要看到,中国5000多年的历史,绝大部分时间在世界范围内是领先的,我们的老祖宗根本不笨。只是从清末1840开始,我们才落后的。共产党领导我们建立新中国后,发展很快,我们的经济总量现在已经是世界第二了,所以要有自信。目前我们遇到的困难,比战争、灾荒、动乱时期都好克服,关键是我们自己要有信心。过去美国等西方世界想颠覆我们什么呢?想颠覆我们的政权。我们的领导人出去了,炸我们的飞机,联合国没有我们的席位,想把中国的新政权扼杀在摇篮里。我们共产党人不信邪,带领大家闯过来熬过来了。我们抗美援朝打败了美国侵略军,后来搞了两弹一星,进入了联合国,还是常任理事国,实现了中美建交等等。我们的政权稳住了,被世界承认了。敌对势力又开始攻击我们的社会主义制度,说我们的制度不行,说我们的制度是养懒汉的,结果呢?我们成世界老二了。我们的发展模式,社会主义市场经济,已被许多国家所承认,甚至效仿。对手们现在又跟我们争市场、争资源、争话语权、争世界规则制定权了。我们从生存安全、制度安全转到发展安全,非常不易,但我们坚定地走过来了。要让大家把信心提升起来,相信在共产党的领导下,只要我们团结一心,提高素质,什么人间奇迹都可以创造出来。要让我们新一代明白这个道理。这一代好也罢,不好也罢,早晚是他们接班。关键是我们把正能量宣传好,传承好,把人培养好。作为院校,就是要把学生素质提升好。一个国家,一个学校,人的素质是最关键的。国家是领导人带头,学校是校长带头,把走进崇高这项伟大事业做好。

相信这次现场会之后,通过大家的共同努力,走进崇高一定会达到一个新的境界!

谢谢大家!

作者为国防大学原副政委,中将,北京走进崇高研究院名誉院长

特别的会议　特别的效果

贺茂之

不是总结报告，也不用再做总结。因为名誉院长李殿仁将军已经做了精到而全面的总结，我只是谈点感受。在我讲话之前，先向大家发布一个新闻。这个新闻是今天早上收到的，是一位首长给我发来的一条短信，题目是《台儿庄现场会有感》：

抗日齐鲁顶大梁，万敌魂丧台儿庄。
兰陵书院始祖印，大运城郭孔孟昌。
走进崇高立枣庄，践行基地在弘扬。
巨石补天天不漏，接力偷光光更强。

下面还有一段备注说明："应茂之兄特邀，8 月 27 日到台儿庄参加纪念抗战胜利 70 周年暨走进崇高践行基地台儿庄现场会。枣庄历史文化厚重，有 7300 年的始祖文化，4300 年的城邦文化，2700 年的运河文化，130 年的工业文化，70 多年的抗日文化。近年来，茂之院长在其母校枣庄二中推广走进崇高理念，基地建设已成效显著，而当初，时值理想信念缺失之际，铜臭之气弥漫之时，更显难能可贵。相传枣庄曾是补天女娲诞生之地，又有匡衡凿壁偷光之为，倘若能弘扬国粹、发扬传统，定可使崇高精神远播四海，家喻户晓！感慨系之，草成八句以学习作业交茂之院长。”

说到这里，大家该知道是哪位了吧？对，是石司令，石香元中将！刚才他的精彩演讲已博得了大家的热烈掌声，现在大家还不为我们这位将军诗人再次喝彩吗?!

现在，我宣读一个决定。这个决定在离京之前经院委会、理事会研究通过，并报请总顾问批准：任命石香元将军为北京走进崇高研究院名誉院长！（掌声空前）

（石司令对贺院长说：“啊！您保密保到最后一刻呀！”）

（又是一阵热烈鼓掌）

现在请李殿仁中将为石香元中将颁发任命证书。

李殿仁中将（右）为石香元中将（中）颁发证书

运河扬清波，古城喜讯多。
崇高酿春雷，华夏幸福歌。

本院两位名誉院长的精彩演讲，已经是对大会的最好总结。我这里要说的还是想重复开幕式时说的几句话：“我们这个会议是一个特别的会议，特别就特别在：在特别的时间、于特别的地点、邀请了特别的人士并都满怀特别的感情，共同研究、探索一个特别的主题——走进崇高进校园，以培养铭记历史、缅怀先烈、珍爱和平、开创未来的特别的国家栋梁之才，得到了特别的支持,收到了特别的效果。”

特别的效果,表现在开成了一个经验交流会、深入学习会、动员誓师会上;特别的效果也表现在大会主题极新、震撼力极强、传播正能量极大上;特别的效果还表现在全体与会同志振奋的精神、昂扬的斗志和摩拳擦掌、箭在弦上的蓄势上。我们相信有大家的勇于担当和一往直前,走进崇高践行基地的鲜花将在不久的将来,会开遍神州大地!那时,我们将高声吟诵伟大领袖毛泽东主席的《咏梅》:

风雨送春归,飞雪迎春到。
已是悬崖百丈冰,犹有花枝俏。
俏也不争春,只把春来报,
待到山花烂漫时,她在丛中笑。

作者为解放军装备指挥学院原副院长,少将,
北京走进崇高研究院院长

参会感悟

大士闻道　勤而行之

吴修洪

8月28日、29日，参走进崇高践行基地全国现场会在台儿庄举行，虽然会期不长，但内容充实，亮点纷呈。这是贺将军对台儿庄的关爱，更是对母校枣庄二中开展走进崇高活动的高度认可。我代表枣庄二中向大会作了题为“开展崇高教育，建设崇高校园”的汇报，并与全国各兄弟单位相互交流学习，聆听了研究院的各位将军、专家的精彩报告，受益匪浅。现将收获汇报如下：

一、真切感受到各位将军对国家、民族的赤子情怀。各位将军在役时，为国为民，为军队的建设和发展建功立业，为国家的国防事业殚精竭虑；现在退而不休，不是在家含饴弄孙，颐养天年，而是为鼓荡崇高之风而不辞劳苦，为践行崇高而呼号奔走。这是一种责任，一种担当，一种使命，一种崇高的精神。自参加会议之后，我一直就为这种精神所感染、感动。这种精神是我们的国家能够屹立于世界民族之林的基石，更是中华民族走向伟大复兴的不竭动力。我们相信这种精神一定能通过我们的工作得以薪火相传，发扬光大，让我们的青年学生沿着崇高之路奋然前行。

二、时代呼唤崇高精神，走进崇高生逢其时。经过30多年的改革开放，我们的经济成就举世瞩目，已成为世界第二大经济体，世界经济发展的引擎。但毋庸讳言的是，我们的社会也出现了很大的问题，许多人，尤其是年轻人，失去了信仰，丢掉了根基，人生如同断线的风筝、失根的浮萍，社会上出现的拜金主义、享乐主义、极端个人主义等突出道德问题也渐染了校园净土。习近平同志指出,国无德不兴,人无德不立,而走进崇高理念不啻为一剂良药,医治国民的“精神疾病”,又如同冲锋的号角,鼓荡崇高之风,荡涤社会的污浊之气。

三、走进崇高的春风定会吹遍神州大地。短短几年时间,在领导的关怀下,在诸多将军、专家学者的支持下,在贺将军不辞劳苦的奔波下,走进崇高研究院已经拥有12个践行基地,走进崇高的思想已经在全国落地生根,开花结果,引领当地德育之风。这次的全国现场会有来自全国各地的践行者,这告诉我们,只要能沿着既定的正确方向,把走进崇高理论和管理实际相结合,就能显示出走进崇高思想的时代价值,就会有越来越多的有识之士接受,践行。

四、我校开展走进崇高活动,还需要更接地气。古人讲“格物、致知、正心、修身、齐家、治天下”,每一个真正具有家国情怀、以天下为己任的人,他们的修养都来自最初的学习,因此,走进崇高需要更加走进学生的生活,走进学生的心灵世界。把学校的要求、老师的说教,变成学生的自觉行动,真正做到内化于心,外化于行。以主题深刻、内涵丰富、形式多样的活动作为媒介,通过环境的熏陶和习染,把真善美的种子撒进学生的心灵,真正做到润物无声。

“大士闻道,勤而行之;下士问道,大笑之,不笑不足为大道”。

走进崇高的“大道”在前,为我们指明了前进的路,我们将一如既往,走出一条学校管理和学生德育的康庄大道,为社会培养更多的德才兼备的人才。

作者为枣庄二中校长

走进台儿庄　走进崇高

盛金花

如果说代替张斌利校长去参加"纪念抗日战争胜利70周年暨走进崇高践行基地台儿庄现场会"对我来说是一个偶然，那么，接下来短暂而充实的现场会，对我来说就是释然，豁然，肃然，毅然！

释然——对将军的再认识

虽然在此之前，与贺将军在第四届全国聊书会上有过一面之缘，领略过他的学识，见识过他的才情，但是在我心中，将军就是将军，高高在上，遥不可及。这一次，我实实在在的与各位将军有了近距离的接触，两天内，会前，有他们亲切地问候，会中，有他们专注的眼神，会后，有他们热情的鼓舞。时至今日，将军们的言行依然历历在目，他们彻底改变了我对将军的看法，让我深深感觉到：这些将军本身就是一种崇高——他们过去功勋卓著，现在虽已退休却从未停止过为崇高而奔走的脚步，他们在举手投足中把"公仆的精神，学者的态度，军人的作风"展现得淋漓尽致！这一刻，我心释然：中国的未来，民族的希望，在平民，亦在将军！

豁然——对崇高的再理解

为期两天的会议，从贺将军诗情画意的主持到杨教授审时度势的讲座，从孙将军语重心长的解析到石司令义愤填膺的告白再到李将军字字珠玑的叮咛，让我深深感觉到：崇高不仅仅体现在惊天动地的伟业之中，它也渗透在平凡实际的生活中。作为一名普通的人民教师，崇高就要不断加强师德修养，把个人理想、本职工作与祖国发展、人民幸福紧密联系在一起，树立高尚的道德情操和精神追求，甘于人梯，乐于奉献。这一刻，我心豁然：崇高就在与孩子们的朝夕相处之中，就在带着温度的“传道授业解惑”之中。

肃然——对车中的再思考

会上我以《“传奇”校长张斌利》为题向各位领导作了汇报。张斌利校长提出的“带着温度的细节教育”“自控力进校园”等引起了广大同仁的极大兴趣，在与其他学校的交流过程中，我们深深感觉到虽然“岔河中学”已经成为遥远的过去，但是它的以人为本的教育，“五不八无”的成果依然是我们每一所学校所追求的目标。车轴山中学，作为一所有着百余年历史的老校，如何适应时代的发展，为国家为社会培育出更多合格的公民，优秀的人才，实现“车轴山上的梦”依然任重道远。这一刻，我心肃然：车中的发展，需要每一位车中人心怀崇高，践行崇高，一路向前！

毅然——对未来的再确认

北京走进崇高研究院在领导的关怀下，在诸多将军、专家学者的支持下，在贺将军不辞劳苦的奔波下，八度春秋创造 12 个中国首次，开展了 5 项特色活动。已经拥有 12 个践行基地。将军们用自己的实际用告诉我们：“走进崇高”不仅应该成为车中人的思想和信仰，更应该是我们办人民满意教育的有力抓手，“拥有崇高”就是要形成车中特有的教育模式——车中教育计划，让我们的教师幸福地教，学生幸福地学！这一刻，我心毅然：我们要沿着崇高之路，追随将军的脚步，一直向前，向前！

作者为河北省丰润县车轴山中学副校长

一点浩然气　千里快哉风

李家峰

8月28日、29日，北京走进崇高研究院举办的“纪念抗日战争胜利70周年暨走进崇高践行基地现场会”在台儿庄古城举行。此次会议主题鲜明卓越、会场庄严热烈、内容精彩纷呈。是一场引爆教育界的文化盛会！更是一场涤荡心灵走进崇高的饕餮盛宴！我代表枣庄三中向大会作了题为“践行崇高，奉献大爱”的汇报，并与全国各地同仁相互交流学习，聆听了研究院各位将军和专家学者的精彩报告，受益颇多，现将收获汇报如下：

一、将军吐哺，躬行践履。逢迎盛会，深切感受到各位将军对祖国、对民族的拳拳赤子情怀。昔日沙场点兵，运筹帷幄，决胜于千里，为祖国的国防事业殚精竭虑；今日老骥伏枥，吐哺民心，鼓荡崇高之光华，为推行崇高而不辞辛劳。这就是将军的诺言！就是栋梁的使命！就是崇高的践行！虽然此次会议仅有两日，但各位将军的一言一行无不亲身诠释着践行崇高的意义，正是蕴含在生活中和人们心田里的那种朴素平实的精神让我深感敬佩和激励。将军们身上无与伦比的魅力最是鼓舞人、启迪人、激励人践行崇高的大爱风采！正是这样一种躬行践履的精神，才让走进崇高的内涵和外延不断丰富和完整。将军如此，我们更要沿着走进崇高的康庄大道凝心聚力，奋然前行。

二、华夏美德，崇高品格。中华文化绵延数千年，优秀的传统文化是全体华夏子孙的共同精神家园，中华文化的崇高理念，积淀着一个伟大民族文明的生存智慧。改革开放以来，中国共产党开启了中国历史的新纪元。亿万人民艰苦创业，努力探索中国特色社会主义的发展道路，在改革开放和现代化建设的历程中，创造了一个又一个奇迹，缔造出中国梦的雏形。习近平主席强调“弘扬传统文化在现阶段精神文明建设中的作用，就是唤醒数千年来镂刻于我们民族血液中的道德范式与人文自觉，以一种内向性的自省实现个体的自律与自明”。只有坚持走进崇高，拥有崇高，才能抵挡住市场经济本身的缺陷和局限，才能压制住社会上的各种不正之风，才能解除青少年的道德滑坡和信仰危机，还国民一方心灵净土。

三、有的放矢，精准把握。由于我国多年来被单纯功利化“应试教育”指挥棒和崇尚“狼文化”的社会思潮影响，许多学校一定程度出现了德育位置弱化、内容空泛、形式枯燥、形同虚设的现象，直接导致青少年学生革命理想信念淡漠，个人价值实现至上，社会责任的担当与使命感淡化，道德观念和规矩意识缺失，严重偏离了教书育人与立德树人的教育宗旨。走进崇高进校园活动的开展就是弥补长久以来我们德育教育方面的缺失，重培崇高精神的沃土。

四、三中怀志，崇高以远。在我校有幸成为走进崇高践行基地以来，秉承三风一训的实践，三位一体的格局，崇高理念已深入每一位老师、每一位学生心里。率先垂范，严谨治学的教师与勤奋学习，礼貌待人的学生已然成为三中践行崇高的风景线。今年教师节我校举行了以“平凡中的崇高”为主题的践行崇高、履行崇高庆祝活动，用感人的事迹走进崇高，用榜样的力量传递崇高，引领广大教职工和学生进一步弘扬社会主义核心价值观，形成良好的教风校风。

“一点浩然气，千里快疾风”。走进崇高的浩然之气，刚直不阿，才能使人感到无穷快意的千里雄风。我们坚持在智育与德育并行中创新管理，在崇高理念指导下培育更多德才兼具的学生。

作者为枣庄三中副校长

弘扬崇高精神就是提升民族素质

赵连峰

参加走进崇高践行基地台儿庄现场会，参观了几所学校和台儿庄纪念馆，内心颇受震动。几天来我始终在反思：什么才是真正的素质教育？由此深深感受到弘扬崇高的民族精神就是最好的素质教育，是在从根本上提升中华民族国民的素质。

当今社会，很多人的理想、世界观迷茫，内心品位低俗。“碰瓷”、“诈骗”等现象在人们心目中似乎已司空见惯，更有的老年人为老不尊，令人扼腕。人们只知道追求利益、保护自我，进入了动物性的生活范畴。城乡差别、贫富差距动摇着人们的内心世界，善良、诚信、遵守规则、尊老爱幼等中华民族的传统美德似乎正与我们渐行渐远，而大和民族却能彬彬有礼、坚强果敢，即使在巨大的灾难面前也能相互帮扶、秩序井然？

70 多年的时间过去了，中国在丢失着什么？老将军们经历了这个时代，他们感受到了一个优秀的民族在弱化——身体在弱化、精神在弱化。走进崇高研究院里的将军们发出了振聋发聩的呐喊，中国人要走进崇高，践行崇高，这实是中华民族之幸事、大事。

作为“走进崇高践行基地”负责人，我认真反思了过去的一些做法，深刻体会到了“走进崇高”重在“践行崇高”，只有“践行崇高”才能“走进崇高”的深层内涵。在新学期，我将“践行崇高”进行了课程化安排。初一新生入学后，没有按部就班上课或进行模式化的军训，而是用一周多的时间开设了新生“综合教育实践”课程，课程内容包含孝亲、尊师、感恩、诚信、纪律、安全、文明礼仪、勤劳节俭等，分配给学部主任和相关专业教师，按学校安排课表讲授和实践训练。学生公寓和学生餐厅进行了吃和住方面的规范训练。学校团委、少先大队发出“每人读一本励志书”活动倡议，组织“振兴中华，我的责任”主题电影观看和“唱响中华之歌”歌唱比赛活动。学校校园电视开始进行“走进崇高，践行崇高”系列人物报道，采访报道优秀教师、优秀学生及高尚的社会人士，表彰他们的行为，宣传他们的精神。用具体的教育行为落实学校“三权四部育人教书责任制”管理体制，落实“育人为本”的办学理念。

这是第一个“崇高教育课程化”构想，现已经开始实施，并受到了家长和社会的认可。

第二个构想，是成立“积极教育行动研究共同体”，将“践行崇高，健康发展”作为核心目标，在实践中训练、培养优秀教师。该共同体现有成员 24 人，拟每学年每人培养一名教师，不断壮大共同体队伍。

第三个构想，是加强兴趣教育，进一步加强活动课程管理和开发，在兴趣和活动中培养孩子健康人格。

第四个构想，进一步加强农村家长培训，提升农村家长素质品位，为孩子健康成长营造良好家庭环境。

我们认为，走进崇高是提升民族综合素质的历史性工程，而这一工程决不能停留在表面的形式上，要在实践中落实，要在实践中内化，在实践中沉淀。目前，我校的四个基本构想，正在有计划的落实。同时为了进一步提高工作效率和教育质量，我们借鉴国家巡视组机制特点，成立了由常务副校长牵头的学校工作“巡察小组”，随机召集问题部门成员组成检查组，现场巡察，现场办公，限期解决问题并反馈解决情况，要用实际行动落实习总书记要求做到的“三严三实”。

以上是我们参加台儿庄会议后的几点肤浅体会、做法及构想。在这一领域我们没有现成的模式可以复制、借鉴，我们非常希望能得到研究院将军们的批评和指导，我们有信心将宁城践行基地建设成为全国示范基地。

小诗一首述感慨之情：

大运河畔溢春光，台儿庄里芝兰香。
将军呐喊震齐鲁，老骥伏枥有担当。
民族复兴惊雷响，育人为本大计长。
细微之处见品德，崇高精神兴家邦。

作者为内蒙古宁城县第四中学校长，
走进崇高宁城四中践行基地主任

深受教育　备受鼓舞

赵振艾

2015年8月28日、29日是我一生经历中不寻常的两天、值得牢牢记住的两天。这两天，我有幸代表枣庄矿业集团技术学院参加了走进崇高台儿庄现场会，听取了先进单位的经验介绍、实地参观了部分学校、聆听了多位将军、学者的演讲报告，深受教育，备受鼓舞，尤其是诸位将军、学者慷慨激昂的演说震耳发聩，使我深受崇高精神的震撼和洗礼。收获真的很多很多。

一是先进单位介绍的经验，给我们提供有益的做法和经验，树立了学习的榜样。枣庄二中、三中、河北省丰润县车轴山中学、内蒙古赤峰市宁城县第四中学等单位，大力弘扬崇高、践行崇高，取得了丰硕的成果，师生面貌发生了巨大变化，使我们深切感受到崇高的力量和践行崇高的意义。

二是不仅加深了对崇高理念和精神的理解，而且现场感受和体验了诸位将军、学者的爱国情怀、高尚情操和渊博学识。李殿仁、石香元、贺茂之、刘子贤、孙南京等将军以及杨瑞森、张志勇、张新洲等多名学者，对崇高的理念和精神从不同角度进行诠释和讲解，使与会者加深了理解和认识，同时也在他们身上看到了关心国家前途、民族命运的高尚情怀和赤子之心。他们为宣传崇高殚精竭虑、不辞辛劳，为践行崇高身体力行、奔走呼告。在他们身上，与会者看到了崇高的境界和力量。

三是崇高精神贵在践行。走进崇高若干践行基地的建立和经验介绍，使我们感受到崇高不是高不可攀的空中楼阁，而是植根于现实之中可以学习、可以借鉴、可以践行的高尚思想和具体行为。我们一定结合自身实际，认真学习、努力实践，让崇高理念和崇高精神，内化于心，外化于行，使之在现实生活中生根、开花、结果。

作者为山东枣庄矿业集团技术学院原书记，
走进崇高枣矿技术学院践行基地主任

我们都应成为弘扬崇高的力量

管仁福

一个陌生的电话,开始了我与崇高的亲近;一次平常的拜会,清晰了我对崇高的认识;一场特别的会议,坚定了我们弘扬崇高的信念。初识“崇高”,实属偶然,践行崇高先遣团贾长春的简明扼要的介绍,使我为之一震:有这样的公益机构,为弘扬社会正能量而默默奉献?7月的北京之行,模糊甚至怀疑的认识已经明晰。8月的台儿庄,将军们、毛哲的学者们对“崇高”的诠释、对践行崇高的使命感,使我肃然起敬。

一段时间以来,我时常拷问自己,含饴弄孙、颐养天年的岁月,能否也和将军、学者一道,为播撒崇高精神而慷慨激昂、振臂高呼。他们的行为,他们的精神,他们每个人的自身就是一面镜子、一面旗帜,一个个践行崇高的鲜活楷模,我为能走近他们而庆幸。

生活在这样一个大发展、大繁荣的时代,喧嚣、浮躁、庸俗的观念大行其道,偏离主流价值观的事情不时充斥耳边。我们真的走得太远,以致忘了我们是从哪里出发的吗?路不拾遗、夜不闭户、诚信友善,真的与我们渐行渐远了吗?我们生活的社会,太需要正气、正能量了。也许崇高,不能荡涤一切污浊;同样,“走进崇高”理念也许不是最好的一剂良药,但至少它是一颗“火种”,它向世人喊出了这个社会、这个民族善良人们的心声。它一定会像“一棵树撼动另一棵树,一朵云推动另一朵云,一颗心灵唤醒另一颗心灵”一样,传播着强大的感染力和影响力。

教育承载民族的希望和未来,正如李殿仁将军所言:年轻一代纵有诸多不足,但未来社会必将由他们来担当。必须把他们实现“中国梦”的信心树立起来,必须把符合主流价值观的正能量弘扬起来。在学校设立“走进崇高”践行基地,无疑将拓宽学校德育渠道,搭建了更宽广的德育平台。而崇高理念,又与社会主义核心价值观相得益彰、高度契合,毫无疑问,推行“走进崇高”理念,开展践行崇高系列活动,将为学校德育提供有力抓手。

让我们都成为弘扬崇高的坚定力量。

作者为青岛市黄岛区第一中学校长

德育为本　走进崇高

贾海洋

2015年8月，受贺茂之将军之邀，有幸在革命老区台儿庄见到将军一面。初见将军，给我的印象与小时候认为将军一定是高大魁梧形象有很大差别，将军身材不高，头发银白，声音沙哑，但铿锵有力，将军眼光锐利，腰板笔直，精神矍铄，思维清晰，很难想象他已经接近70岁的老人了。将军淡出戎马军旅之后，仍不遗余力将中华民族文化精髓发扬传承，只有拥有崇高之人，才有此大智慧之举。短暂的3天，将军之嘉言懿行，后辈敬慕铭记。

回来之后，冷静思考，仔细分析我校德育的现状，却发现我校德育工作开展与枣庄二中相比，处于令人尴尬的境地，探其原因，大致有以下几种

一、主体不明，教师越俎代庖

教育的目的是培养人，德育又是培养人的核心。学生是德育的真正主体，但是现实德育中，学生往往被视为受动体，而非生命体和道德的构建主体，教师有意或无意的越位代办，使自己异化为德育的主体。学校德育工作目标由教师一厢情愿制定，德育活动的形式、过程是教师事先演练多次的“现场”表演，德育成了过场作秀，难以收到理想效果，于是，学生由德育主人边缘化为局外人，德育由生命成长的必需演变为令人生厌的强加要求。难怪，即使我们开展再多的活动，学生在德育工作实施过程中成长收效甚微。就拿文明志愿者来说，学生原先兴致勃勃，渴望加入，但

到最后，即使站在那里，也是冷冰冰的，热情不高。

二、内容失真，教学脱离实际

山东省教育厅副厅长张志勇说，我们的眼光只放在进入大学校园学生的身上，而忽略了没有机会升学同学的人生价值教育。德育的目的是为了学生的终身发展，而生活又是学生终身发展的现实基础。因此，德育与生活结合的紧密程度就决定了学生发展的结果。但是，我们的德育存在脱离人的发展、脱离现实生活等弊端，向人宣讲的只是抽象概念、空洞道理，要人做到的往往是不可企及的高要求，规定人去遵守的也是一大堆有悖身心发展的规训，以致德育内容孤立封闭，脱离学生社会生活和学习生活，无法达成预定目标。通过几堂班会课、几场报告，就能改变学生行为，让学生走进崇高，而最终拥有崇高，只能说是纸上谈兵。

三、过程机械，说教代替体验

我最反感常常有班主任来到我这里抱怨："有些学生，我简直没有任何办法，好话歹话说了一大堆，他们怎么就不听进去?"，做教师的委屈溢于言表。殊不知，完整德育过程本该是受教育者认知活动、体验活动与践行活动的有机结合，只是在实际操作中，学校德育重说教，轻体验；重灌输，轻交流；重认知，轻实践，才使得德育不能有效地内化为学生的自身修养和道德素质，缺少应有的活力和效果。工具理性主义使德育成了一壶烧不开的"温水"，始终徘徊在效益的低谷，寻找如何创造性破解这一难题的"良药妙方"成了德育研究的新课题。

教育的宗旨是促进人的发展，而人的发展离不开信念的支撑。因此，以新理念为引领，从学生的生活实际及其生命发展需要出发，创新德育的理念，创新德育内容，创新德育载体，创新德育评价机制，激发学生的内在驱动力，使其主动构建自己的德育大厦，让道德生活充满活力，应该成为德育创新的突破口之一。

总之，德育是一项博大精深而富有艺术的阳光工程，需要我们每个人深层次思考，一个教育工作者用心和智慧去经营，只有凸显学生在学校德育中的主人翁地位，才能使学生更好地体悟人生的真正意义，张扬生命之力，焕发生命之美，快乐地生活、学习，享受成长的喜悦。学生走进崇高，感受崇高，拥有崇高，才是我们最想看到的，也是将军最终的愿望。

作者为安徽省含山一中副校长

感恩让我们师生幸福快乐

刘志奇

2015 年 8 月踏着英雄的足迹,我有幸参加了"纪念抗战胜利 70 周年暨走进崇高践行基地台儿庄现场会"。聆听了几位将军和教育界专家的报告,很受教育和启发。走进枣庄二中,听到高一新生一篇篇铿锵有力的朗诵,一声声鸿鹄之音,让我激动不已。回到学校后我在思考如何让崇高在天津大港九中的校园如暮鼓晨钟,敲击着学生的心灵。今年开学我在九年级任教,九年级是孩子人生的第一个转折点,孩子很紧张,家长很辛苦,也是孩子和家长容易发生矛盾的一年。开学第一节课我让孩子写了几句心里话。

学生一:父母赐予我们生命,让我们拥有健全的身体,渐渐地我们踏上了成长之路,有了自己的看法。渐渐地我们明白上学是一个必经的过程,学习是为了以后的路铺垫,而时间再长一些,我们便从父母的哺育之路上自行脱离进入青春期,到了这时,父母往常的唠叨也成耳旁风,老师的叮嘱也成了耳中刺,冥冥之中似乎也有力量使我们反对。取得成绩就沾沾自喜,路遇坎坷也毫不留心。人生中的一个个拐角也被我们掠过。而如今,我们站在一个十字路口面前——中考。它令我从得意自满中惊醒,明白自身力量的不足。中考,加油。我一定考上理想高中报答父母。

学生二:一直以来,只要父母开心,不管做什么,考试也好、孝敬也好,都是为了给父母一个承诺,就算是付出一切也是值得的。但我之前却做得不好。父母为我做了那么多事,我却连一个笑容都没有回馈给他们,天天无所事事，一直在向父母索取，给父母带来很多的麻烦，甚至责怪父母没明白自己的意思，没有给父母任何承诺，没为他们做过什么。我错了，是我不孝，让父母失望了。今后我要好好孝敬父母，努力兑现承诺。我要让他们知道，他们的孩子是个有担当的人。

学生三：时间飞逝，转眼间我已经升入九年级了。我们长大了1岁，父母也老了1岁。我们是该为成熟了一些而感到喜悦，还是应该为父母的慢慢衰老而感到悲哀？

学生四：说说陪伴了我们15年的父母吧。他们也已经快40了。奋斗了大半辈子，为我们营造了美好的环境。岁月在他们的脸上留下印迹。他们总会有支撑不住的那一天。那一天，就是我们成为家中顶梁柱的日子。

孩子发自肺腑的话语让我们家长和老师感到激动和自豪，懂得感恩父母的孩子，他们也会感恩教师，感恩社会。

作为老师身边有这样一群孩子我感到很幸福，学生朴实善良，乐观开朗，目标明确，这样优秀的孩子班主任是如何培养的？在和班主任陈吉芬老师聊天的过程中了解到学生从进入初中后一直坚持写心情日记。陈吉芬老师让孩子写心情日记的初衷又是什么？陈吉芬老师说：当我们走进学校的大门，面对一群充满希望活力又有各种问题的孩子的时候。我们作为教育者应该用什么心态来面对他们呢？这是一个我们都无法回避的问题。作为一名教育者，教育智慧是我们不可或缺的武器。对此我有一些不成熟的做法供大家参考。其中之一就是让学生每天写心情日记。让学生写心情日记的初衷是因为我现在与我班孩子的年龄相差30岁，说没有代沟是不可能的。所以在最初接班使用以前的方法去管理班级。但感觉怎么也走不进学生的心里，所有的教育内容都浮于表面。六年级第一学期的教育基本宣告失败。面对困境我一直在寻找突破口，终于我一个偶然的做法打开了僵局，那就是写心情日记，当时学生有个普遍的毛病，就是随便说话。只要我不在场看着他们即不停地说。所以每天早、中站队时就经常被点名批评，我想让他们把注意力由说转到思考上，动手写，效果应该不错。于是在六年级的第二个学期我开始实施早、中自习写日记的做法，每天用自己的笔来记录自己一天的喜怒哀乐。没想到爱乱说话的顽症竟然不治而痊，让我非常高兴。

心情日记施行起来了，效果超出了最初的预期。首先这种做法拉近了我与学生的距离。通过评语,每天的总结表扬我与学生之间的代沟在慢慢变窄,我的观点和道理渐之为学生所接受。其次,在心情日记的帮助下我与学生的沟通方式变多了。在评语中我可以表扬、鼓励、肯定,也可以批评,否定学生的想法和做法,再次通过心情日记我可以准确把握学生的思想动向。言为心声,学生写的日记是他们内心世界的真实写照。所以我可以通过日记了解积极的思想动向,把许多问题在萌芽阶段就解决了。

在实施心情日记过程中其实也有很多困难。首先是耗时多。每天的日记都要在当天回批。这样的工作量是很大的。所以我往往是除了上课,每天都在回批日记,回批的字数在一两千字。

其次,对于班主任来说牵扯的精力非常大。从每周一到周五,天天如此。所以真的是在付出心血。

再次,也是最重要的一点困难——就是要有没有功利的爱心。这件事对于班主任来说是一项很艰难的工作。但要以平常心去做,主动去做。

3 年的付出终于换来孩子们的长大成人,这是多么值得教育者自豪的事情。

感恩让九中的师生生活更加和谐,更加幸福快乐!

作者为天津大港九中校长

追求崇高　培养具有远大志向的进步少年

武志松

8月27至29日，我同王金明老师来到山东省枣庄市台儿庄区，参加了纪念抗战胜利70周年暨走进崇高践行基地台儿庄现场会。

千年古水城，英雄台儿庄。台儿庄历史悠久，明、清两代的帝王，每每经京杭大运河巡视江南，都要在台儿庄登岸巡游。乾隆皇帝下江南，途经台儿庄，看到繁荣的商贸业，南来北往的舟楫，称台儿庄是“天下第一庄”。1938年三四月，在历时一个月的激战中，毙伤日军约2万余人。它打击了日本侵略者的嚣张气焰，坚定了全国军民坚持抗战的信心。此次大捷是抗日战争以来取得的最大胜利，也是徐州会战中国民革命军取得的一次重大胜利。

美丽的古城，英雄的故土，大家的讲座，都给我们留下了深刻的印象。70高龄的贺茂之院长，精神矍铄，思维敏捷，身体康健，在会务召开过程中，每天勤于服务，一丝不苟的精神非常值得我们学习。

山东省教育厅副厅长张志勇深有感触地说：“5位将军来我们山东推广走进崇高进校园，我深为感动！走进崇高进校园是纠正长期以来学校教育‘重知识轻品行，重分数轻素质’顽症重病的良药妙计。”在学习过程中，教育界的专家和两位中将的讲话极具震撼性，同时特别强调了在学生中弘扬崇高精神的紧迫性。我们认为，作为教育工作者，学习崇高、感受崇高、践行崇高是我们义不容辞的责任。

一、追求崇高，树立远大志向

什么是崇高？崇高，即真纯的情感，伟大的精神，高尚的行为，神圣的使命，无私的奉献，无形的规范，人类共同崇尚的美德，推动社会前进的动力；既体现在惊天动地的伟业上，又渗透到平凡实际的生活里，更凸显在天塌地陷的灾难中；一旦占有主导地位，就会释放出撼人心魄之光华，形成催人奋进乃至排山倒海之威力，锻铸真、善、美之辉煌。

我校的育人目标是：培养具有大志向的进步少年，这与崇高理念不谋而合。培养大志向，就是激发学生志气，践行崇高理念，以求有所作为，不辜负美好年华。我们希望孩子们有自信、知勤奋、善合作、尚厚德，能在童年这一初涉人生的时期，及早地立下自己的志向，并为之努力与奋斗。

我校建设了100多米长的文化长廊，把80多位名人、名学生、奥运冠军等这些师生们学习的优秀榜样，请到了他们的身边，让师生们在榜样的引领下健康成长。实践中，我们将引导学生积极学习伟人、名人的故事，利用《目标激励我成长》实践手册，分析自己的优势、不足，帮助孩子们从小立下远大志向，追求崇高，为中华复兴添砖加瓦。

二、追求崇高，传承中华美德

崇高，不是无本之木，无源之水，她有着深厚的根基，那就是中华传统文化和中华传统美德。我校坚持开展中华传统文化和中华传统美德教育，特别是注重以中华母亲节为载体，深入开展孝德教育，学校精心设计、组织开展一系列主题鲜明、针对性强的主题活动和课外实践、体验活动，引导少年儿童从感悟母爱、热爱母亲做起，让学生在实践中学会“行孝”，同时引导学生学习、理解、掌握中华民族几千年历史中形成并流传下来的各种传统美德，并融入到日常生活、学习中，使学生从知到行，从不自觉到自觉，从自发的行为到养成有意识的习惯，形成良好的孝德品质，促进社会主义精神文明建设。

三、追求崇高，夯实成材之基

崇高，她不是高不可攀的天梯，而是脚踏实地的前进。作为教育工作者，我们身上有着育人的重责。在实践中，我们注重抓好“六小”评选工作，为学生夯实成才的基础。六小，即：习惯小楷模、礼仪小标兵、环保小卫士、科技小能手、运动小达人、自省小君子。

我校着重抓好了自省小君子的评选活动，因为善于自省的人才能不断进步。古人说：吾日三省吾身。但是在现实生活中，一个人一个月反省一次，坚持下来就很不错了。所以，“自省小君子”的评比势在必行。这项工作对人德性的形成，对想象力、创新能力的形成，对崇高理念的坚守有着不可估量的作用！

两天的学习、参观，时间虽短，但引起了我们的深思。作为教育工作者，我们负责的是缔造人类灵魂的神圣职业，肩负着教书育人、提高民族素质的使命。只有具备崇高的理想信念，高尚的道德情操，伟大的人格魅力，才能站在国家民族的高度，培养出社会主义事业合格的建设者和接班人，为实现国家强盛、民族振兴做出自己应有的贡献！

作者为北京市通州区宋庄镇中心小学校长

走进崇高进校园　立德树人谱新篇

袁袤祥

“纪念中国抗战胜利70周年暨走进崇高践行基地台儿庄现场会”于8月28日—29日在山东省枣庄市台儿庄古城举行。中国教育学会名誉会长、著名教育家顾明远教授，国家卫计委中国家庭报社等分别发来贺电贺信；国防大学原副政委、走进崇高研究院名誉院长李殿仁中将，成都军区原副司令员、走进崇高研究院名誉院长石香元中将，走进崇高研究院院长贺茂之少将、书记刘子贤少将、政委孙南京少将莅会，教育部原政治理论司司长杨瑞森，山东省政协常委、省政协科教文卫体委副主任杨瑛，山东省教育厅副厅长张志勇，中国教育报刊社副社长张新洲，国家卫计委中国家庭报和青春期健康杂志社总编辑李茂中，台儿庄区委书记、区人大常委会主任王广金，台儿庄区委副书记、区长王辉，以及来自全国各地走进崇高践行基地中学校长、走进崇高推广中心主任、苏鲁豫皖教育联盟地区教育工作者等300多人出席现场会。

纪念中国抗战胜利70周年暨走进崇高践行基地台儿庄现场会的主题是走进崇高进校园。会议听取了山东省枣庄二中、枣庄三中、枣矿技术学院、内蒙古宁城四中、河北省丰润车轴山中学等走进崇高践行基地深入开展走进崇高教育实践活动的经验介绍，实地参观了枣庄二中走进崇高教育实践活动现场和台儿庄区教育事业建设发展成就，就走进崇高践行活动进校园对推进教书育人、立德树人的教育大计展开了热情洋溢的研讨，并授予枣庄二中走进崇高示范基地称号，授予枣庄二中校长吴修洪、河北丰润车轴山中学校长张斌利等走进崇高先锋校长称号。贺茂之少将、刘子贤少将分别主持了28日和29日的会议。李殿仁中将、石香元中将、孙南京少将和杨瑞森、张志勇、张新洲等著名教育专家在研讨中作了中心发言。

会议彰显了崇高的内涵和走进崇高的理念，一致赞同："崇高是真纯的情感，伟大的精神，高尚的行为，神圣的使命，人类共同崇尚的美德，推动社会前进的动力；既体现在惊天动地的伟业中，又渗透到平凡实际的生活里，更突显在天塌地陷的灾难中；一旦占有主导地位，就会释放出撼人心魄之光华，形成催人奋进乃至排山倒海之威力，锻铸真善美之辉煌。"走进崇高"就是趋步进入真、善、美之境界，彰显自身崇高，履行职责崇高，学习他人崇高，弘扬社会崇高，用崇高规范自身，研究崇高之道，鼓荡崇高之风，以实现人格优秀、社会和谐、祖国强盛、人类美好。"古往今来，崇高都是先进社会力量及人的高尚精神和行为的表现。崇高不是高不可攀，高山仰止，景行行止。崇高蕴含在社会生活中和人们心田里。自觉地让崇高占主导地位，主动地用崇高规范我们的言行，就是拥有崇高。走进崇高就是彰显自身崇高，履行职责崇高，学习他人崇高，见贤思齐，见善必为，力求人格优秀，就能走进崇高并拥有崇高。只要人人走进崇高，社会必定和谐；只要人人拥有崇高，国家必定兴盛！

会议坚定了走进崇高进校园活动的必要性与必然性。大家认为，各级各类教育机构的核心任务是教书育人和立德育人。而教书育人与立德育人的核心，就是培养具有高尚品德并且具有践行崇高、拥有崇高能力的人。但是，由于多年来被单纯功利化"应试教育"指挥棒和崇尚"狼文化"的社会思潮的影响，许多学校一定程度出现了德育位置弱化、内容空泛、形式枯燥、形同虚设的现象，直接导致学生革命理想信念淡漠，个人价值实现至上，社会责任的担当与使命感淡化，道德观念和规矩意识缺失，严重偏离了教书育人与立德树人的教育宗旨。走进崇高理念的提出、推广与践行，特别是走进崇高进校园的教育与践行活动的开展，完全符合党的十八大提出的"把立德树人作为教育的根本任务，培养德智体美全面发展的社会主义建设者和接班人"的要求，更是对社会主义核心价值观的践行。

会议认为，本次走进崇高进校园践行基地现场会，是对德育教育从内容到形式的一次拨乱反正的正本清源，进一步破除了以往人们普遍认为崇高就是至高无上的“恐高症”,使广大教育工作者看到了新形势下学校教育教书育人、立德树人“柳暗花明”的新曙光。同时也指出了走进崇高不能一蹴而就,需要有一个积小善而成大善的自觉与坚持的过程,从而破除了走进崇高的“泛高化”倾向,为走进崇高进校园践行活动的规范化、制度化、常态化、特色化和持久性、自主性、互动性、可操作性奠定了思想基础,指明了前进方向,提供了宝贵经验,注入了活力和动力,激发了热情与激情。

与会人员表示,办有灵魂的教育,立德树人必须为首;立德树人,“走进崇高”是德育的灵魂;“走进崇高”,必须知行合一。为了学生的全面发展,为了民族的未来,决心借这次现场会的东风,把“走进崇高”进校园活动认真、细致、深入、扎实、持久地开展下去,将校园打造成助推崇高、学习崇高、践行崇高、走进崇高、拥有崇高的人才精神家园!

2015 年 9 月 1 日

作者为台儿庄区原广电局副局长

中　编

天台县重彩再现

2016 年 5 月 17 日，天台县走进崇高践行基地授牌仪式会场。

“三十”立崇高　天台树大旗

谭宏伟

5 月 17 日，和风浩荡中大美天台迎来了一个里程碑式的日子，30 个走进崇高践行基地同时挂牌，使崇高之声响彻天台的山山水水，为天台和合文化添新翼，为天台历史竖丰碑。

授牌仪式在县行政中心第一报告厅举行。中国人民解放军总后勤部原政委、本院顾问张文台上将，国防大学原副政委、本院名誉院长李殿仁中将，院长贺茂之将军、孙南京政委，中国航天第十二研究院院长薛惠锋、院党委书记郭京朝出席。台州市人大常委会副主任、天台县县委书记李志坚，县长杨胜杰及林峰、陈政明等天台县四套班子领导出席。

上午 8:30 分，县委、县政府大楼前，天台县预备役民兵应急连的全体官兵整齐列阵，欢迎张文台上将、李殿仁中将、贺茂之少将和孙南京少将的到来。张文台上将发表即席讲话，他说，走进崇高进天台，军人应该走在前面，预备役战士当然不能例外；走进崇高，就要认真学习、努力工作，认真学习长知识、努力工作增本领、勇于锻炼强体魄。他鼓励战士们要什么活都能干、什么苦都能吃、什么气都能受，铸就铁打的纪律、铁打的军魂、铁打的体魄,为实现中国梦做出应有的贡献。之后,在热烈的掌声中将军与战士们合影留念。

会议由县长杨胜杰主持,县直属各单位分管领导、各乡镇负责人、30个走进崇高践行基地负责人、教师代表、学生代表、县红十字会、红心社代表等千余人参加授牌仪式大会。

全体与会同志首先观看了本院的形象片,加深了对本院认识和了解,群情振奋中报以热烈的掌声。

天台县委李志坚书记在致辞中,首先向亲临授牌仪式的各位将军和领导表示热烈的欢迎和感谢,对本院首次与县级政府全面合作,就选择了天台,表示了热烈欢迎和诚挚谢意。他表示,县委、县政府一定会高度重视,高举崇高旗帜,全面铺开走进崇高实践活动,积极搭建实践平台,真正把崇高植入广大人民群众的心里,让崇高之花在天台遍地盛开,绚烂多彩。

贺院长宣读了"关于对天台县委、县政府在全县范围内推广走进崇高实施方案的复函"。张文台上将等领导为天台中学、职业中专、天台小学、三州乡、泳溪乡、人民医院等30家单位分3批次授牌,整个会场隆重而喜庆,热烈而祥和。

孙南京政委宣读了"关于建立走进崇高天台推广示范中心的决定",李殿仁政委为推广示范中心主任授牌并颁发了任命证书。

而后,贺院长又向大会宣读了"关于为天台县委、县政府颁发组织奖的决定",县委书记李志坚上前接过张文台上将手里的获奖证书,两双大手紧紧地握在了一起,大会响起激越的掌声!

贺茂之院长在讲话中特别说道:"我们今天的会议创造了4个第一:第一次在一个县同时为30个践行基地挂牌,第一次建立走进崇高推广示范中心,第一次为县委、县政府颁发走进崇高推广组织奖,也是第一次由上将、中将率队为践行基地挂牌。为什么会在天台县创造那么多第一呢?可以用天时、地利、人和来概括:天台县委县政府正在贯彻党中央的'两学一做'这一伟大号召,以党的公仆精神来锻铸天台县崇高形象,推动崇高事业的发展,此为天时;天台历史上独具魅力,山水神秀,文化奇绝,独树一帜,海内外影响深远,此为地利;古有扶正祛邪、乐于助人的济公,今有各行各业涌现出的'最美人士',政府真心实意为民办实事,制定了详尽而科学的走进崇高实施方案,此为人和。"他说,天台县委、县政府对走进崇高理念,认识深刻,行动自觉,举措得力,并能够率先垂范,教育局领导以高度的事业心和责任感,在教育系统全方位践行走进崇高理念,并已取得了显著的成绩,相信他们一定能创造出走进崇高第一县。

孙南京政委在讲话中谈道:“我们大家都知道,有这么一句耐人寻味的名言:人生重要的不是他现在所处的位置,而是他所朝的方向。天台县委、县政府把崇高理念引进天台,一次建立起30个走进崇高践行基地,这30个基地不仅仅是30块牌子,而是它所指引的崇高的、先进的人生方向。这是非常最难能可贵的,也是非常值得祝贺的。”

名誉院长李殿仁中将说:“天台的自然生态、政治生态以及文化生态都做得非常好。重视精神文明建设、铸魂提神、提升人民群众的社会责任感,是天台县委、县政府特别是教育局长期以来全力推动的,如何将走进崇高理念植入当地文化,从而促进、带动天台县的发展,是需要与党的大政方针紧密结合,深入实际、积极实践的,相信崇高理念一定会扎根于天台人民心中、结出累累硕果。”

张文台上将做了最后发言。他鼓励孩子们从小立大志、求大智、成大才、干大事,从身边的小事做起,修身、齐家而后治国、平天下,一步一步走进崇高。76岁高龄的老将军,还特意赠送了他的两幅书法墨宝和著作《张文台文丛》,鼓励天台人民“走进崇高,拥有崇高”。会场上响起经久不息的掌声。

走进崇高理念在天台县委、县政府的大力支持下,全面走进天台人心中的序幕正式拉开。

下午,叶玲君副县长、杜作锋副县长、教育局汤京局长带领与会将军和大家一起参观了上午授牌的赤诚中学、职业中专、天台中学、始丰小学、三州乡“红军岭”、街头小学、街头镇后岸村等几个践行基地。大家交口称赞天台县教育高水准、高投入、高成绩的同时,欣喜地看到“走进崇高”在天台县已经次第花开。不仅树立了在公交车上为呕吐阿婆捧接污秽并擦拭干净的三年级学生张静初为崇高少年,4月份评选出的走进崇高爱心小标兵、走进崇高礼貌小天使等也已经在展示栏中向大家微笑着……

在授牌活动总结会上,贺院长对天台县委、县政府、教育局对本次活动的高度重视、周密安排表示感谢,特别对走进崇高理念进天台的嫁接人叶玲君副县长、汤京局长高度称赞并表示诚挚谢意,对建立基地后如何去做提出了建议。叶玲君副县长对将军们不远千里来为天台授牌、参加此次活动表示感谢,并表示会以此为东风,把走进崇高理念根植于天台,造福于天台。

昔日李白诗吟“天姥连天向天横，势拔五岳掩赤城。天台四万八千丈，对此欲倒东南倾”时，可否想到华夏大地的今天，比天姥山更令无数人向往的崇高之峰，会在天台巍然矗立呢？是否想到了贺院长在会上步其诗韵即兴和诗“天姥连天笑苍穹，真善美智满赤诚。天台全县进崇高，勇创华夏第一名”昭示出的天台更加美好的明天更加辉煌的未来呢？

走进崇高进天台，是一座不朽的丰碑！是一面崇高的旗帜！新时代的天台儿女、华夏儿女一定会“对此欲倒东南倾”，圆梦中华铸国魂！

作者为北京走进崇高研究院秘书长

在天台县"走进崇高"践行基地授牌仪式上的致辞

李志坚

尊敬的各位将军、各位领导，同志们：

最美天台五月季，崇高之花次第开。值此美好时节，我们欢聚一堂，隆重举行天台县"走进崇高"践行基地授牌仪式，弘扬崇高之精神，鼓荡崇高之风尚。首先，我代表天台县委、县人大、县政府、县政协，向不辞辛劳、亲临指导的各位将军和领导表示热烈的欢迎；向北京走进崇高研究院对我县的关心和支持，表示衷心的感谢！

天台因天台山顶对三台星宿而得名，素以"佛宗道源、山水神秀"享誉海内外，是佛教天台宗发祥地、道教南宗创立地、诗僧寒山子隐居地、唐诗之路目的地、活佛济公降生地、徐霞客游记开篇地。千百年来，这片古老而神奇的土地，孕育诞生了以"和合圆融"为精神内核的天台山文化，对中华文明发展起到了积极而重要的作用。

走进崇高，就是维护精神家园，坚守文化根基，追求灵魂归宿；就是趋步进入真、善、美之境界。近年来，我们大力弘扬天台山文化当代价值，积极倡导"最美"精神，涌现出了一批走进崇高的典型，像前不久公交车上悉心照顾呕吐阿婆的"崇高少年"张静初同学，因工作照意外成为"网红"

的“最美助产士”张柳敏；前几年临危不惧保护全车旅客生命安全的“最美司机”陈琳，重病在身坚持做公益的“最美志愿者”袁晓恩，敬业奉献一心为民的“最美社区主任”徐玉姬，乐善好施福报乡人的“傻支书”杨善福，几十年如一日照顾孤寡老人的“好心阿婆”许小芹，见义勇为救人不留名的胡加赏、裘鑫欣等，都用实际行动诠释了真善美，得到人民日报等主流媒体报道，引起社会各界热烈反响。

习近平总书记多次指出，只要中华民族一代接着一代追求美好崇高的道德境界，我们的民族就永远充满希望。北京走进崇高研究院，以“传承创新崇高文化，锻铸彰显崇高形象”为宗旨，致力推广走进崇高理念，产生了广泛的影响。这次研究院首次与县级政府全面合作，并寄望天台成为“走进崇高结硕果”的第一县。特别是如此众多的将军和领导莅会指导，足见对天台践行“崇高”的重视程度，也充分彰显了各位为“崇高”事业无私奉献的高尚情感和高风亮节，令人钦佩、催人奋进。

美好的东西一旦得到认同就会被向往。今天“崇高”走进天台，明天天台必将阔步“走进崇高”。县委县政府将高举“崇高”旗帜，全面铺开“走进崇高”践行活动，加大经费投入，搭建实践平台，真正把“崇高”植入广大人民群众的心里。全县各级各部门要大力弘扬“崇高”精神，高效组织，创新载体，突出特色，努力使每一个细微分子都能体现出崇高的价值。广大领导干部、教育工作者、医务工作者和其他服务型行业人员要深入践行“崇高”理念，履行职责崇高，学习他人崇高，用崇高规范自身，以每一件“小善”的“崇高”星火来燎原整个社会。

“走进崇高”任重道远，“走进崇高”风光无限。天台已经整装出发，但要走的路还很长很远。在此，也恳请各位将军、各位领导继续关注天台、鼎力支持天台，为我们更好践行崇高理念多提宝贵意见，让崇高之花在天台遍地盛开、绚烂多彩。

最后，预祝此次活动圆满成功！祝各位将军、各位领导吉祥如意、幸福安康！

谢谢大家！

2016 年 5 月 17 日

作者为中共天台县委书记

关于对天台县开展走进崇高德育特色发展活动实施方案的复函

天台县教育局:

你们关于在全县教育系统开展走进崇高德育特色发展活动的实施方案已阅悉,结合叶玲君副县长和汤京局长一行到访本院的情况,经院委会、理事会认真研究,现就有关问题回复如下:

一、你们在全县范围内普遍推广走进崇高理念,建立践行基地的热切要求和实施方案是难能可贵的。体现了你们对走进崇高理念的深刻理解和高度认知,是勇于担当、乐于奉献的表现,更是贯彻落实习近平总书记"彰显崇高之美"、"追求美好崇高的道德境界"之实际行动。

二、你们的实施方案主题鲜明、内容丰富、联系实际、形式多样、举措科学,对走进崇高理念的理解有所深化,对其推广形式有所创新。体现了你们对党的教育事业的高度重视,对为国家培育人才的极端负责。这就是在走进崇高、拥有崇高。

三、你们遴选的30家申报建立践行基地的单位,对走进崇高理念热诚接受并踊跃实践,其申报的态度是极其认真和虔诚的,其工作成绩和主客观因素,已具备了建立践行基地的条件,因此,同意并支持这30家单位建立走进崇高践行基地,它们是:天台县职业中专、天台县天台中学、天台县育青中学、天台县苍山中学、天台县平桥二中、天台县赤城中学、天台县始丰中学、天台县白鹤中学、天台县平桥镇中学、天台县雷峰中学、天台县街头中学、天台县坦头中学、天台县外国语学校、天台县泳溪学校、天台县石梁学校、天台县青梅中学、天台县实验小学、天台县天台小学、天台县赤城四小、天台县福溪街道中心小学、天台县始丰街道中心小学、天台县白鹤镇中心小学、天台县平桥镇中心小学、天台县街头镇中心小学、天台县坦头镇中心小学、天台县三合镇中心小学、天台县洪畴镇中心小学、天台县三州乡、天台县泳溪乡、天台县人民医院。

四、作为走进崇高践行基地,在继续实施你们走进崇高道德特色发展方案的过程中,要秉承本院"传承创新崇高文化,锻铸彰显崇高形象"的宗旨,履行"忠严博勤、助己惠人"之院风,以"公仆的精神、学者的态度、军人的作风"投身于推广走进崇高理念的事业中,为党的四个全面建设做出应有的贡献!

特此致复

北京走进崇高研究院

2016 年 5 月 17 日

关于建立走进崇高天台推广示范中心的决定

为贯彻落实党中央关于“发挥文化引领风尚、教育人民、服务社会、推动发展的作用”之号召和“教育为本、德育为先”的方针，鉴于天台县教育系统开展走进崇高德育特色发展活动，结合实际情况，创造并实施了一系列科学举措，形成了一套系统完整而卓有成效的方案，经院委会、理事会研究决定，并报请有关领导批准，建立走进崇高天台推广示范中心，以更深入、广泛、有力地推广走进崇高理念，培育国家栋梁之材，共建中华民族共有的精神家园。

一、天台县领导和县教育局，对走进崇高理念高度赞同、深刻认知并积极实践，在全县范围内倡导走进崇高、拥有崇高，大力弘扬崇高精神，这是了不起的创举，是响应习近平总书记“彰显崇高之美”、“追求美好崇高的道德境界”号召的实际行动，是培育社会主义核心价值观的有力举措。

二、天台县领导和县教育局，对走进崇高理念的认识和推广

该理念的举措，均有升华与创新。深刻认识到“崇高精神是中华民族的文化血脉和精神灵魂”，走进崇高“是当代的、高尚的、先进的人生价值观”，创造了以“四德五心”为重点，打造崇高干部、崇高校长、崇高教师、崇高家长、崇高学生的系列活动，体现了高度的事业心和责任感，其本身就是走进崇高、践行崇高，身体力行树立了榜样，勇于实践积累了经验，对走进崇高理念广泛深入地在全县乃至全国范围内推广，必将起到示范作用。

三、走进崇高天台推广示范中心，2016 年 5 月 17 日正式成立挂牌。

这是本院在全国范围内建立的46个走进崇高践行基地的基础上成立的第一个推广示范机构，拥有在本县范围内批准成立走进崇高践行基地和升级为示范基地的权利；同时负有在全国范围内推广走进崇高理念树标、示范、引领的使命；中心负责人系本院领导成员，参与本院建设的重要决策和重要活动，遵守本院的宗旨、院训、院风和姿态要求，以更大的力度推广走进崇高理念，锻铸和彰显国家的崇高形象。

北京走进崇高研究院

2016年5月17日

关于为天台县委、县政府颁发组织奖的决定

在贯彻落实习近平总书记关于“彰显崇高之美”,“追求美好崇高道德境界”的号召、推广走进崇高理念的工作中,天台县委、县政府给予了高度重视、大力支持、具体指导并积极参与,叶玲君副县长亲自率队参加走进崇高践行基地现场会,并到访本院商讨计划、研究方案,县委李志坚书记、杨胜杰县长亲自听取汇报、审核方案,并就有关事宜作了明确批示,提出了具体要求。李书记还在一个特别的会议上特别指出:“要把此项工作纳入纪念长征胜利80周年,弘扬红色传统的活动中。”县委领导等等指示,是走进崇高理念在天台县普遍播种、在教育系统深深扎根的原动力,在全国开创了一个县30个单位同时建立走进崇高践行基地的先河,也树立起落实习总书记“彰显崇高之美”的一面大旗。

故此,经院委会研究决定,并报请总顾问迟浩田上将批准,为天台县县委、县政府颁发推广走进崇高理念组织奖。

特此决定

北京走进崇高研究院

2016年5月17日

天台全县进崇高

贺茂之

尊敬的天台县委、县政府、人大、政协领导同志：

尊敬的航天十二院领导、各位嘉宾、所有与会同志：

首先，请允许我向天台县60万父老乡亲表示祝贺，祝贺天台县全县范围内推广走进崇高理念，祝贺这次授牌仪式大会的隆重召开！向对推广走进崇高理念特别重视的天台县领导、县教育局和全体与会同志表示衷心感谢并致崇高敬礼！

同志们：我们今天的会议创造了四个第一：第一次在一个县同时为30个践行基地挂牌，第一次建立走进崇高推广示范中心，第一次为县委、县政府颁发走进崇高推广组织奖，也是第一次由上将、中将率队为践行基地挂牌。县长主持大会、县委书记致辞也是第一次吧？四大班子、武装部领导一同出席，航天十二研究院领导前来祝贺，应该说还是第一次！这就6个第一了！为什么第一都跑到天台来了呢？

我不禁想到唐代大诗人李白吟唱天台的诗句："龙楼凤阙不肯住，飞腾直欲天台去。"说明天台在历史上就有极大的魅力，而今就更具魅力了。我们一次就在天台创造了这么多第一，应该说是占有天时、地利、人和的优势，是天时、地利、人和的结果。天台县委、县政府正在贯彻党中央的

"两学一做"这一伟大号召,以公仆精神来锻铸天台县崇高形象,推动崇高事业的发展,此为天时;天台历史上独具魅力,山水神秀,佛宗道源,独树一帜,海内外影响深远,在这里弘扬崇高精神,必将产生深刻的社会影响,此为地利;天台古有扶正祛邪、济世救人、助人为乐的济公,今有各行各业涌现出的"最美人士",更有政府真心实意为民办实事,为民谋发展,还特别制定了详尽而科学的走进崇高实施方案,此为人和。"天时、地利、人和",是战役战术胜利的保障;和平时期,也是成功和发展的保障。

这是我说的第一个话题:为什么能在天台县创造这么多第一;第二个话题:走进崇高践行基地的现状;第三个话题:践行基地挂牌以后怎么办?现在讲践行基地的现状。

走进崇高践行基地的现状是可喜的,是盎然向上、蓬勃发展、鼓舞人心的。本院现在连同今天授牌的 30 个基地,共有 46 个基地了。虽然此前只有 16 个,但开了个好头,摸索出了经验。去年 8 月 28 日,我们组织召开了全国范围内的"走进崇高践行基地台儿庄现场会",有 126 名校长连同教育界人士共 300 余人出席了大会。会上,有 5 位中学校长也是践行基地的负责人介绍了经验,与会同志参观了枣庄二中等 3 个学校的校园文化。枣庄二中丰富多彩的校园文化和以走进崇高理念治校育人的丰硕成果,给大家留下了极深的印象。这个学校在接受走进崇高理念之前,攀比风、逃学风、闹事风比较严重。学生们之间攀比关系、攀比名牌、攀比享受,造成了厌学、懒学、逃学成风,以至结伙成群、吃喝玩乐、打架闹事成风,学校的升学率在省市范围内总是倒数一二。接受走进崇高理念之后,全校上下高扬"立崇高志、做崇高人"的大旗,在领导、老师、学生、家长四个层面,渗透着走进崇高理念。学校实行了"正心、正容、正坐、正行"等举措,走进校门时迎面一副标语:"迈进校园,走进崇高",走出校门时也有一副标语:"走出校园,展示崇高";在校园的文化展标上,除"崇高"和"走进崇高"的解读外,还有"你崇高了吗?""你做了什么崇高的事?"等内容;在 6 座教学楼临路的墙上,用水泥镌刻着"走进崇高六步曲",整个学校洋溢着浓郁的走进崇高气氛,同时也充溢着正气、朝气、锐气、和气、雅气和大气,好人好事层出不穷。2014 年高考,升学率就提高了 70%,2015 年在此基础上又提高了 40%,并且实现了 15 人考取名牌大学零的突破。而他们建立践行基地,还不到 3 年的时间呀!所以二中校长吴修洪深深地体会到:走进崇高是理念也是信念,是理论也是实践,是方向也是过程,是目标也是抓手,是标准也是举措。所以现场会与会同志很受教育很有收获。你们天台县叶县长是亲临者。她率领的一行学习态度特别认真。在散会返回的高铁上就拿出了 8 +1 建基地的方案,即 8 个学校 1 个医院,而此次实施起来,竟超出了 3 倍,创造了全国第一。我们天台的实践、枣庄二中的实践,以及此前 16 个基地的实践都已证明,并将继续证明:走进崇高践行基地大有可为。正如中央党校原副校长、本院名誉院长杨春贵说:“走进崇高践行基地是培育社会核心价值观最接地气的有效举措。”可见天台此次一下子建立了 30 个基地,将会有多么美好的发展多么美好的前景。李白天上有知,一定会伙同历代的诗友再飞天台、再聚天台,再也不想离去了!

现在讲第三个问题,即挂牌以后怎么办。未讲这个问题之前,再向大家披露个秘密:我们此行来天台,不只是带来已经宣布的 3 个决定,还有一个“走进崇高先锋奖”的决定。“走进崇高先锋奖”,是本院特别设立的,是对认真、挚诚、积极推广走进崇高理念并作出突出成绩者给予的一种奖励。鉴于天台县教育局汤京局长在县教育系统推广走进崇高理念行动迅速、举措科学又效果显著,成绩突出,并能率先垂范,经本院研究决定授予汤京同志“走进崇高先锋局长”奖。好!看大家的掌声和欢呼声也是赞同汤京同志获奖的,可是汤京局长无论如何也不接受这个奖。他说工作的开展、成绩的取得,是县领导重视的结果,是大家努力的结果,我个人微不足道。这与 1955 年授军衔时,徐立清将军推辞不要上将衔一样。是的,这就是崇高!本院颁奖,还从来没有不接受的,这又创造了个第一。汤京局长是未接受“先锋局长奖”的先锋局长!建议大家为他鼓掌!

我们有这样的局长担任推广中心的主任,还愁我们基地的建设发展不快吗?至于践行基地挂牌以后怎么办,无须我多讲了。你们的实施方案很全面很具体,联系实际,有很强的操作性。我这里只强调一点:要加强对崇高的自信,而只有坚定崇高的自信,才能增强走进崇高的自觉。

早在 2003 年 7 月,习总书记担任浙江省委书记时,就倡导要学习和树立五种崇高的情感。一要学习邓小平同志的情怀感;二要学习雷锋同志的幸福感;三要学习孔繁森同志的境界感;四要学习郑培民同志的责任感;五要学习钱学森同志的光荣感。看来,包括天台县在内的浙江省较早地提出了弘扬崇高精神。习近平就任总书记之后,又多次讲道崇高。如:“彰显崇高之美”,“追求美好崇高的道德境界”,“劳动最崇高”等等。那么,什么是崇高?以上说到的习总书记倡导的五种崇高情感,就是最形象生动的解读。无独有偶,还有毛泽东主席号召的要做的那5种人:“一个高尚的人,一个纯粹的人,一个有道德的人,一个脱离了低级趣味的人,一个有益于人民的人”,这都是崇高的人。由此看来,共产党人的宗旨“全心全意为人民服务”就是崇高,共产党的战斗历程是崇高的历程,共产党的伟大功绩,是崇高的功绩,而共产党的本质应该是崇高的本质。今天,党中央带领全党全军全国人民所从事的中华民族伟大复兴实现中国梦的事业,毫无疑问是崇高的事业。而为此所制订的一系列战略方针,如“五位一体”、“四个全面”、“三严三实”和目前正在进行的“两学一做”等,无一不是崇高的,而每一个共产党员、中国公民无一不是参与者、投身者,所以说我们都在崇高的事业中,崇高就在我们的心里,就在我们的身边,就在我们的行进中和人生中。本院八度春秋的实践已经证明心里有没有崇高的理念大不一样,崇高理念占没占主导地位大不一样。古人有“腹有诗书气自华”之说,我们有“胸有崇高行自雅”的结论。

天台县委、县政府之所以在全县范围内推广走进崇高理念,就是因为他们胸有崇高;教育局汤京局长之所以呕心沥血、千方百计在教育系统实施走进崇高践行基地举措,并拒绝“先锋局长”奖励,也是因为他胸有崇高;天台县之所以涌现出“崇高少年”、“最美护士”、“最善老农”等优秀人才,还是因为他们胸有崇高。有这样拥有崇高情怀的县领导,有这样拥有崇高精神的干部队伍,有这样拥有崇高理念的老师、学生和广大群众,我们的天台怎么能不创造出走进崇高第一县来?说到第一,有这样6个第一赠送给大家并共勉:天下第一等好事是读书,天下第一流美德是谦虚,天下第一位责任是报国,天下第一级乐事是助人,天下第一称誉是公仆,天下第一境界是崇高。

还是回到李白吟唱天台的诗上来吧:“天姥连天向天横,势拔五岳掩赤城。天台四万八千丈,对此欲倒东南倾。”在此,步李白其诗韵,结束我的讲话:“天姥连天笑苍穹,真善美智满赤城。天台全县进崇高,勇创华夏第一名!”

谢谢大家!

（根据录音整理）

附件:天台县教育系统走进崇高德育特色发展实施方案(试行)

为全面贯彻落实全省推进中小学育人工作座谈会、全省中小学德育工作电视电话会议精神和省委省政府《关于全面加强中小学德育工作的若干意见》(浙委办发〔2016〕3 号)、县政府《关于进一步加强育人工作的实施意见》(天政办发〔2016〕140 号)等文件精神,落实立德树人根本任务,促进全县学校德育特色发展,全面推进我县教育现代化,现结合实际,制定本实施方案。

一、正确理解"走进崇高"内涵

当今世界处在价值观多元化时期,各种思潮风起云涌,造成社会道德滑坡,危害青少年成长。崇高精神是中华民族的文化血脉和精神灵魂。走进崇高,就是"趋步进入真、善、美之境界,彰显自身崇高,履行职责崇高,学习他人崇高,弘扬社会崇高,用崇高规范自身,研究崇高之道,鼓荡崇高之风,以实现人格优秀、社会和谐、祖国强盛、人类美好,为中华民族的伟大复兴尽心倾力",这是一种当代的、高尚的、先进的人生价值观。

教育的本质是培养崇高之人,让人走向崇高。走进崇高,除非凡的义举、壮举外,更倡导在平凡的生活中,每一个人从自身做起,从小事做起,遵从"爱国、敬业、诚信、友善"的道德规范和行为准则,做精神富有、品德高尚和习惯良好的合格公民。

二、总体要求

(一)指导思想

以党的十八大和十八届三中、四中、五中全会精神为指导,深入贯彻习近平总书记系列重要讲话精神,围绕立德树人根本任务,遵循教育发展规律,全面渗透"走进崇高"德育理念,以落实德育常规为基础,以"四德五心”（四德即政德、师德、家德、学德；五心即用心服务、用心办学、用心育人、用心养教、用心学习）建设为重点，积极打造崇高干部、崇高校长、崇高教师、崇高家长、崇高学生，努力培养社会主义事业的合格建设者和接班人。

（二）工作目标

1. 进一步健全德育工作体系。力争用 2 年—3 年的时间，不断丰富德育内容，创新德育方法途径，形成与教育现代化相适应、富有天台特色的“崇高德育”工作机制，构建起中小学纵向衔接，学校、家庭和社会横向沟通，德育与诸育有机融合的工作体系。

2. 建设一批特色鲜明的德育品牌学校。整体规划全县中小学德育工作，以建立“走进崇高践行基地”和“走进崇高示范基地”为抓手，因地制宜，突出特色，建设一批具有知名度、影响力的德育品牌学校。

（三）基本原则

1. 全员育人原则。切实加强师德师风建设，进一步提高全县教育工作者的德育意识和育人能力，明确不同的教育岗位所担负的育人职责，做到管理育人、服务育人、教书育人、实践育人和环境育人。

2. 全面发展原则。坚持育人为本、德育为首，要创新德育手段，优化活动载体，积极促进德智体美劳全面而富有个性地发展。

3. 注重实效原则。坚持问题导向，着力解决当前德育工作中存在的矛盾和问题，从小处着眼，从小事入手，讲求实效，使学生做到知行合一、校内校外统一。

4. 一致性原则。整合各种教育资源形成教育合力，要以学校教育为主体、家庭教育为主导、社区教育为突破口，使学校的教育活动在家庭和社区及时跟进和延伸，形成教育的连续性和一致性。

5. 分层教育原则。遵循学生身心发展规律，按照循序渐进原则，整体规划各学段德育目标。小学阶段主要开展行为习惯养成教育，侧重基本社会公德、家庭美德的培养。初中阶段主要开展价值感知教育，侧重社会公德、社会规则和基本法治观念培养。高中阶段主要开展价值认同教育，侧重于世界观、人生观和价值观的塑造。

6. 突出地域特色原则。充分发挥地方优秀传统文化资源优势，挖掘“天台精神”内涵，打造具有地方特色的学校德育。

三、主要任务

(一)浓厚“崇高”氛围,强化环境育人

1. 打造务实高效的机关。要深化“五型机关”建设,规范行政职能,提高行政效能,推进教育改革创新,构建决策科学、执行高效、监督有力的教育行政管理体系,为学校发展创造良好的教育生态环境。

2. 建设积极向上的校园。充分发挥文化对育人的浸润和陶冶作用,利用时事栏、报刊、文化墙、广播、网络以及校史馆等教育载体,挖掘古代、近现代及当代一切崇高的人和事,丰富“崇高德育”的内涵。要加强“三风一训”建设,推进“美丽校园”“快乐校园”“幸福校园”创建活动,让学校真正成为师生快乐成长的精神家园。

(二)建设“崇高”队伍,塑造榜样育人

1. 厚“政德”树正气。深入开展机关作风建设,机关干部要树立“用心服务”之志,开展优质服务、高效服务,通过“优秀科室”“优秀党员”“优秀教育工作者”的评选,全面提升机关形象。

2. 尚“师德”强素质。深入开展师德师风建设,校长要树立“用心办学”之志,要有思想、有能力、有作为;教师要树立“用心育人”之志,争做“四有”教师。要配齐配优班主任、德育导师、心理健康教师、政教主任(德育主任)和团队干部,通过专家讲座、培训研讨、案例评选、主题观摩等加强业务培训。广泛开展“最美校长(教师)”“师德标兵”“优秀班主任”等评选活动,积极选树身边的典型。

3. 重“家德”正观念。完善家校联系长效机制,每校要建立家长委员会,开设家长学校,建立家校通网络平台,通过家长授课日、教师家访、网上交流等形式,普及家庭教育知识,端正家庭教育观念,帮助家长树立“用心养教”之志,积极构建学校、社会、家庭三位一体的育人模式。

(三)挖掘“崇高”精神,突出课程育人

1. 规范实施国家德育课程。开好小学《品德与生活》《品德与社会》、初中《思想品德》、高中《思想政治》等德育课程,使国家德育课程成为系统传播“崇高精神”的重要渠道。强化全科德育理念,开发每一门课程的德育功能。积极开展学科德育案例、论文、课题的评选展示和研讨活动,增强德育课程的吸引力。

2. 加强地方德育课程和校本德育课程建设。用好《浙江潮》《浙江人》《小公民》《好孩子》省编德育教材，积极开发富有特色的校本德育选修课程，把优秀传统文化和优秀乡土文化作为强化学生国家意识、民族意识、家乡意识的切入点，推进中小学特色课程教育。

（四）开展“崇高”体验，深化实践育人

1. 落实校内德育实践活动。整合设计学校德育实践活动，认真举行升旗仪式、开学仪式、毕业典礼、入队入团、成人礼等仪式教育，建好时事栏、广播站、公众平台、网站、校报校刊等宣传阵地，加强党、团、队组织建设，开好每周一节的少先队活动课，切实增强不同学段、不同年级德育活动针对性和实效性。

2. 规范校外德育实践活动。进一步完善学生社会实践活动机制，积极鼓励学生参加力所能及的公益活动，每年至少参加两次到企业、农村、军营、社区等地方的实践锻炼；与文明办、团县委联合建立一批崇高教育实践基地，青少年活动中心、博物馆、图书馆、爱国主义教育基地等要向学生免费开放。

（五）设计“崇高”序列，落实活动育人

根据学生的年龄特点和认知水平，以重“学德”精品质为目标，以体验教育为基本途径，在落实德育常规的基础上，每月突出“一个主题”，构建序列化、层次化的“崇高德育”活动体系，帮助学生树立“用心学习”之志，全面培养文明、奉献、劳动、勤奋、环保、爱国、励志、感恩、安全、自主等“走进崇高”必备的素养与意识。

2 月份“行为习惯养成月”。要认真贯彻落实《中小学生日常行为规范》（修订版），以养成教育为切入点，依托学校、家庭、社会三大成长空间，通过分层教育扎实开展文明礼仪专项教育活动，引导学生从小学礼仪、知礼仪、行礼仪。

3 月份“学雷锋活动月”。深入开展学雷锋主题教育活动，紧扣时代发展，不断丰富学雷锋的内容和形式；完善青少年志愿服务制度，积极拓展志愿服务项目、岗位和基地，大力弘扬“奉献、友爱、互助、进步”志愿精神。

4 月份“校园文化宣传月”。科学提炼和阐释校训、校风、教风和学风，建立校史馆、荣誉室等，增强对校园精神的认同感和自豪感；开展读书节、艺术节、科技节、体育节等文化节，积极打造特色鲜明、内涵丰富的校园文化。组织开展丰富的社团活动，培养学生自我教育、自我管理、自我服务能力。

5 月份“劳动教育月”。认真贯彻《关于加强中小学劳动教育意见》(教基一〔2015〕4 号)精神,开足开好劳技课、通用技术课、综合实践活动等课程,开发家政、烹饪、手工、园艺、维修等校本选修课程。积极组织学生参与保洁、绿化、美化等校内劳动,每天安排适量的家庭劳动作业,让学生做力所能及的家务。有条件的要建立劳动基地。

6 月份“生态文明教育月”。以节约资源和保护环境为主要内容,加强大气、土地、水、粮食等资源的基本国情教育,组织学生参与环境保护宣传,开展调查体验活动;协同环保、水利、国土等部门,积极创建“绿色校园”“节能型校园”和“节水型校园”,培养勤俭节约、低碳环保的行为习惯。

7、8 月份“社会实践活动月”。利用寒暑假,学校要组织学生参与形式多样、丰富多彩的社会实践活动。要会同街道办事处、村委会、企事业及各种社会团体,积极开发可利用的社会资源,为青少年提供可锻炼的项目、岗位和基地。要完善社会实践评价机制,将学生参加社会实践活动情况纳入学生综合素质评价,活动累计时间不少于国家规定时间。每学年要评选和表彰一批先进集体和个人。

9 月份“弘扬民族精神和爱国主义教育月”。利用抗日战争胜利周年纪念日和烈士纪念日,以“唱读写画讲演展”形式,大力弘扬以爱国主义为核心的民族精神和以改革创新为核心的时代精神。要加强世情、国情教育和中华优秀传统文化教育,让学生肩负起民族复兴、国家富强的责任感和使命感。要上好开学“安全第一课”,提高学生安全意识。

10 月份“励志教育月”。积极开展明礼励志活动,要把个人理想与祖国发展、民族振兴紧密联系起来,创建以自我激励为中心的励志教育模式,帮助学生怀揣远大的理想抱负;开设生涯规划课程,增强人生规划意识,树立积极向上的人生目标。在尊重学生性别差异的基础上,重视对男生远大志向的培养和阳刚体魄的锻炼。

11 月份“感恩教育月”。要精心设计教育载体,引导学生从身边人、身边事开始,开展“感恩父母、感恩师长、感恩同学、感恩学校、感恩祖国、感恩大自然”6 大系列化教育活动,让学生常怀感恩之心,将感恩之行真正落实在日常行为之中。

12 月份“法制教育月”。积极开展“法律进校园”“廉政文化进校园”等活动,做到计划、教材、师资、课时、经费、法制副校长“六落实”。积极举办法律知识讲座、法制报告会、法制图片展等宣传教育活动，让学生知法、守法。开展“平安校园”建设，协助文化、公安等部门整治学校周边环境、净化网络空间，营造一个良好的学习和生活环境。

四、保障措施

（一）加强组织领导

为加强组织领导，教育局成立以叶玲君副县长为顾问、汤京局长为组长的领导小组（见附1），将“走进崇高”德育工作纳入教育发展总体规划，并邀请北京“走进崇高研究院”专家作业务指导。各学校要相应成立校长负责的领导机构，研究制定具有本校特色的“走进崇高”德育发展实施方案，纳入学校总体工作规划，确保德育工作顺利开展。

（二）加大经费投入

各学校要将德育工作经费纳入年度公用经费预算之中，设立德育工作专项资金，为德育工作培训、课题研究、课程开发、表彰奖励提供经费保障。要加大经费投入，支持各类德育资源建设，加强专项经费使用管理，提高经费使用效益。

（三）培育学校特色

各学校制定的德育实施方案，既要切合实际，又能准确定位学校的发展方向和培养目标。在实施过程中要创新德育手段和载体，突出工作实效。积极开展“走进崇高践行基地”的申报和评选工作（标准见附2），经专家组审核批准一年后，再在“走进崇高践行基地”的基础上评选“走进崇高示范基地”，从而打造一批德育特色品牌学校，在县内发挥引领和示范作用。

（四）加强舆论宣传

充分利用社会主流媒体，加大我县德育特色发展的报道力度，动员全社会关心、支持和参与德育工作。借助网络、微信等现代信息化手段，来搭建德育工作交流平台，宣传推广“走进崇高”先进典型和先进事迹，营造良好的舆论氛围。

（五）加强督导检查

县教育局将学校“走进崇高”德育工作纳入督导评估范畴，组织开展专项督导检查，考评结果作为学校发展性评价的重要依据。对措施有力、成效明显的学校及工作突出的个人，将予以表彰奖励，由北京“走进崇高研究院”总部进行授牌；对措施不力、行动滞后的学校，将通报批评并督促整改。

附1:天台县教育系统走进崇高德育特色发展工作领导小组(名单略)
附2:天台县走进崇高践行基地评估指标(试行)
附3:天台县走进崇高践行基地申报表

天台县教育局
2016年4月10日

附 2

天台县走进崇高践行(示范)基地评估标准(试行)

一级指标	二级指标	分值	得分	
			自评	终评
A1 德育理念 8 分	B1. 全面贯彻党的教育方针,把“立德树人”作为教育根本任务(2 分);“走进崇高”德育理念被广大师生理解、认可(2 分);	4		
	B2. 德育工作列入学校总体发展规划(2 分);有较为科学、可行的实施方案(2 分);	4		
A2 德育保障 12 分	B3. 建立由校长负总责的德育工作领导小组,定期专题研究德育工作(2 分);德育工作经费充足,班主任及德育干部相关待遇合理落实(2 分);设置专门德育工作机构,有明确的工作职责和工作规范(2 分);	6		
	B4. 有保障德育活动正常开展的必要场所和设施,并建有 1 ~2 个校外固定社会实践基地(2 分);	2		
	B5. 组建学校家长委员会(2 分);有完善的家、校沟通机制,形成教育合力(2 分)。	4		
A3 德育队伍 14 分	B6. 形成师德师风建设长效机制,有系统的培训计划并有效落实(2 分);	2		
	B7. 重视班主任队伍建设,每学期开展班主任校本培训不少于 4 次(2 分);学校要有班主任工作室,每学期开展活动不少于 2 次(2 分);全面落实全员德育导师制(2 分);共青团、少先队、学生会要配有优秀的指导教师(2 分);有心理健康专(兼)职教师,已开展心理健康教育教师 C 证全员培训(2 分);	10		
	B8. 聘有法治副校长、卫生副校长等校外辅导员,定期开展法治、健康等宣传教育工作(2 分)。	2		

一级指标	二级指标	分值	得分	
			自评	终评
A4 德育课程 8 分	B9. 订齐订足国家及省编德育教材(1 分);规范实施德育课程,有课时保证和师资支撑(2 分);开好每周一课的团队活动课(1 分);强化全科德育理念,学科教学有机渗透德育,效果明显(2 分);因地制宜积极开发富有特色的校本德育选修课程(2 分)。	8		
A5 德育氛围 8 分	B10. 重视美丽校园、文明校园和平安校园建设,有具体规划、方案和举措(2 分);校园整体环境优雅,文化气息浓厚,管理人性化(2 分);	4		
	B11. 重视班集体建设,制度健全,布置美观,有教育性(2 分);时事栏、广播站、宣传栏、德育长廊等德育宣传阵地运行正常,更新及时(2 分);	4		
A6 德育常规 30 分	B12. 学校德育活动形成主题化、序列化,主题化教育活动有 80% 以上的参与面(4 分);	4		
	B13. 有效落实一日德育常规工作,学生行为习惯良好(4 分);根据不同年级段学生,分积极开展社会主义核心价值观教育、爱国主义教育、中华传统优秀文化教育、法制与安全教育等主题教育活动,内容丰富,形式多样,有良好的教育效果(8 分);重视心理健康教育,建立健全学生心理健康档案,对有问题的学生及时提供咨询和疏导服务(4 分);	16		
	B14. 共青团、少先队、学生会活动制度化、多样化和特色化(2 分);组建学生社团,活动普及面要求达到以 50% 以上(2 分);正常开展社会实践活动,活动时间要达到国家规定要求(2 分);	6		
	B15. 学生综合评价方案科学合理(2 分);评价档案记录齐全(2 分)。	4		
A7 德育特色 8 分	B16. 定期组织德育研讨活动,在解决德育存在的重、难点问题上取得明显成效(4 分);学校德育工作有亮点、有特色,已形成较为完整的德育工作体系,有良好的示范辐射作用(4 分);	8		

一级指标	二级指标	分值	得分	
			自评	终评
A8 德育效果 12 分	B17. 学校办学规范，德育工作得到家长和社会认可（4 分）；教师教风优良，用心育人，关爱每一位学生（4 分）；学生学风端正，用心学习，行为习惯好，精神面貌佳（4 分）。	12		
A9 加分项目 10 分	B18. 近三年来学校德育工作经验在县级以上教育行政部门组织的会议（活动）上做交流推广（省级 2 分、市级 1.5 分，县级 1 分，最高分 2 分）；在省市县教育局组织的主题德育活动中获得优秀组织奖等（2 分）。学校有县级以上名班主任、骨干班主任（2 分）；有教师在省、市、县教育行政部门组织的班主任基本功大赛、班会优质课、班主任论文、德育论文、德育课题等评比中获奖（省市县一等奖分别为 3 分、2 分、1 分，二等分别为 2 分、1.5 分、1 分，三等分别为 1.5 分、1 分、0.5 分，最高分 4 分）。（该项指标也可根据学校近三年获得的县级以上德育方面集体和个人荣誉分好、中、差三档酌情评分）。	10		
总分	110			

备注：

1.《评估指标体系》设 A 级评估指标 9 项，B 级评估指标 18 条，满分 110 分（含加分），85 分—94 分为践行基地，95 分以上为示范基地。

2. 在评估条款评估要素的得分时，完全符合评估要素得全分；某评估点只有部分符合要素要求，该评估点酌情扣分；某评估要素实际工作中没有体现，该评估要素不得分。

3. 设否决项：

（1）近 3 年来，学校发生重大安全责任事故的，不予评估认定。

（2）近 3 年来，学校办学行为不规范，造成不良社会影响的，不予评估认定。

（3）近 3 年来，学校师德师风建设工作落实不到位，发生伤害学生身心事件的，不予评估认定。

附3

天台县走进崇高践行(示范)基地

申
报
表

学　校:______________(盖章)

填表日期:　　年　月　日

天台县教育局

<table>
<tr><td rowspan="3">学校概况</td><td>学校名称</td><td colspan="3"></td><td>校长</td><td></td></tr>
<tr><td>学校地址</td><td colspan="3"></td><td>联系电话</td><td></td></tr>
<tr><td>学生人数</td><td></td><td>班级数</td><td></td><td>教职工数</td><td></td></tr>
<tr><td rowspan="5">学校德育机构和专职干部</td><td>姓名</td><td>性别</td><td colspan="2">职务</td><td>职称</td><td>政治面貌</td></tr>
<tr><td></td><td></td><td colspan="2"></td><td></td><td></td></tr>
<tr><td></td><td></td><td colspan="2"></td><td></td><td></td></tr>
<tr><td></td><td></td><td colspan="2"></td><td></td><td></td></tr>
<tr><td></td><td></td><td colspan="2"></td><td></td><td></td></tr>
<tr><td>近三年来学校所获得的主要荣誉</td><td colspan="6"></td></tr>
<tr><td>家长委员会或家长学校建立情况</td><td colspan="6"></td></tr>
<tr><td>学校“走进崇高”德育工作主要做法和成效</td><td colspan="6">（另附纸）</td></tr>
<tr><td>教育行政主管部门评审意见</td><td colspan="6">单位（公章）：
年　月　日</td></tr>
</table>

下　编

践行中感悟荟萃

2015 年 8 月 28 日，枣庄二中献给现场会的“青春诗会”。

立崇高志　做崇高人

贺茂之

尊敬的老师,亲爱的校友们:

你们好!

前天在我们母校60年校庆庆典大会上,我说了“四喜”,今天呢,我要再增加“两喜”,就是“六喜”了。前天我说的“四喜”:一是母校60年华诞,二是校友会成立,三是新校的落成启用,四是新老校友济济一堂,久别重逢,共庆共贺。今天增加的两喜:一喜为我们的年轻校友龚钰犇颁发“崇高校友”证书,二喜是“校坛讲坛”开课。这里我想纠正教育局长老校友兴举的一句话“名校友讲坛”,我认为还是叫“校友讲坛”更为妥帖、更为实际和广阔。我们每一位校友都有自己特殊的经历,都有自己独到的专长和自己突出的建树,都会在校友讲坛上一展风采。这将是我们校友之间交流经验、相互砥砺、共同前进、报效祖国的一大喜事。只是校友会决定,开讲的第一讲落到了我的身上,真让我感到有点突然。怎么办呢?军人以服从为天职。那么我就开第一讲,以抛砖引玉,既引来今后校友的精彩演讲,又引来在校校友的奋发能力和后来者居上!

那么今天讲点什么呢?我想还是从“崇高校友”龚钰犇谈起。(主持人过来让演讲者坐下讲,听众前几排也有人大声讲:“请将军坐下讲!请坐下讲吧!”)

谢谢!谢谢大家!我还是站着讲吧!我站在这儿,能看到那么多的老师和校友,看到老师那一张张慈蔼的笑容和饱藏知识的前额,同时能看到我们年轻校友一个个神采焕发的英姿,对我这个年近古稀的老学生,是有力的激励和振奋,格外亲切。

龚钰犇见义勇为的先进事迹,还是咱们的老老乡、尊敬的贺敬之部长打电话告诉我的。记得那天我刚到办公室,就接到贺老的电话:“你快看快看!北京电视台正在播放枣庄二中一个青年学生舍身救人的事迹……二中在哪里呀?”我说在台儿庄。他说那好啊!老人家的语气有些激动。实在地讲我很感动。年届9旬的老人,如此重视这样的新闻,可见他多么热爱家乡了!我迅即打开电视,可惜已经播完了。我们赶快就从网上下载了视频,又打电话询问了有关情况。才知道了龚钰犇舍己为人的全过程。我们为母校而骄傲!我们为家乡而骄傲!我们为年轻校友龚钰犇而百倍骄傲!

作为二中的老学生,我能做点什么呢?作为研究崇高文化的民间机构,怎么向这崇高的典型学习呢?经过短暂的思考,就决定回去!回故乡看看这位校友,回去带上北京的致敬。于是就形成了个方案:首先请贺老题写了八个大字“崇高青年,学习楷模”,我们做了一个匾。同时,还向几位枣庄籍老将军报告了这一情况,并请他们为这个校友题个词,总参谋部原副总参谋长李景上将,是军旅有名的书法家。他当时就写了一幅:“学习龚钰犇,争做崇高人”。其他的几位不在京或不方便,但都称赞龚钰犇的这一壮举。我们把贺老题写的牌匾和李将军的书法以及几位书画家的赠诗作品等,送到了钰犇住的医院里,又同医院的领导进行了交谈。医院领导当即表示要给予特殊关照,减免其医疗费,无偿提供陪护人员食宿,更组织精干力量予以治疗,使之尽快康复,并动员全院职工向这位崇高青年学习。

这次,校友会决定授予钰犇“崇高校友”的称号,是合众心、顺民意的举措,也是对我们走进崇高研究院确定钰犇为崇高典型工作的有力的支持。按照校友会的决定,我们明天将赴烟台钰犇所在的学校,把这个证书送到他的手上,同时向他现在就读的山东工商学院表示感谢。大家知道,山东工商学院破例接受了他以后,并在全校开展了向他学习的活动,给他开了一间独立的宿舍,同时学校决定免去他3年的学杂费,还请钰犇的父母到学校里去陪读,并给安排了工作。山东工商学院的这种做法,无疑也是崇高的行为。

我刚才说的是个背景。现在回到我要说的话题上。那么我讲什么呢?我倒想请教大家,通过前天的校庆,老师和同学们有什么感慨呢?你打算怎样实现党中央号召的中国梦?也就是说你要锻造一个什么样的人生呢?是一个精彩的人生还是一个平庸的人生?是一个报效国家的人生还是一个经营自己安乐的人生?是为母校争光、让父母欣慰骄傲的人生还是一个让学校蒙羞、让父母担心的人生?回答是肯定的,前者,肯定是前者。所以呢,我想就这个问题讲几点感受。严格地讲,就是交一个开讲的答卷,这个答卷的题目是“立崇高志,做崇高人”,或者是“学习龚钰犇,争做崇高人”。

我想分三个问题给大家汇报。一、认识崇高是基础,二、走进崇高是保障,三、走进崇高就是走进幸福。

首先讲认识崇高是基础。同学们,你认识崇高吗?我真想请你们哪位讲讲!遗憾,这个会场太大,又是露天会场。就只有我来代替了。那么,什么是崇高呢?词典上讲,崇高是高贵、高尚,是雄伟、高大,还说崇高是美学名词,同“壮美”意。自然界的崇高表现在大和奇上,社会状态的崇高表现在时代精神和社会的先进力量上。我们这里说的崇高是社会状态的崇高,表现在人的精神上、境界上、人的行为上。古今中外对崇高多有论述。《后汉书·杨震传》中说:“崇高之位,忧重责深也。”就是说你有一片忧国忧民之心,就是崇高,或者说在崇高的位置上你一定要忧国忧民。古罗马美学家朗吉努斯说:“崇高就是伟大心灵的回声。”东方学者秋鹤说,崇高是优秀人格的体现。当代美学家王朝闻讲,具有崇高特性的对象,代表时代精神和先进的社会力量。其实啊,古圣贤对崇高多有形象的解读。孔子说的“志于道、据于德、依于仁、游于艺”的君子人格,是崇高;孟子讲的“富贵不能淫、贫贱不能移、威武不能屈”的大丈夫气概,也是崇高;北宋张载有段名言:“为天地立心,为生民立命,为往圣继绝学,为万世开太平”,毫无疑问,同样是崇高。大家知道,鲁迅先生有一个关于脊梁的阐述:“我们自古以来,就有埋头苦干的人,有拼命硬干的人,有为民请命的人,有舍身求法的人……他们是中国的脊梁;”孙中山先生讲的“养天地正气,法古今完人,”都是崇高。其实,对崇高论述最简洁的,还是我们的党。中国共产党自诞生那天起，就确定了她的宗旨“全心全意为人民服务”，最能体现崇高的精神。伟大领袖毛泽东主席多次讲到，要完全彻底地为中国人民和世界人民服务，这就是最最崇高的。习近平同志就任总书记后多次讲到崇高。在此之前，他就任浙江省委书记期间，曾倡导树立5种崇高情感：“一要学习邓小平的情怀感。他说：‘我是中国人民的儿子，我深情地爱着我的祖国和人民。’二要学习雷锋同志的幸福感。他虽然只活了22年，但他说：‘什么是幸福？为人民服务是最大的幸福。’三要学习孔繁森同志的境界感。他有一句名言：‘爱的最高境界就是爱人民。’四要学习郑培民同志的责任感。他始终把‘做官先做人，万事民为先’作为自己的行为准则。五要学习钱学森同志的光荣感。他把群众的口碑当作自己无上的光荣。”以上是从理论上阐述的。在我们现实生活中，崇高事情就更多了。刚才讲到的，我们的校友龚钰犇，他见义勇为的精神，就是典型的崇高精神。他现在在山东省工商学院学习，以他的假肢上下楼来回的锻炼，要拿出比常人10倍的努力来刻苦攻读。这是什么精神？崇高精神。所以说，崇高就在我们身边。大家恐怕还记得汶川大地震的时候，全国各地都为抢险救灾贡献一份力量。在南京的赈灾现场，有3位乞丐老人，他们把乞讨的全部积蓄换成了100元、50元的纸币，投到了赈灾箱里。他们的行动惊动了我们的记者，就跑去问他们，你们几位老人上午不就来过了嘛，上午怎么没捐呢？其中一位老人讲，哎呀，我们要的都是零钱，我们看着赈灾箱不敢放，就到银行换了纸币，才送过来的。记者又问他，你们把乞讨来的钱都捐了出来，以后怎么办？老人说，没关系，我们准备去找点活干，打打工。全国都在抗震救灾，我们没有什么能力和本事，只是想表示一点心意罢了。这不是崇高吗？这就是崇高。我们“两弹一星”功勋科学家，为壮大我们的国防力量，在研制“两弹一星”过程中，他们有的放弃了海外的高薪待遇回到了国内，有的隐姓埋名，有的还在“文革”中受到了无情的批斗甚至肉体的摧残。他们毫无怨言，对祖国依然忠心耿耿。他们在千里戈壁滩上，夜以继日的精心进行试验，进行着创造，经历千难万险，终于放飞了“两弹一星”。他们是当然的崇高。我们在新闻媒体上看到的最美的教师、最美的司机，最美的医生、护士，最美的打伞姑娘等等道德模范、先进典型，都是崇高。崇高并不遥远，崇高并非高不可攀、遥不可及，崇高就在你我的心中，崇高就在你我的身边。因此，我们认为：什么叫崇高呢？崇高，是真善美之境界；崇高是利他、利众、利社会；完全彻底为人民服务就是崇高。把崇高的内涵和外延概括起来，就是这样几句话："崇高，就是真纯的情感，伟大的精神，高尚的行为，神圣的使命，无私的奉献，无形的规范，人类共同崇尚的美德，推动社会前进的动力。既体现在惊天动地的伟业中，又渗透到平凡实际的生活里，更凸显在天塌地陷的灾难中。一旦占有主导地位，就会释放出撼人心魄之光华，形成催人奋进乃至排山倒海之威力，锻铸真、善、美之辉煌。"

那么，我们要立什么样的志做什么样的人呢？我刚才是不是已经做了回答？我们就是要立这样崇高的志，就是要做这样崇高的人，学习龚钰犇，做龚钰犇样的人。立崇高的志，不是我们现在提出来的，我们的老祖宗早就提出来了。孔子说的"志于道"，就是说要立走大道、走正道的志向，这就是崇高的志。诸葛亮教育他的外甥"夫志当存高远"，就是告诉他要立下高远的志向，不要鼠目寸光。革命先驱孙中山先生也曾教诲"人不要当大官，要做大事"。马克思在劝导青年人选择职业的时候，特别叮嘱道："当我们选择了最能为全人类服务的职业，我们就不会为任何沉重负担所压倒，因为这是为全人类作出的牺牲；那时我们得到的将不是可怜的有限的自私自利的快乐，我们的幸福将属于亿万人，我们的事业虽然并不会显赫一时，但将永远发挥作用。"我们的党所倡导的共产党的干部要做人民的公仆。人民公仆就是崇高的最好体现。所以当大家认识了崇高之后，一定就能主动地同崇高亲近，并自觉自愿地把崇高作为我们的志向，把崇高作为我们做人的标准。

或许有的同学会这样认为，把崇高作为一种志向会不会是空洞的呢？我们怎样做一个崇高的人呢？现在我来汇报第二个问题：走进崇高是保障，即走进崇高是立崇高之志、做崇高之人的根本保障。

什么叫走进崇高呢？在理论界，对弘扬崇高精神，有那么几种说法：有的说走向崇高，有的说走近崇高，还有的说，要重建崇高的位置，等等不一，各有各的道理。我们认为用"走进崇高"似乎更为妥帖。其理由，一是崇高就在我们的心中，崇高就在我们的身边，身在其中，不是已进其境界了吗？怎么还说再走向它呢？第二，我们的老祖宗讲："逢善必进"、"进德修业"。这做善事可用进，加强道德修养可以用进，弘扬崇高精神，怎么不能用进呢？第三，马克思说："人懂得按照一种尺度来进行生产，并懂得怎么处处都把内在的尺度运用到对象上去；因此，人也按照美的规律来建造。"建造美的过程也是走进崇高的过程。更有，大家对我们现实社会中的弊端，诸如享乐主义、拜金主义、腐败现象，都很反感，必须以挺进的姿态弘扬崇高精神。所以，我们认为“走进崇高”最为合适。

怎么来解读“走进崇高”呢？走进崇高，就是趋步进入真、善、美之境界。彰显自身崇高，履行职责崇高，学习他人崇高，弘扬社会崇高，用崇高来规范自身，研究崇高之道，鼓荡崇高之风，以实现人格优秀、社会和谐、祖国强盛、人类美好。这就是我们对走进崇高的定义。

彰显自身崇高，就是说我们每个人心里都有追求真、善美的理念、愿望，要把这种理念和愿望，自觉主动地付诸实践，要以实际行动把其表现出来、彰显出来。龚钰犇就是这样。在危险袭来的时候，他首先想到的是别人而不是自己。他这么用力一推，把安全送给了别人，把危险留给了自己。这就是彰显自身崇高。我们枣庄的一位企业家叫安全忠，他从美国发展回来后，把原来祖居山里、交通不便、破烂不堪的村庄搬了出来，给村里 80 户人家每家每户都盖了个 2 层楼，还有一个院落。盖之前对整个村庄进行了规划，整齐有序，设备齐全，应该说是城镇化的水平。当他准备把新房子分给大家的时候，他的一个本家长辈告诉他：“有一个人不能分给他，你母亲当年就是跟他吵架气死的，我们无论如何也不能给他，”安全忠对此事是清楚的，但他没有那么做，他就跟这个长辈说，不能计较那些了，那个时候也是彼时彼地的特殊原因，也不能全怪人家，我们还是要真诚地对待人家。如果我们不给他房子，不仅让人家很难看，而且对今后的影响也不好。更重要的是我们不能以怨报怨，冤冤相报，只能是恶性循环，冤仇宜解不宜结。这显然是体现了中华民族的传统美德，也是共产主义的精神在这位企业家身上的展现。这就是彰显自身崇高。

履行职责崇高，就是把本职工作做到极致。俗话说：“三百六十行，行行出状元。”这状元不止表现在专业上，还表现在这项职业的成效上，即社会的价值上。履行职责崇高，对我们每个人来说都应该去做而且能够做到的。教师的职责是传道、授业、解惑，本身就是一个崇高的职业，担负着培育祖国未来的重任，作为老师千方百计、倾心倾力地培养祖国栋梁，就是在履行职责中崇高。吴修洪校长刚才说的那个施教纲领是一个崇高的纲领。照此落实，必然会结出崇高的果实。作为学生，就是应该拿出“头悬梁、锥刺股”的精神，以效国为民为目的，认真刻苦地学习，加强德、才修养，努力达到德才兼优、全面发展。这就是在履行你学生职责的崇高。我们共产党人、我们的干部，尽到了公仆的责任，毫无疑问就是履行职责的崇高。那么,我们每一个共和国的公民,按照党中央提出来的社会主义核心价值观认真践行,付诸行动,就是在履行职责的崇高。

学习他人崇高,就是见贤思齐,向道德模范、先进典型学习;弘扬社会崇高,则是敢于扶正祛邪,踊跃参加社会公益活动;用崇高规范自身,则是严于律己、勇于纠错等等诸条就不一一详解了。试想,大家都做到这样了,或者说做到其中一条,我们不就是在为实现人格优秀、社会和谐、祖国强盛、人类美好而倾心尽力吗? 所以我说,走进崇高就是立崇高之志、做崇高之人的重要保证,走进崇高是实现自己的梦、实现中国梦的最佳途径。

第三个问题,走进崇高就是走进幸福。这已为中外无数事实所证明。当你认识了崇高、用崇高来规范自身的时候,你就会觉得周身正气,同时能够孕育锐气、培植和气、酝酿朝气、激发才气、凝铸大气,也必然带来莫大的福气。

还是以我们的校友龚钰犇为例。钰犇见义勇为、舍己救人,展示出他崇高的风采,感动了社会,感动了政府。他现在已经荣获山东省第四届道德模范的光荣称号,被评为见义勇为先进个人等,先后荣获了 24 项荣誉。试想,他如果没有这种崇高的壮举,他能获得那么多荣誉吗? 能产生那么大的影响吗? 当然,他在见义勇为的这一瞬间,是没想到自己要得到什么荣誉的。然而,他得到了,他享受到荣誉的幸福。学习雷锋的标兵郭明义,多次讲道:"帮助别人,快乐自己!"中共中央授予他一个光荣称号"当代雷锋",并当选为"十八大"代表。他想到了吗? 可以肯定地说他从未想过。可见呀,名、利就这么怪,你越是想得到它,它就可能跑得越快,你就越追不上它;你去投机钻营、千方百计去追逐它,它就会离你越远;而你越不想得到它的时候,你就越会得到它。这就应了一句古话:"善不为名,而名相随;名不为禄,而禄从之。"还应了咱们老家常说的那句话:"人行好事,莫问前程。"你就行好吧! 你只要尽情地放开胆量的去做好事,好前程就会迎接你,幸福就会追随你! 这就叫走进崇高,幸福自来!

马克思有句话,为大多数人创造幸福的人最幸福。走进崇高就是为他人、为社会创造幸福,同时也为自己创造幸福。当你走进崇高的时候,你的心地就一定很清静,就保持了心灵清净的幸福;当你走进崇高的时候,你就会专心致志的从事你的事业,你就能获得事业成功的幸福;当你走进崇高的时候,你就会为社会创造幸福,你就能将获得大爱的幸福!

还有，年轻的校友们，还有一句话叫“相由心生，境由心造”。当你心境崇高的时候，男校友你会长得更帅，气宇轩昂；女校友你会长得更漂亮，优雅端庄。因为你心境有了崇高的理念、愿望和行动，你的行为就会更崇高，就会增加你崇高的气质，铸造你崇高的形象。古人说：“腹有诗书气自华”，而我们说：“胸有崇高行自雅”。所以，走进崇高就是走进幸福，走进崇高同样是走进成功，走进崇高就是走进辉煌！

大家又给我鼓掌，谢谢大家对我的鼓励！是不是也在提醒我：该结束了！是该结束我这冗长的第一课了。我用一句什么话来结束呢？习近平总书记在欧美同学会上有一段精彩的演讲，其中说道：“在亿万中国人民前行的伟大征程上，你们创新正当其时、圆梦适得其势。要把爱国之情、强国之志、报国之行统一起来，把自己的梦想融入人民实现中国梦的奋斗之中，把自己的名字写在中华民族伟大复兴的史册上。”借花献佛，送给大家并共勉。记得贺敬之老部长有首诗，是为台儿庄特曲酒题写的：“名地名酒台儿庄，酒家争赶兵家强。一杯载我三乡去，诗乡梦乡到故乡。”我倒想仿照他老人家的这首诗打几句油：

名地名校台儿庄，后学争赶先贤强。
同心协力铸崇高，善不为名名自扬！

谢谢大家！

（根据录音整理）

2013年11月18日

走进崇高六步曲

贺茂之

习近平总书记多次讲到,在实现中国梦的伟大进程中,每个人都有锻铸精彩人生的机会,每个人都能锻铸自己精彩的人生。你想锻铸一个什么样的精彩人生呢?你准备怎样锻铸自己的精彩人生呢?

我们在推广走进崇高理念的过程中,有幸结识了许多崇高者,他们的实践告诉我们,崇高的人生是最精彩的人生,而走进崇高的过程,就是锻铸精彩人生的过程。

大家知道,2010 年 6 月在北京召开的中国首次走进崇高理论研讨会上,120 多名专家、学者,认定并确立了走进崇高的理念:“走进崇高,就是趋步进入真、善、美之境界,彰显自身崇高,履行职责崇高,学习他人崇高,弘扬社会崇高,用崇高规范自身,研究崇高之道,鼓荡崇高之风,以实现人格优秀、社会和谐、祖国强盛、人类美好。”在无数人走进崇高的绮丽风光中,选择、提炼出走进崇高六步曲,也可以说是锻铸精彩人生六步曲。

一、“天下兴亡,匹夫有责”

这是明朝大思想家顾炎武的名句。天下即国家。他告诫后人,没有国就没有家,没有家就没有个人;国家是每个人的国家,热爱国家、建设和保卫国家,是每个人的神圣职责。“皮之不存,毛将焉附”?树立了这一理念,就确立了报效国家的宏伟志向,同时也必然激发报效国家的热情和力量。如何报效国家?怎样做一个优秀的国家栋梁之材呢?请记住并践行第二句话，即迈进崇高第二步——

二、“德不优者，不能怀远；才不大者，不能博见”（汉哲学家王充句）

即德才兼优。德优才大，方能做大事成大事，方能授益于众、造福于众。怎样才能德优才大呢？请记住并践行第三步——

三、非学，无以成才；非修，无以立德

前半句是诸葛亮的名言，后半句是古圣贤意的融合句。学，即学习、学习、再学习，向书本学，向传统学，向社会学，“千斤之裘非一狐之腋”；修，即实践、实践、再实践，践真、践善、践美，“积壘土以成高山”。在学习和实践中，提高自己的才华；同样，在实践和学习中，锻铸自己的道德品格。当然，在社会这个大舞台上历练，必然要经风沐雨，是寻墙避雨、借伞遮雨还是劈风斩雨呢？请进入第四步——

四、“求人不如求己，上策莫若自治”（《论语・卫灵公》）

这是古圣贤的智慧之谈、经验之谈。任何时候都不要依赖外援，要自力更生、自强不息、奋发有为；任何外援者，青睐的都是自尊自强者；机遇属于有准备的人。自强自立，是为一己之名之利吗？追名遂利的后果不为诸多落马高官、陷狱老板所证实吗？那就迈开第五步吧——

五、“善不为名，而名相随；名不为禄，而禄从之”

这是唐代大学者王定保的名言。

南宋宰相寇准还有句话：“但知行好事，无须问前程。”放心大胆地施善、植美、布真吧！越是不为名利，而美名宏利就越是追随着你，同时掌声和鲜花也会簇拥着你。你造福一方，一方感激你；你福荫社会，社会尊重你；你报效国家、为国争光，国家嘉奖你、人民感谢你，你将与国家同光辉！这时，你就会真实地体味到——

六、走进崇高就是走进幸福

前五步的行动，是走进崇高的行动，也是锻铸精彩人生的行动，还是“彰显崇高之美”的行动。彰显崇高之美，是造福于人、于众、于社会。马克思早有名言：“为大多数人创造幸福的人，是最幸福的人”。崇高的人生，是精彩的人生，是幸福的人生。

2014 年 12 月 20 日

作者为北京走进崇高研究院院长

师生交流篇

从教三境界

王明琦

国学大师王国维有个治学“三境界”，我仿写一下，跟大家交流“从教三境界”。

第一境界：“孤舟蓑笠翁，独钓寒江雪”

说的是“择业”，要禁得住诱惑，耐得住寂寞，选准目标，矢志不渝。我 1991 年毕业，当时也面临着外地工作或改行的机会，但我还是选择了回枣庄二中任老师。因为我对枣庄二中、对教师有着浓重的感情：一者，我的父亲、叔父都是枣庄二中的老毕业生，我也在枣庄二中高中毕业；二是在我们村里，有 5 位老师，他们在当地都很有声望，受人尊敬，我的两个堂叔都做教师，对我影响很大。回顾这 20 多年的教学生涯，我觉得很充实，也很满足。当老师清苦，但不清贫，我们的最大财富是学子满天下，各行都有“人”；当老师身苦，但不心苦，和学生们在一起，会让你觉得年轻而快乐，特别是逢年过节，你会感到一切付出都有了回报。

第二境界：“采菊东篱下，悠然见南山”

说的是“敬业”，要融入其中，乐在其中，全心投入，物我皆忘。既然选择了这一职业，就要爱她。开个玩笑，如同讨老婆，既然选择了，就要爱她，才能家庭幸福。干一行爱一行，才能事业有成。从教 20 余年，我一直无怨无悔，我觉得很快乐很幸福。在学校，凭着真本领吃饭，没有勾心斗角，不需要各种社会关系的拉拉扯扯，很纯粹，当然你不能有不切实际的欲望。特别是班主任，我一直没有干够，1991 年至 2002 年，我一直做班主任，以后也有时兼任班主任。有人说，不做班主任的老师，是不完美的老师，这不一定对，但我觉得不做班主任老师，是得不到全面锻炼的，也是体会不到充分的师生之情的。因为在学生离校之后，感到最亲的一是班主任，一是班长，而我感受最深。因为我从小学一年级到大学，一直做班长；工作之后一直做班主任。从老同学到老学生，我觉得都是我的财富。特别是做班主任老师，我觉得要树立这样一个思想：转变一个后进生比培养一个优秀生更为重要。当时让你费心最多的，以后就是对你最“铁”的。特别是艺术生，当时觉得难管理，费力多，但我觉得他们是情感最丰富的，也是给我快乐最多的。

第三境界："会当凌绝顶，一览众山小"

说的是“立业”，要有目标，有追求。作为年轻老师，一定要有个成长目标，争取3年站住脚，5年成新秀，最起码的让人提起来，觉得这个老师课讲得不错。前3年，主要是积累经验，研究考点，打磨课堂。一轮过去，对专业知识要了然于胸，然后要追求形成自己的特色风格。1991年开始带课，1994年开始带重点班，我记得当时“高考要抓出血来”，考试各班级、各任课教师全市排名，我带的重点班都是语文全市第一。我教语文，我觉得要有大语文教学观，清风明月、花开花落都是语文，要让学生去感受语文，时刻体悟语文，光在课堂上讲语文，是永远教不好语文的。

前段时间，听徐建平校长讲座，要感谢学生，他们让我们体悟到自己的价值。我觉得很正确，真的感谢学生，是他们让我的生活如此快乐而多彩。就交流这些，谢谢大家！

作者为枣庄二中副校长

30年教育工作之感悟

陈之权

我今年从教已经30年了,既有欣慰和幸福,也有成就和辉煌,更留下了一些惭愧和遗憾。回顾过去,感慨万千,繁忙与辛苦自不必说,困难也有过,但我仍在这三尺讲台和粉笔人生中找到了一份做人的尊严和快乐,它让我的人生如此丰富充实。

一、明确我们自己的职业特点

(一)要有职业成就感。

既然选择教师,就要勤勤恳恳的耕耘在教育教学第一线,选择忘我,选择无私,选择清贫。教师职业是"阳光下最灿烂的职业",是"人类灵魂的工程师",我们有每年的9月10日"教师节",国家颁布施行《中华人民共和国教师法》,对于提高教师的地位,保障教师的合法权益,起到了积极作用,我们教师的地位也不断提高,师范类也成为学生填报志愿的热门专业之一,社会对我们的看法也发生了很大的变化,所以我们应该具有职业成就感。

(二)不为功名利禄。

教育是一种充满生机活力的职业,一种创造智慧也需要智慧的职业,我们不会感到枯燥。我们要承认,教师的名字不为更多人所知道,没有歌唱家们的耀眼和风光,没有企业家们的独领风骚,没有科学家们的彪炳千秋、流芳百世,有的只是琐碎辛劳的生活,有的只是与孩子们长年累月厮守在一起的平凡日子,这就需要我们不为功名利禄而丧志,不为平凡庸碌而抱怨。

二、工作中要构建良好的师生关系

（一）与同事和睦共处，要互相取长补短。

当我们用自己的长处与别人的短处相比时，会觉得别人不如我们，但别人却也有很多我们比不过的特长。需要学的东西很多，比如我们的备课、上课、班主任管理等方面，都需要学习，如果只用自己的长处去比他人的短处，除了说明我们的无知外，再就只能说明我们在做缩小自己活动空间的事。尊重他人、团结同事、取长补短是取得成绩的关键。

（二）永远不要低估眼中的"差生"。

原本没有"差生"一说，只是由于评价标准的差异，导致了我们眼中"差生"的产生。但我们不论什么时候都不要低估了眼前的差生。因为，上课时眼前的差生可能让我们的讲课无法进行下去，而差生的未来，也许是我们永远也赶不上去的；所以不要用言语去讥讽他们，诱发他们的叛逆精神。他们今后不一定就是失败者，对他们的教育有耐心，动之以情，晓之以理。让他们循序渐进地慢慢成长，往前走，就会走出一片新天地。

（三）学会原谅自己与别人。

学生有时因他们的偏执让我们生气，有的家长因对孩子的偏爱与袒护让我们动气，领导、同事的误解让我们怄气，而自己有时也对自己无端地不满意，低着脑袋生闷气，这些汇集到身上是恶气攻心。气生了不少，但问题没有得到一点点解决，所以我们得学会原谅，学会宽容，原谅与宽容那些让你生气的人与事。

（四）学会控制自己的情绪。

当我们准备批评我们的学生时，要学会控制自己的情绪，千万不要让情绪左右了我们的言行。事实上，只有我们完全控制了自己的情绪，才能在面对让我们生气的学生时，仍能面带微笑；而当我们对学生暴跳如雷时，并不能表明我们真的控制不了自己，事实上此刻的我们也许心静如水。

三、转变角色，适应当前教育需要

（一）转变传统的观念。

教师是学生的引导者，教师要做的工作不仅仅是完成教案，按照教案的内容把知识讲解给学生，学生只要听，加强训练就可以了；而是如何收集材料、制作课件、创设情境，如何激发学生们的积极性，想方设法让学生参与到学习中来。教师考虑到的更多是学生，留给学生更多的时间、机会，让学生去说、去做，以及引导学生参与到课堂中来。不再是以往的把书本知识传授给学生，而是让学生自主的学习和学会学习的方法。除了教学内容以外，教师还要钻研电脑知识，如制作课件，利用多媒体一体机辅助课堂教学等。作为教师就要改变传统的教学观念。

（二）转变教学方法。

学生是学习的主人，教师是学生学习的组织者、引导者和合作者，在课堂教学中，我们应改变以往的“题海”战术和“填鸭式”教学方法，要改变以往强调死记硬背、机械训练的现状，倡导学生主动参与，乐于探究，勤于思考。课堂上让学生“自主、合作、探究”。在重视学生的自主、探究、合作式的学习方式的同时，更加重视学习能力培养，注重学生学习策略的运用，尽可能多地给学生提供平台，紧密地联系学生的生活经验和知识背景，重点在于培养学生收集和处理信息的能力、获取新的知识的能力、分析和解决问题的能力以及交流合作的能力。具备了这种能力，也就学会了学习。知识可以传授，而能力则不能，需要在日常的自主探究式的学习过程中不断的积累。让学生成为学习的主人，使学生的主体意识、能动性和创造性不断发展，培养学生的创新意识和实践能力。

（三）教师知识的不断更新。

我们教师要把自身知识的更新视为一种责任，使终身学习转化为自己的自觉行为。教师作为社会化的人，必须更新自己的知识，才能适应社会的要求，必须认真学习现代教育理论，特别是素质教育、创新教育和基础教育改革等方面的理论，能够以新的教育理论来支撑自己的教育教学工作。我认同教师要给学生“一碗水”自己就必须要有“一桶水”的观点。如我所教的数学学科，新的高中数学课程标准中，新增加了许多内容。有些内容是教师学过的、教过的，有些内容是教师没有学过，也从没教过的（如框图、算法）。新内容的增设主要目的是培养学生的数学素质，为了适应教学，教师应通过自学、参加继续教育培训等形式为自己及时“充电”，以提高自己的专业理论水平。教师还可通过报纸杂志、网络资源等方式收集有关新的教研教改资料，扩大知识面，拓宽视野。

30 年的教学经验告诉我，假如你真心地对待学生，能够像朋友一样与他们交流，能够用你的知识、技能、气质与人品令他们折服，无论几零后，他们都会发自内心的喜爱你。

付出的是辛劳，得到的是快乐。这是我教学生涯中最大的收获，也是我从教30年来最深刻的感悟。

作者为枣庄二中总务处主任

在工作中感悟　在感悟中成长

李敬沛

我很荣幸,30 年前刚毕业的我就赶上了分配政策,成了枣庄二中大家族的一员,这是第一次走上自己的工作岗位,心中满怀憧憬和不安来到了这所学校。因为刚毕业,免不了有些稚嫩;刚开始工作,免不了有些错误、不成熟,这些都成了过去。时光匆匆,如白驹过隙,不知不觉在枣庄二中工作了 30 年,回顾这 30 年来的工作历程,我没有忘记一名教育工作者应尽的职责,始终把“凭着良心做人做事,踏踏实实工作”作为自己人生的立足之本。30 年我深深爱上了这个学校,爱这所学校的温馨,爱这所学校的和谐,爱这所学校领导们平易近人,爱这所学校老师们和蔼可亲,爱这所学校新校园的美丽、大气……这些都让我流连忘返,终生难忘。枣庄二中让我慢慢成长起来,在工作中感悟、在感悟中慢慢成长。来校之前只是一个学生,我对于教学、班级管理及其他工作都毫无头绪,在不断的工作中,我慢慢的有所感悟,慢慢地总结出来了工作的经验,慢慢地在工作经验的积累中有所收获。从刚来时那个懵懵懂懂的学生到现在成为一名中学高级教师,从最初那个需要他人帮助的新手成长为能够帮助他人的相对来说的熟手,从刚到新环境感到有些不适应到现在与大家其乐融融,从开始孤独的一个人变成现在有家有室娶妻生子的人,枣庄二中就好像一个学校的学校,不仅仅让我教学生学习,而且让我自己也学习了很多知识,让我逐渐成长起来——由一名学生而成了一位教师,成了一位班主任,然后成长为一位教导处主任,至今成为了一位总务处主任。自己在学校工作的30多年里，曾从事语文教学、班级管理、德育处管理、教导处、办公室、总务处等各方面工作，这所学校还把我培养成了市级优秀教师、市级优秀青年知识分子、市级优秀班主任、市级科技拔尖人才。我的点滴成绩的取得离不开学校领导的关心、厚爱、培养和支持，更离不开老师们、特别是语文组老师们的帮助、理解和支持，更离不开我教过的学生们的配合。借此机会，真心感谢社会，感谢学校，感谢领导、感谢老师、感谢学生！要说我这30年来工作上的感悟的话，给在座的各位领导和老师交流如下：

工作上的感悟主要有六点，其他方面的感悟主要的有四点。

一、工作上的六点感悟

1. 人生有两个基点支撑：一个是家庭，一个是工作。如果一个人对工作总是不满意，不断抱怨，牢骚满腹，得过且过，能混则混，那么他无法拥有欢乐富足的人生。因为，是他自己，主动放弃，或者毁掉了一半的人生。反之，对家庭，也是。

2. 要学会改变自己的心态，工作不仅是为拿份薪水，还为成长和快乐。不要仅仅为薪水而工作，还应该为梦想而工作，为自己的前途而工作，在以后的工作中只有踏踏实实地干，用心去干，有责任感，才能把工作做得更好。工作中只有用心做事，才能学到更多，学到的任何技能和知识都可能成为自己未来的生存工具。工作是一个人生存的手段，是幸福人生的保障，没有工作生活会变得怎样？用心工作，过好每一天，干好每一件事，总有天会有所收获。要学会改变自己心态还需要向自己学习，吸取人生精华。我本人刚开始来到陌生的枣庄二中工作，这里头的酸甜苦辣只有自己心里最清楚，欢乐、痛苦、笑容、泪水、努力、失败……都是这30年自己的分分秒秒、点点滴滴。从不熟悉到熟悉，从幼稚到成熟，从感性到理性，这就是人生的旅途，这就是成长的过程。从最初战战兢兢的工作，到踏实做好每件事，认真上好每堂课，我都时刻不敢放松自己，领导的批评，同事的帮助，使我从每一次错误中进步；时间的累积，岁月的流逝，使我在每一次反省中成长。向自己学习，做一个用热情对待生活，用真诚对待工作的人。试想一想，如果不改变心态，如果不以工作为快乐，你人生的下半生将是多么痛苦，多么的受煎熬。

3. 要做到充实自己的工作，也就是合理地利用时间。任何工作都不是一直忙碌着或清闲着，所以在很忙的时候，要学会减压，要给自己足够

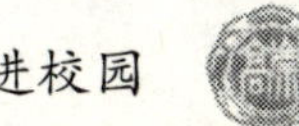

和必需的休息时间，不要一味地埋头苦干，以致身心疲惫。清闲没事可做的时候，要学会找事做，自动自发，不要让自己闲下来。人性本来就是有弱点的，清闲久了就会成为一种习惯，从而产生消极心理、空虚感。每个人都有潜在的能量，只是很容易被习惯所掩盖，被时间所迷离，被惰性所消磨。所以，不能清闲太久。

4. 工作中不能没有历练。没有历练就没有成长。不经风雨，怎能见彩虹。这句话说起来轻松，但现实工作中我们往往拒绝了"历练"，进而拒绝了"成长"。比如，有人常说："您布置的这项工作不是我的职责范围，我不会去做。再说了，这几天这么忙，也没时间做"，"这项工作真的比较难，也很难做好，我看还是先放一放，看看再说"，"这一次会议，我还是坐在后面吧，我也不准备发言，我是来打酱油的"。想一想，看一看，是不是历练就在身边，但被我们拒绝了。被我们拒绝的越多，成长的就越慢。可能我们不想变慢，但是拒绝了历练之后，我们成长就会变慢。我想很多职业人都存在这样的不良习惯，拒绝成长。等到同辈们、同事们、身边的人渐渐展翅高飞，远离自己而去的时候，我们才会不断地埋怨机会与运气。

5. 要相信"工作是给自己干的"。当今社会竞争激烈，能有一份固定的工作应该倍加珍惜。我始终认为工作精神能体现一个人的人品和追求。学会享受并爱上自己的工作吧，这样你就会快乐，并且知足。如果每天做工作而没有丝毫快乐，没有一点满足感，那才是人生很大的损失。想想看，几十年后，当你垂垂老矣，只剩下回忆的时候，你想起来的竟然是不满、牢骚满腹，而不是快乐和享受快乐时的满足，是件多赔本、多划不来的事情。请大家记住：如果你认为工作是乏味的，那么业绩将与你无缘；如果你认为生活是无聊的，那么快乐将与你无缘；如果你认为读书是无用的，那么知识将与你无缘；如果你认为朋友是多余的，那么笑声将与你无缘。

6. 要想得到，就得先付出，并且珍惜自己的工作。平时我们都是为了报酬或是其他什么好的福利，而选择职业，唯独没有想到的就是，我们能为学校创造多少财富？为他人创造多少财富？试想，没有自己的付出又怎么能有想要的收获，要想得到就必先付出。

二、其他方面的四点感悟

1. 我曾向往海阔凭鱼跃、天高任鸟飞的意境；我甚至向往陶潜"采菊东篱下"的安逸，可是我从年轻时起到现在只能脚踏实地、一步一个脚印地走下去，浪漫、幻想对我来说可能是种奢侈。在这个纷繁复杂的环境里，我必须去学会如何处世为人，我已经由一颗棱角锋利的小石子经过水流天长日久的冲刷变成了没有棱角、通体几乎圆润的鹅卵石。现实的社会让我有太多的烦恼，也许不只是我，身边好多的刚踏入社会的朋友可能更是如此；可是人生不如意十之八九，没有能力改变，就要学会接受，现在我只能在每天醒来的时候用于右任先生的哲学安慰自己，也想用此与同样处在困扰里的朋友同事们共勉：常思一二，不念八九，庸常的生活也能够些许如意。

2. 要自信快乐地做事，面对难题，要自信、淡定、冷静、细心地去面对；要有一个良好的心态，把工作当成生活的一部分，当成快乐的一件事去做。尊重自己的上司和同事，搞好人际关系，工作中互帮互助。上班期间把工作当成是一种学习、一种锻炼、一种人生的必然。努力常在，进步常有；下班之余偶感闲暇时，可以看看书、看些新闻、上上网、写点东西等等，做点自己想做的事，改进自己的薄弱之处。就是这样，在繁忙中不断提高自己、充实自己。

3. 要学会感恩，无论你觉得学校给你的待遇是否让你满意，至少学校给了你一份工作，所以你要做到尽职尽责，做好每一件小事。不管是工作、学习还是生活，感恩的心是一定要有的。感恩自己的父母给予你生命，感恩同事给予你工作上的帮助，感恩上司给了你一个机会，感恩学校给予你展现自我的舞台、一份近似于铁的饭碗。珍惜自己所拥有的，不要把时间、精力浪费在毫无意义的事情上，如嫉妒、消极、低沉、牢骚、抱怨他人、说一些不负责任的话等。只有心存感恩，我们的世界才会是晴天。

4. 学会尊重同事的工作及成绩，无论大小。曾记得，30 年前，我们学校的原教导处副主任鲁再富到原枣庄师专给我们大学毕业生作报告，其中让我感受最深的一句话是，不论什么情况，都要与一个办公室的人处好，都要与一个宿舍的人处好，都要与自己处的最近的人处好。这句话使我受益匪浅，受益至今。以前，我在这方面做得不尽如人意。工作了 10 多年后，我才发现，我不曾超越过他们，也没有比他们更高明；其实我每一个成绩的取得，都是建立在他们所做的基础之上的。还是向老师们学习，向同事们学习，才能体验工作真谛。枣庄二中的老师们、同事们是一群可亲又可敬的人，在与他们相处的过程中，我发现了他们身上许多共同的闪光点，有许多可取之处。对工作的严谨让他们不畏严寒酷暑；对事业的热爱，让他们朴实、平和、和谐。

最后，请大家拜好3位老师：一是兴趣，二是苦难，三是爱。只有养成自己的良好兴趣，内心才有执着的追求。你遭受的每一次苦难，都会在一生中的某个时候派上用场。人生最甜蜜的收获，都是从苦难中得来的。爱像口袋，往里装的是幸福，往外拿就是成就感。成功的人生，要用兴趣去追求，用苦难去磨砺，用爱去生活。愿我们枣庄二中教育教学事业蒸蒸日上，不断做大做强，愿同事们以敬业精神，全力以赴，做到最好，使我们培养的栋梁更优更多更好更高。

作者为枣庄二中校史办主任

把握德育工作的方法和途径

李连庆

德育工作是学校教育的重要组成部分，它不仅解决学生的理性认知问题，而且还体现人、社会、自然和谐发展的要求。德育工作只有全方位、全过程地体现学生的主体作用，才能提高育人水平，增强实效性，完整地实现德育的价值，才能使我们的学生学会如何做人和做一个合格的人。

一、德育工作的主要方法

（一）尊重、理解学生。

遵循平等为基础、关爱为内容、谈心说明为主要方法的原则。热爱、尊重、信任学生，并依据每个学生的爱好、性格、心态抓住他们最关心、要求最迫切、反映最强烈的热点问题，对症下药，因材施教，使之产生共鸣。充分体现学生在德育中的主体地位，不要把学生单纯看成是管教对象，把管教他们的行为作为目的，建立一种民主平等、互敬互爱的新型师生关系。学生总是有差异，总会有过失，对他们要有足够的宽容和理解，要引导学生大胆探索，积极思考，学会理解，能够宽容，富有爱心。

（二）用人格力量教育学生。

不少有成就的人，回忆成长过程时，想到最多的是当年授课教师。因为学校教育在一个人成长过程中起着重要作用。教师用人格力量教育学生，成为学生的示范人，以自身的创新精神启发学生学会思考，善于发现问题，并在联系社会实际和解决问题的过程中，实现自身品德的自我完善；要指导学生学会做人，学会生存，一起探讨人生真谛。在适应社会竞争和合作的人际关系中引导学生学会自立、自强，求得事业成功。用生活中具有较强人格感染力的人和事启发、激励、感化学生去履行道德规范，实现人生价值。

（三）让学生在体验中学会判断。

将德育置于现实生活之中，以生活教育学生，面对风云变幻形势，面对五花八门的信息，组织学生讨论，引导、鼓励学生去鉴别真伪，评价美丑，不断获取先进的思想道德观点，充实完善自己。用社会生活中的新鲜事物、先进事迹给学生以正面教育，还要适当地让学生了解社会生活中一些消极落后方面，帮助他们正确认识和对待这类现象。让学生在体验中学会判断，认清社会发展方向，坚定社会主义信念。

（四）让学生在实践中经受锻炼。

德育是一个漫长的过程，学生的道德品质不仅是在他们的实践生活中形成的，而且也是在实践中表现出来的。实践是道德规范“内化”为学生道德品质的有效载体，也是学生道德品质形成的基础。要激发学生的主体意识，把发展的主动权交给学生。把课堂学习和社会锻炼有机结合起来，让德育变成学生的一种需要，使德育目标内化为学生的自觉行动。

（五）进行心理综合辅导。

及时对学生进行心理综合辅导，化解学生的心理问题，培养健康向上的态度、价值观、情感、意志、品质、个性等。要建立朋友式的师生关系，引导学生铸就自尊自信的品质、坚忍不拔的意志、刻苦奋斗的精神、承受压力适应社会的能力，拥有关心他人、关心集体、爱憎分明的人生态度。

二、德育工作的途径

（一）寓思想道德教育于社会实践活动中。

参观、访问、社会调查等活动是实施德育教育的主要途径之一。通过组织学生进行参观访问、社会调查，可以对学生进行热爱祖国、热爱社会主义、热爱家乡、热爱劳动的教育。通过参观工厂、农村等劳动场所，可以使学生了解和学习劳动知识和技能，并使其体验劳动成果来之不易和珍惜劳动成果，进而培养其热爱劳动的好习惯；访问老干部、英雄模范，可以使学生接受革命前辈的远大志向和献身精神的教育。使学生了解昨天、珍惜今天、憧憬美好的明天，并接受良好思想的教育和熏陶。组织学生进行环境、市场调查，可以使学生充分了解家乡的变迁和发展，激发学生热爱家乡河山，增强环保意识。此外，还可以在校园内外开展丰富多彩的文体活动、读书活动、演讲活动、大课间活动以及其他实践活动，让学生走出教室、走出校园，到社会中学习、实践，以开阔眼界，增强知识，扩展兴趣，发展实践能力。

（二）寓思想道德教育于学科教学之中。

新课程标准的理念强调在学科教学中渗透德育思想，丰富多彩的学科教学是渗透德育思想的主要形式。教学活动在内容上依据教材又不拘泥于教材，提倡和鼓励教师从学生的实际生活中捕捉有教育意义的内容，或与学生合作选择内容，或利用学生自己的选择组织教学活动。在具体的课堂教学中，教师可依据学科特点、教材特点，采用讲故事、小品、课堂剧、诗朗诵等教学活动实现德育思想。使学生养成良好的思想品德和学习习惯，在思想道德、行为能力、思维能力、情感态度与价值观等方面得到进步和发展。

（三）发挥社会、家庭的良好潜移默化作用。

要使我们的受教育者能够全面发展、健康成长，必须为他们营造一个良好的氛围和环境，形成学校、家庭、社会三位一体的德育体系。首先，让家长的言行、举止、人格品质和情感积极影响孩子的成长。其次，利用良好的社会环境，引导学生健康成长。

总之，德育是一项浩繁的工程，越投入就越会有心得，越实干就越会有方法，只要我们坚守着校园德育这块阵地，一定会迎来百花盛开的灿烂时节。

作者为枣庄二中教科室主任

为有源头活水来

张保国

各位领导、老师们,大家下午好！按照学校安排,很荣幸能在这里与老师们交流。自1990年参加工作以来,至今已20多年;24年来,总觉得忙忙碌碌,过得很充实,但还从未认真地回顾一下自己的工作。借此机会,向各位领导和老师们汇报一下,不当之处,请批评指正。

24年的工作历程,大体可分两个阶段:一是前17年的一线教学工作,二是后7年的办公室服务工作。

一、一线教学工作

1990年7月,我被分配到二中语文组,担任高一语文教师,兼班主任。刚参加工作,说实话,都是怀揣着理想,为了干好工作而来。但实际工作中,要想教好课、干好工作,其实很不容易。就说备课吧,怎么备大纲、备教材、备学生,重、难点如何把握,课堂提问如何设计,内容详略如何安排,各环节如何过渡、衔接等等,都有很深的学问,并不是一目了然的,它需要研究,需要琢磨,需要下大功夫。刚开始工作,不去认真学习这些,还真难把握。常有人说,语文好教,没有什么难的。实际上,语文老师都清楚,要是糊弄学生的话,语文可能真容易些;但是要想真正教好语文,想出成绩的话,不下一番功夫,没有一段时间的日积月累,那是绝对办不到的。为此,我从以下两个方面进行了努力:

(一)虚心学习,真诚向老教师请教。

既然是学习、请教,那首先就得主动,主动勤问,主动多问。当时周一德老师（现在在档案室帮忙的那位老教师），既是语文组长，又是高一备课组长，周老师年纪大些，平时没什么事，为人又很热心，经常在办公室里，方便了我们学习请教；周老师也总是不厌其烦，耐心指导，有问必答。其次是主动调课，听课。当时安排课，同组几个人基本都是一样的时间，语文要么一二节，要么三四节，要么是五六节。要想听课，就得调课；于是自己主动找到教务主任说一声，与其他任课教师调换一下（这也是当时的规定，青年教师如果听课可以汇报主任后自行调课）。这样听完一二节课，学习借鉴老教师的优点，结合自己的备课，上好三四节课。有句名言说，学习的最初阶段是模仿，感同身受；其实想想，很多道理都是这样。譬如学习书法，历史上任何一位著名的书法家，最初都是从临摹开始的，否则成为大家、名家是不大可能的。再次，主动请老教师听课，为自己把脉。周老师代一个班课，我们代两个班的课，每当周老师上完课，我们课间就在教室门口聊聊，然后上课就请周老师进去听课；下课回办公室路上，边走边聊，到了办公室，问题也聊完了。接着自己写教后记，把存在的问题和老教师的指导都记下来，以供以后借鉴。

语文组老教师，像姜庆国老师、吴家栋老师、李连庆老师、胡化英老师等，当时都在一个大办公室，方便经常向他们请教。同时，自己也加班加点，大练内功，认真备课、钻研教材、批改作业；工作的前 3 年，几乎每天晚上都工作到晚上 10 点多，除了周末不上课以外。这样，有老教师的热情帮助，加上自己的主动学习，自我感觉还是有进步的。从带课的 17 年中，最早带的是学困班，接着带的是普通班，再后带的是实验班，最后带的是奥赛班。多年来，内心一直感到遗憾的是，当时所带的奥赛班没有考出清华、北大来，最后走了两个中国人民大学。

（二）增强责任心，加强课堂教学管理。

多年的工作使我认识到，富有责任心，是干好一切工作的基础。大家都明白，教育是良心活。同样一节课，不同班级的学生、不同老师的学生，他们的收获是不一样的。为什么？一个有责任的老师，准备充分，讲学练结合，纪律严明，作风严谨，课堂管理好，学生收获的一定就多；反之，课堂上不管不问，甚至不敢问，我讲我的，学生睡倒一大片，或者不听课、玩手机等等，即使老师讲得再好，学生也可能收获寥寥；如果再遇到老师讲得不好，学生收获岂不更少。究其原因，还是责任心问题、课堂管理问题。事实上，我感觉，越是学困生，越要严管；如果课堂上放任自流，不仅是对学生不负责、对学校不负责，更是对自己的不负责，因为自己的辛苦劳动付诸东流了，功夫白费了。记得刚工作不久，区教育局督导室的闫主任（当时是教导主任）给我们开会时说过这样一句话：如果课堂上你要管理不好学生，你就不要讲课了；先管理好学生，再讲课。到今天，我认为，这句话依然有一定道理。我自己的感受是，第一届带学困班，课堂管理付出了不少汗水和心血；后来带普通班、实验班时，感觉学生很好了，课堂管理轻松多了；再后来带奥赛班，课堂上根本不需管理，更多的是把精力放在备课上，如何在教学内容的深度和广度上下功夫，让学生在课上、课下吃饱吃好。

还记得有一次到周五作文课了，作文尚未批改完，因为连着两天晚上学校搞演讲比赛，语文组老师担任评委，耽误了批改作文。当时要求作文是全批全改的，不批改就没法讲评，不讲评那这篇作文就白写了，因为学生懂的仍然懂，不懂的仍然不懂。为了能按时讲评、写作，周五早上三四点的时候，我和胡从军主任就起床，洗把脸，坐在被窝里开始批改作业（我们两人当时在一个宿舍），直到上操铃响。

二、后勤办公室工作

在前勤带课的时候，总有一种印象，行管是很轻松的，平时好像没有什么事。前勤备课、上课、听课、批改作业，忙得不亦乐乎，确实很辛苦！后勤有什么？真正干了后勤以后才知道，还是前勤带课单纯，只要遵规守纪，认真带好自己的课，拿出优异的教学成绩，就差不多了；但是后勤工作复杂，没完没了。像办公室，固定的工作有：职称评聘、考勤纪律、学校宣传、接听电话、上传下达、档案管理、计划总结、材料上报、会议布置、计划生育、接待用车、教育实践活动等等。很多时候，随时有事随时办，不管是周六还是周日，电话一来，就得处理。工作时间长了，经常听到这样一句话“办公室无小事”，事实的确如此，以上列举的工作，哪一样都不是小事。有人说，接听电话有什么，还叫工作吗，其实不是这样。接听电话是上级安排工作的重要渠道，也是学校开展正常工作的根本保障，接听电话必须做好记录，涉及到电话内容的，必须有时间、地点、事件、人员、工作时限，以及来电的时间、单位、来电人、联系方式等。都要记清记全，随时汇报；然后根据领导安排，再通知有关人员办理，传达电话内容要说清楚，一点不注意，可能出错。因为接听电话，办公室2010年曾辞退了一位老师，因为接完电话后没有汇报，耽误了校长开会，受到政府通报批评。像这样的事，显然影响了学校的声誉；办公室是学校的窗口，透过办公室可以看到你学校的管理。像这样的事，上级是不会考虑你有特殊情况、偶然情况的。即使你真有，上级只会想：一个单位连一个电话都接不好，处理不好，可以想象你这个学校的管理能好吗！影响往往是很坏的。

学校自从搬迁整合后，应该说家大业大，很多临时性工作也多了，自然牵扯的精力也多了。现在，教育上只要有上级领导视察，或开大会，基本都到二中来。像前段时间的科学发展观检查，市委检查了两次，第二次是陈伟书记亲自带队来的，当时来了上百人。活动前市、区政府又派专人来检查两三次，具体视察前又演练一次，一个星期基本天天来。像这样，临时性工作明显增多，打乱了学校自己的工作安排，有时候搞得手忙脚乱。即使如此，我们依然认真严谨地做好我们的分内工作。

办公室是服务部门，服务学校、服务师生，是我们的职责。鉴于平时工作繁忙，有些老师有时打电话可能因为有事未接；到办公室去找，也可能因事外出，未能及时给老师提供服务；包括其他工作，可能有很多不到位的地方，但大多数老师能够体谅、理解、支持，在此表示衷心感谢。在今后的工作中，我们办公室一定齐心协力、尽心尽力做好本职工作。

我的交流结束，谢谢大家！

作者为枣庄二中校长助理

踏踏实实做事　实实在在做人

华明利

21 年前,我踏上了三尺讲台。弹指间,21 年的青春岁月就在抑扬顿挫的讲课声中、就在埋头批改作业的笔尖下、就在上课与下课铃的交替声中悄然滑过。

记得,刚参加工作时,和所有人一样,我有些茫然,有些紧张;我知道路漫漫其修远兮,但却不知道怎样上下而求索。我从教 20 多年,整体感觉就是日复一日,年复一年,琐碎而平淡。20 多年来,感觉在自己身上既没有发生可歌可泣的闪光事迹,也没有悲壮辉煌的精彩瞬间。自己就是一个普普通通的,平平凡凡的人。20 多年的工作,6 个字就可全部概括:平凡、平静、平常。要非说点什么的话,那就是自己在这 20 多年来还一直保持着在平凡之中还有着更高追求,在平静之中还拥有满腔热情,在平常之中还怀有强烈的责任。

工作以来,我深刻意识到要做老师不容易,要做一位好老师更难。你想把学生塑造成一个什么样的人,那么你自己就应该是这种人。学生处处模仿你,所以说你的世界观、品行和生活都会直接影响学生的人生观和价值观的形成。因此,学校无小事,教学无小事。每一个教案,每一堂课,每一次作业,都需要去认真对待;学生上学、放学,课间活动,午间休息,都需要去密切关注;思想、心理、学习、身体、个性发展,都需要去全面关心。

在从事 20 多年的教育工作之后,我深深地体会到:在教育的世界里,一切都充满了阳光;一切又都是那么的平凡、平静和平常。在 20 多年的教学工作中,自己一直努力用宽容和理解去对待班上的每一位学生,去接受他们每个人的优点和缺点。当我和学生在办公室、在走廊敞开思想促膝谈心的时候，当我在节日里收到学生温馨的祝福和问候的时候，当我看到学生的成绩明显进步的时候，我才深刻体会到，自己虽没有身为人师的骄傲自负，却在收获着一季又一季的桃李芬芳。

还清楚地记得，在一年教师节的当天，我收到了一个短信，是学生发的，只有一句话：老师，今天是教师节，祝你身体健康，节日愉快！一句小小的问候，竟使我莫名地感动起来。这让我回想起每到节日时收到的很多学生发来的问候；每到春节时学生三五成群的到家中看望；有的学生结婚时还没有忘记给我发来喜帖，叫我去喝杯喜酒；还让我想起，学生在大学期间考试时，还偷偷发短信问我考试的哲学试题……这一切，在他人看来很是平常，但作为教师的我每每这时才感觉到自己的职业是多么崇高，感觉自己作为一名教师是满足的，是幸福的。其实，教师的职业幸福就是来源于平凡、忙碌而又充实的每一天。20 多年来，学校里领导、老师对我的支持和帮助就是我最大的幸福。我想，这也正是所谓天长地久的幸福吧。

20 多年教育生涯，做中层管理也有 10 多年，这 10 多年的中层工作中，自己的感觉是酸甜苦辣，五味杂陈。中层管理工作，时间紧，压力大，身心疲惫，经常感觉如坐针毡，如履薄冰，只要学校有学生，自己的身心就无法放松。而且有时我还感觉自己就像“夹板”，经常两头不讨好。有时，劳力费神做完了一件事，由于与领导的想法不一致，不仅出力不讨好，还有不听指挥、不顾大局的嫌疑。

此外，学校的工作安排给老师，老师们如果有不满意的地方就想发发牢骚，又不敢在领导面前说太多，唯有对我们这些中层抱怨。如果有机会，我决不再做中层干部，做一名教师多好，教好书、管好自己就行了。

但是，自工作以来，我始终认为作为教育工作者，作为一线管理者，作为一线教师，“在其位，谋其政，行其权，尽其责”，在自己的工作岗位上，就应该踏踏实实做事，实实在在做人。我是这样想的，也是努力这样做的。

或许不经意间，我们会透支自己的青春和健康。但，现在以至将来，我都会在自己的岗位上踏踏实实做事，实实在在做人。

最后，请让我用一句名言来作为这次交流的结束语：“桃李不言，下自成蹊；上善若水，温良谦让；师德如水，真水无香。”

作者为枣庄二中校长助理

当教师不当班主任是一种遗憾

张可侠

今天与大家交流的内容，主要是上周三在古城兰祺会馆听了王金战老师的报告，很受启发。听他的报告之前，一直感觉自己的班主任工作做得还可以，听了之后感觉自愧不如，回来之后，我打开王金战的博客，看了他的几篇文章，其中《王金战三十六条教育金规助力孩子成才》，我看了两遍，总结很好，一线的老师看了可以用在教学上，不带课的教师看看也不错，教自己的孩子或孙子。

王金战老师班主任工作做得很成功，我们虽然不如他，但是可以向他看齐，向他学习。一个老师，如果没有做过班主任，那真是一种遗憾，那样的教师生涯是不完整的。我很庆幸有机会做了几年班主任，对我来说，班主任的经历是一笔宝贵的财富。当班主任期间的工作日志到现在我还保存，没事的时候经常拿出来看看，每次看都有不同的收获。

不当班主任已经好多年了，但我仍然怀念当班主任的那些日子，早晨、课间操和学生一起跑步、做操，晚自习所有老师都坐班，班主任正好看班，当班主任可以与学生朝夕相处，与学生接触交谈的机会也多，我总感觉随着班主任的卸任，真正意义上的学生变得没有了，和学生接触的机会比班主任少多了，毕业后很快就忘了，他们对我的印象同样没有班主任深刻。毕业后学生聚会，想到最多的是班主任，班主任也是这类活动的核心人物。

班主任工作是一门艺术，是英雄有用武之地的大舞台。现在很多老师不愿意当班主任,说当班主任累,嫌班主任苦,嫌班主任责任大。尽管这样,仍然有不少有志于教育的人,有理想的教师,抢着当班主任,魏书生说:“我属于愿意当班主任的那类教师。我总觉得,做教师不当班主任,那真是失去了增长能力的机会,吃了大亏。”任小艾说:“一个教师只有当了班主任,他才具有以德治德,以才治才,才能和孩子们敞开心扉,和孩子们进行心与心交流,是孩子的心灵居所。”当然,他们都是名人、名班主任,仔细想一想,我们的有些班主任和他们的差距也不大;我们的班主任付出也很多,工作做得也很好,和那些名班主任相比,只是他们善于研究,善于总结,善于把自己的想法和做法记录下来,加上有交流的平台,有机会把自己的想法和做法说出来,所以他们就成了名人。我们在座的班主任,如果把你的想法和做法认真梳理一下,记录下来,你也能出书,也能成为名人。举个例子,评职称需要论文,写论文如果你东抄一句西凑一句,很难发表,但是如果你把课堂上的灵感或独到的做法写出来,差不多都能发表,不妨试试。

无论是老师还是班主任,不要低估你在学生中的影响力。16 岁以前的孩子心智是不成熟的,听课是要看老师的,喜欢哪个老师就听哪个老师的课,要是你的学生不喜欢听你的课,主要还是你的教育有问题;或者你不经意的一句话、一个眼神得罪了他,说话的时候不注意,很可能哪句不经意的话就毁了一个人。上周三,王金战的报告会上,王金战老师说,有的老师好说,我一辈子教了多少多少学生;他说,与其说你教了多少学生,不如说你毁了多少学生,我听后感触很深。上届高三高考前,我上最后一节课时,我说:“我们高三 · 11 班的学生都很守纪,很支持老师的工作,但是老师总觉得对不住你们,由于精力有限,有一部分同学被我冷落了。”学生都在那鼓掌,大声说“没有,没有”。有几个学生在那哭,我很感动,作为老师我们要经常反省。陶行知先生告诫教师时说:“你的教鞭下有瓦特,你的冷眼中有牛顿,你的讥笑中有爱迪生。你别忙着把他们赶跑。”每个人都能成为钱学森,关键是教育是否得当。现在跳楼的学生有增长的趋势,很大程度上就是因为教育出了问题,班主任和学生谈心,对学生说些什么、什么时候说、以什么样的方式说学生才爱听,这可是一门学问,是需要老师花费时间琢磨的。不要生搬硬套,因为同一句话,说话人的语气、表情不同,效果肯定不同。因为人们的口头语可以变化,但内心的想法却是掩饰不住的。学生的个性不同,甚至有时候说话的情境不同,都会使得同一句话效果也是大相径庭的。所以跟学生谈话，班主任或教师是要备课的。首先老师要注意选择说话的内容。和学生的谈话，未必都要选择正儿八经的话题，选择一些轻松的话题、学生感兴趣的话题，学生自然不会抵触。其次，说话的方式往往比内容重要。尽量少用评价，少和其他学生比，多关心学生所想。和学生交流的时机也很重要。比如学生考试失利，一般情况下都会有失落、伤心，这时老师要给学生时间、空间，允许学生宣泄负面情绪。学生说的一句丧气话，也许仅仅是其情绪的宣泄罢了，不宣泄身体就会出毛病，不必过于紧张，要相信他们有自我修复的能力。这个过程正是学生成长的过程。这时候，我觉得什么不说反而比说的效果会更好。

不做“保姆式”的班主任。一个好的班主任并不会替学生做出决定，他应该做的是为学生权衡利弊，提出中肯的意见；一个好的家长也是如此——他不一定替孩子作任何决定，但是会凭自己积累的经验和人生阅历，为孩子指引方向。自己把多年的人生体会传授给学生，让他们慢慢发掘自己的潜力和价值。

我当班主任也有遗憾。2004 届的一个叫陈坤的学生自律性不强，沉迷于网络游戏，经常违纪。为此，我多次找他谈话，与家长交流，他也试图努力，但由于缺乏毅力，学习基础太差，经过一段时间努力后最终还是放弃了。后来，他虽然不学习，但是再也不违纪，这件事给我带来了失败感。他说的一句话，我永远不会忘记，他说：“我要是有一个当老师的妈妈该多好。”我觉得我能力不够，经验不足，没能给他足够的帮助。

我用王金战总结的 36 条教育金规中其中的两条结束今天的话题。第一条，成功教育强调，当一个学生反复遭到失败的打击后，便成了学困生。所以，让一个学困生变为优秀生最有效的办法便是反其道而行之。即让一个学困生反复享受成功的喜悦，不久就会变成学优生。第二条，一个经常得不到激励的人潜能仅能开发到 20% －30%，一旦得到激励，潜能将会开发到 70% －80%，所以好孩子是夸出来的。老师们，面对你的孩子或学生，请不要吝啬你的表扬。

作者为枣庄二中校长助理

在平凡中追求卓越　在辛勤中寻找快乐

殷　峰

十几年的工作实践,使我对教师这个职业有了更深的感悟,她并不像书里说的那么伟大、那么崇高,一切都是在平淡而真实的环境中教学,在单纯而快乐的氛围里成长:备课,上课,批改作业。教师是平凡的,但平凡绝不意味着平庸,把平凡的事情干好,就是不平凡;平凡之中,更能彰显英雄本色,我们不一定能成为一个最成功的教师,但我们可以成为一个最努力的教师。要在平凡中追求卓越,我认为应具备以下两点,一是精湛的业务,二是高尚的师德。

首先,业务精湛来源于终身学习和不断地创新。"要给学生一杯水,自己必须要有一桶水,甚至更多的水"。一名好教师,一定是一名不断学习的教师。特别是在当前的信息时代,教育改革改变了我们固有的教育观、教师观、学生观,提供了许多前所未有的学习方式和课程空间,社会对人才有了新的需求,学校也随之不断调整教育教学内容。只有努力使自己的知识储量成为一条生生不息的河流,才能给予学生想学的知识。这一切,都需要教师树立终身学习观,虚心向他人学习,取长补短,以饱满的热情投入工作,勤于思考,努力创新,敢于不断挑战自己,来提高自己的专业知识和业务水平。在这方面我自身感受最深的有两点:一是老教师的传帮带,使我不断成长,他们无私地把经验、方法传授给我,指出我的缺点和不足,在这里我深深地谢谢他们;二是青年教师的热情和干劲感染着我,他们的创新精神鼓舞着我,我努力向他们学习,不断解放思想,与之俱进。在青蓝工程中,我和赵亮老师结成对子,互相学习,经过近两个月的锤炼,他已经让我刮目相看了。教师要当杂家,除专业知识,还要学习文化基础知识和必备的科学文化常识,使自身的知识结构得到不断完善、更新和发展。

其次,一位好教师要克服懒惰心理,勤于反思。我们现在的社会就缺乏一种自省的意识,在遇到问题和挫折的时候,往往埋怨别人多,检讨自己少。有人问寺院里的大师:"为什么念佛时要敲木鱼?"大师说:"名为敲鱼,实为敲人。""那为什么偏偏敲鱼呢?"大师笑着说:"鱼儿是世间最勤快的动物,整日睁着眼,四处游动。这么勤快的鱼儿都要时时敲打,何况懒惰的人呢!"去年我在冯尊建老师的带领下,和季言军、蔡福梅老师经常对教学进行反思,不断调整教学进度和教学方法,发现问题,解决问题,我们通过合作在报纸上发表论文 8 篇,入选优秀教案 15 篇,教学成绩也遥遥领先,我想这都是勤于反思的结果。

再次,高尚的师德要求我们以身作则,严格要求自己。"其身正,不令则行"、"榜样的力量是无穷的",这些话都告诉我们,要用行动来教育学生、说服学生,平时要求学生必须做到的事情,我首先必须做好。例如要求学生早起,我就早于他们在办公室等着;要求学生注意卫生,见到地面有纸屑,我总是弯腰捡起。这样的事情在日常生活中还有很多,学生看到老师都这样做了,自然也跟着做。特别是作为一名班主任,既要有严师的风范,更要有慈母的情怀。我认为:作为一名优秀的教师,比优美流畅的语言、广博的知识、丰富的教学经验更重要的是爱心。虽然班里学生的发展情况参差不齐,但我们不抛弃、不放弃!每一朵花都有盛开的理由,每一棵草都有泛绿的时候。要用爱去宽容他们,呵护他们,赋予他们怒放的生命。现在与以前教过的学生见了面,学生经常使用淘宝体和我打招呼,向我诉说最近的学习状况,倍感亲切。我想,这不正是爱心的回报吗!

我不希望自己成为园丁,用修剪去摧残生命;也不希望自己是蜡烛,照亮了别人却耗尽自己。我希望自己是蓄电池,通过不断地充电,去点燃学生思想的火花,与学生一起成长。我更希望成为学生心目中的良师益友,在平凡中追求卓越,实现不平凡的人生价值。

我要汇报的第二个问题是如何在辛勤中寻找快乐。教师的工作是崇高的,头顶有无数光环,"园丁"、"人梯"、"人类灵魂的工程师";教师的地位是神圣的,曾与天、地、君、亲并列而被众人供奉。然而,多家媒体的问卷调查结果表明，八成以上的教师没有幸福感。在教师群体中还流传着这样的顺口溜：“上辈子杀猪，这辈子教书；上辈子杀了人，这辈子教语文；上辈子杀错了人，这辈子再带个班主任。”此言虽然情绪过激，但也流露出教师从业的心态。那么，是谁动了教师的幸福，抢走了教师的快乐？我们怎样在辛勤的工作中寻找快乐呢？

第一，在工作岗位上感悟幸福。美国石油大王洛克菲勒讲过这样一则寓言：一个人死后，来到了一个地方。有人告诉他，在这儿所有的美味佳肴，所有的娱乐和消费，他都可以尽情享用。这个人高兴极了，他想：这不正是我在人世间的梦想嘛！于是，他每天都在品尝佳肴美味。然而有一天，他对这一切感到乏味了，于是他对那人说：“我对这一切感到很厌烦，我需要做一些事情。可以给我找份工作吗？”没想到，他得到的回答却是摇头。这个人非常沮丧，愤怒地说：“早知这样我干脆去地狱好了！”那人疑惑地说：“难道您还不知道这是什么地方吗？”这则寓言，告诉我们：失去工作就等于失去了快乐，像下地狱一样。人的一生离不开工作，工作是实现自身价值的最佳途径，工作不仅仅意味着付出，更孕育着收获，“愚人向远方寻找快乐，智者则在身旁培养快乐”。我们不能改变世界，却可以改变自己；我们不能改变事件，却可以改变心态。我经常教育不愿学习的学生，一天 7 节课，煎熬能过，学习也能过，学习比煎熬好过；我们一天工作 8 小时，痛苦也度过，快乐也度过，快乐比痛苦好过。

第二，从学生的进步中寻找快乐。农夫看到自己的庄稼收获了，他是幸福的；医生看到自己的病人康复了，他是幸福的；作为一名教师，看到自己的学生进步了，我们就是幸福的。教师工作的成败是以学生成人成才的标准来衡量的，课堂是我们的主阵地，每一节课都是不可重复的，每一堂课都是唯一的。我的课堂我做主，以享受的态度对待教学，把每一节课精彩地演绎，就能感受成功的喜悦；引领学生进步一点点，心灵就会充满着明媚的阳光，就会感到自己生命的闪光点，从中获得职业幸福感。

尊敬的老师们，在教师的岗位上，没有令人羡慕的声名和财富，也没有悠闲自在的安逸和舒适，要让自己拥有一颗平凡心，要对工作拥有一颗事业心。每天给工作一张笑脸，工作就会给你一份惊喜，生活就会更加精彩。

作者为枣庄二中高三政治备课组长

如何做好班级管理工作

周广密

从 90 年进入二中参加工作至今有 23 个年头了，见证了枣庄二中的发展壮大。自从担任班主任工作以来，我曾带过普通班，实验班。特别是普通班班额大，学生学习习惯和行为习惯差，素质普遍较低，难以管理；有几次都是中途接手的班级，比如现在的高二 · 7 班。我是非常喜欢班主任这份具有挑战性的工作的，可以说我是尝尽了班主任工作的酸甜苦辣。

一、班主任工作具有挑战性，要把它看成一件幸福的事

班主任工作辛苦劳累，做一名班主任不容易，做一名优秀班主任更不容易。有人可能会抱怨班主任工作的辛苦，也正因为如此，有很多人都不愿意当班主任，我认为做班主任，要有一颗平常心，不要抱怨，要从苦中寻求快乐。我们要快乐的工作，快乐的生活，凡事要换一种角度着想，合理排解自身的消极情绪，要学会自得其乐。比如看到你接手整个班级的学生在你的治理下在不断的进步，成绩不断提高，升入理想大学学生的一句句问候，你还有什么理由不为做班主任感到骄傲、自豪、幸福。只有从心理上感觉做班主任幸福，才能把班级工作做好。

二、开展精细务实的班级管理，形成良好的班风学风

作为高中学生，主要的任务是学习，尽早升入理想的大学，为此就要抓好班级的纪律、卫生，形成良好的班风，以良好的班风带动形成良好的学风，从而达到提高学生成绩的目的。为此采取了一系列措施：

1. 建章立制，制度治班，要有班规班约。

召开班会，根据学校规章制度制定本班级各项制度对到校、上课、自修、卫生都作要求，形成制度，要求每一名学生自觉遵章守纪。我要求每一个学生要有军人作风，有令则行，有禁则止，雷厉风行。如学生必须坐正，认真听讲上好课；迟到怎么处理；学生没打扫卫生怎样处理，怎样保持教室宿舍卫生，自修课做什么等。让学生明确什么该做，什么不该做，有纪律约束。

2. 班级管理要有目标，学生在学校里要有自己的目标。

每次接手一个新班级，都要给学生明确的目标，远期目标，近期目标。如告诉学生一周内应该做什么（班纪班规）达到什么目标。认真落实结账，一个月内使学生逐渐养成好的行为习惯，一个学期内把班级打造成“文明班集体”。经常给学生介绍自己以前是如何将后进班级、学困生转化为先进班级、学优生，使班上的每个学生都树立信心，每个学生在学校里都要有奋斗目标，如考本科、如何守纪、讲班规、如何为人处事、待人接物等。总之，要求学生在学校里每天要有收获，每天要有进步。

3. 划分学习小组，开展合作与竞争，共同提高成绩。

合作学习、探究学习是重要学习方式之一，为了提高学生学习成绩，新班级成立之后总是根据班内学生学习情况划分若干个学习小组，每组选组长2人、组员6人，开展合作学习和竞争，然后按入班成绩和能力水平分出中等生和学困生，进行好、中、差调配，使同组的组员实力相当，组际之间的各科水平和综合水平基本平衡。为了营造学习小组你追我赶的竞争氛围，不定期对学习小组进行评比及奖励。现在学校实行的单元组管理模式，比以前的学习小组更科学，我们高二·7班的作业、练习都是由各小组收发检查，老师调度，同学们学习积极性显著提高，比学赶帮超的氛围逐渐形成，期中模块考试，多数同学成绩与分班成绩相比有了很大提高，8个单元组中有5个组的同学成绩全部提高。

4. 常规习惯，常抓不懈，重在落实。

学生良好的行为习惯养成不是一节课、一两天说说就行的，它必须贯穿在整个管理过程中。因此班主任必须做到三勤，即腿勤、口勤、手勤。

首先是腿勤，就是跟得紧。我常常在课前、课间、课后、晚自习到教室走一走，看一看，随时注意班上的情况，发现问题，及时解决。咱们二中生源差，学生习惯不好、纪律散漫，就需要老师多走动，多观察，多督促，才能养成好习惯。其次是嘴勤，勤向学生了解班级情况，和他们交朋友，真诚交流，耐心询问，征求意见，勤向授课老师征求意见，同家长多交流，把握每位学生的思想，掌握学生的兴趣爱好、性格特长、家庭情况等，做到心中有数。再次是手勤，将发现的问题、收集到的材料即时记录，汇总成册。有了这些翔实的第一手材料，就可因材施教，对症下药了。我班的学生每学期都进行两次个别谈心，一次是开学之初，另一次是期末考试之前，动之以情，晓之以理。少数同学，还得想办法与其家长保持联系，共同磋商对学生的教育与管理。或在活动中、平时的交流中因势利导，鼓励鞭策，使其改进。常常是挤时间为一些基础较差的同学补差补缺，培养他们学习兴趣，增强自信心，从而提高自我约束能力。实践告诉我们，只有真诚地对待学生，才能真正得到学生的拥戴，才能使学生养成良好的习惯。这是做好班级管理工作的重要前提。

5. 宽严适度，注意方式方法。

人无完人，学生不可能不犯错误，如何对待犯错误的学生，这也是要注意的问题。对大多数学生的犯错，要及时指出，限期整改。但罚不责众，避免造成学生大面积抵触情绪，使自己下不了台。对个别学生多次违纪，记录在案，交心谈心，在班上作检讨，申请学校处分，与家长结合教育等。07 届，我班一个叫黄礼传的学生在我课堂上睡觉，我用书轻轻在他的头上敲了一下，他站起来就指着我大声说为什么砸他的头，并大声吵吵。我让他出去他不走，我又不能走，不能耽误其他同学上课，全班 60 多名同学惊奇的瞪大眼睛看着这一幕，我只好说，你先坐下等下课之后再处理。我继续上课，那堂课效果出奇的好。事后我把他叫到办公室里耐心地说服教育，他也认识到了自己的错误，并主动要求自习课进班里进行检讨，我借此机会对全班学生进行教育。从此到毕业，黄礼传没有再犯错，而且学习积极性显著提高，最后考入山东交通学院。我把对黄礼传的批评教育方式称为延迟批评，延迟批评，既培养学生愉快的情绪体验，又给予其改正和返回的机会。批评留在事后，这时学生往往已经在负疚的情绪中反思了自己的行为，老师只要加以指导，就能很好地解决问题。

6. 正确评价学生，鼓励学生。

班主任经常要对学生的工作进行公正评价，只有公正地评价每一个学生，才能使学生信服，从而激发起奋发向上的愿望。因此，我在班级中力求公正的评价每一位学生，对成绩好的学生不护短，对学习差的学生不歧视，注意发现优生的不足,防微杜渐;善于发现差生的闪光点,并发扬光大。

三、作为班主任要处理协调好各学科教师之间的关系

班主任要协调各科平衡,平等对待科任教师。班主任是一个班的主心骨、核心力量,班主任对各学科的一个小小的评价,会影响学生对该学科的学习态度;班主任对任课教师的一句简单的评价,会影响学生对任课教师所教学科的兴趣。班主任在学生面前切忌对教师进行不负责任的评价。班主任要主动发现和化解学生与任课教师的矛盾纠纷,特别是平时及期中期末考试之前各科时间分配,各科作业试题量的控制,避免自己所带的学科或某学科占用大量时间,影响了整个班级整体成绩的提升。一花独放不是春,百花齐放春满园。只有协调好各科老师才能形成合力,才能使优生更优、学困生转化。07 届,我们当时理综各科老师就是在班主任的协调下团结奋战的,在高考中考出了较好的成绩,理综上线率在全市名列前茅,曾获得市教育局的表彰。

四、班主任与班主任相互协作,共同提高

在一个学校,班与班之间因为学生、任课教师的原因而有着千丝万缕的联系,因此对于任何一个班,都不可能关起门来搞建设,必须要加强班与班之间的交流、合作,共同进步,因此班主任之间分工协作很有必要。2012 届,我与市级优秀教师、优秀班主任徐建老师合作,我负责高三·8 班,他负责高三·7 班。刚分完班我们两人就商议好分别担任对方班级的副班主任,并且向学生宣布;从此我们两人就担任两个班管理任务。两个人进入班级的机会多了,对两个班的学生来说,每天都能看到班主任在关注着他们,关心着他们,心里特别舒服,两班的纪律都得到加强,学习气氛更加浓厚。最后高考两个班一本上线、二本上线在全年级最高。

魏书生说过:埋怨环境不好,常常是我们自己不好;埋怨别人太狭隘,常常是我们自己不豁达;埋怨天气太恶劣,常常是我们抵抗力太弱;埋怨学生难教育,常常是我们自己方法少。人个性有差异,工作方法各异;认真就是水平,实干就是能力。只要我们想做,每个人都能成为优秀合格的班主任。

各位老师,以上是我在班级管理上的做法,请老师们指正。最后祝愿大家身体健康,工作愉快!

作者为高二生物备课组长

努力做好爱的事业

陈玉彬

人民教育家陶行知先生说:“捧着一颗心来,不带半棵草去。”这话告诉我们,教育的事业是爱的事业,“爱”是对教育工作者的基本要求,更是做好事业的根本保证。

“爱”字当头。教育的事业是爱的事业。我对自己所从事的职业的确怀有发自内心的热爱,这种热爱源于我自己对初中班主任老师的崇拜,自那时起就立志要做老师,当时也不知道“教师是太阳底下最光辉的事业”之类的话,仅仅就是出于对老师的崇拜。后来机会来了,所以义无反顾。喜欢自己的职业还在于虽然年龄越来越大,但工作的对象却永远年轻,整天和年轻人打交道能让自己的心态永远年轻,永葆青春的活力和激情,少了沉沉暮气和复杂的人情世故。虽然,我们的工作是平凡的,甚至经常是平庸的,但只要在内心深处保持对职业的热情,就能在疲惫时振作精神,在倦怠时重拾自我。现在的社会,充满了各种诱惑,稍不留神,就会分心,就会走神,当老师就要经得起诱惑,耐得住寂寞。

真心热爱自己的学校。先在这所学校求学,然后又在这里工作,学校给我安身立命的机会,学校让我有课教,有学生带,得有感恩的心。在社会上听到有人说学校的不好,心里就不好受,就想和人争;有人说现在的学校建得可漂亮了,学校抓得可紧了,管理得可严了,心里就美滋滋的,因为这是我工作的地方,我的学校我的家。每天早晨来到学校,楼道里的、走廊上的灯,该关了,随手关掉;卫生间里的水管还在哗哗直流,给拧紧了，决不熟视无睹，习以为常。学生进出教室用力太猛，弄得声音很大，既影响别人学习，又容易损害公物，得提醒他下次注意。学校就像个大家庭，虽然家大业大，但是咱也得明白，花销也大，真的不容易，得理解；这么漂亮的学校，不能随便就弄脏了，弄旧了，弄坏了。虽然自己很平凡，没有能力做更多、更大的事，但只要是自己能做的，绝不袖手旁观，应该当仁不让。

爱学生，把心交给学生，以心换心。时刻把学生的需求放在心上，学生无助时一个眼神，生病时的一句问候，考试失败时一句鼓励的话语，都能让学生记住一辈子。做班主任这么多年来，凡是学生有病住院，哪怕是在枣庄，我都要抽时间去探望，虽然这并不能给他们多少实质性的帮助，但是能温暖他们的心，能让家长感受到来自学校的关爱。带高三学生填报高考志愿时，我通过网络、电话和以前的学生联系，力求能给学生最有用的参考。每年寒假，总会有三五拨的学生来看我，甚至不带班主任的也来许多，这可能就是自己多年来付出的回报吧。

我相信，一个老师要赢得学生的信任，一是得有人格的力量，再者就是渊博的知识、精彩的课堂，所以在教学实践中，我还始终把“上好课”、“上精彩的课”作为自己不懈的追求，“虽不能至，心向往之”。一方面多学习，读韩军、李镇西、程红兵、史建筑、温登峰等语文名家的书，看他们的教学实录，感受大家风范；另一方面自己多摸索，尝试适合我们学生的路。为了提高学生的语言表达和鉴赏能力，这学期开学伊始，我尝试把经典歌曲的歌词引入语文课堂，这些歌词既有传统歌曲的，也有流行音乐的，它们既有语言美，又有意境美，在难度上又比古典诗歌更易于被学生接受。在学生自主学习时间和学生共同赏鉴，共同品味，有时发挥一下自己的特长，给学生唱一唱。没想到这个创意大受学生欢迎，两个班级的学生抢我去上课。开学后，所有学生写的两篇作文除面批外，还把优秀作文用一体机展示，除了品评文章内容，还重点对文章中的错别字、误用的词语，病句、标点等基础知识方面的错误重点指出，这样就在他们自己的作文里解决了语言运用方面的问题，极大提高了课堂针对性。

努力做好班主任工作。常规的工作就不再说了，单说自己的理解，一是要学习。徐剑老师就经常无私地把班级管理经验创意告诉我，让我受益匪浅；刘培启等老教师身上所散发出来的乐观阳光的心态，对工作执着的态度和渊博的学识，永远感召着我；同办公室的闫超、赵亮两位青年老师也经常给我有益的启迪。二是组建有战斗力的班委会。调动他们工作积极性非常重要，有一个好班长，你就能省一半的力。我的办法是：抢。抢班长，抢所有的职位。自己抢来的，就有积极性，因为怕以后保不住；抢来就得发表施政演说，争取同学支持，所以工作得注意方式方法。这样，一个团结、富有战斗力的集体就形成了，很多时候，班主任只需“垂拱而治”。三是想法激发学生的学习积极性。开学之初，就把“985”、“211”高校名单给学生反复展示，激发学习斗志，接着让每个同学在班级、学部和年级分别找一个对手，制定目标，考试后看达成度。四是严管不留死角，得较真儿。现在高三的一个学生，高一时跟我上，晚自习逃课，说自己生病了在诊所打针，我要求她让家长给我打电话，她说是她姨妈代她打的，让姨妈给我打，我一听就不对劲，她就让所谓诊所的医生给我打电话作证明，我根据经验判定肯定是假的，就骑着自行车直接到他们所说的诊所去核实，果然证实了我的判断。第二天，我问她生病的情况，她还装模作样的把沾有棉球和胶布的手伸出来给我看，以证明没有骗我，我把棉球、胶布给撕下来让她找针眼给我看，她才彻底没辙了。

竭尽所能，做好教研、备课组长，确保六项职责落实到位。

努力做好学校安排的临时性工作。学校有些其他方面工作需要自己出力的时候，绝不推诿塞责，尽我所能，力求完美，因为我感觉这是学校对我的信任，作为普通教职工的一员，我以能为学校分担工作而感到自豪和骄傲。

“路漫漫其修远兮，吾将上下而求索”。路正长，事业也正长，我们学校的前途一定会更加美好，愿我和在座的诸位，以奉献的态度干事创业，早日实现二中的复兴梦。

以上就是我向大家汇报的内容，不当之处，请批评指正。

作者为枣庄二中语文教师

坚守执著　铸造激情

刘培启

一、什么是激情?

激情,不是年龄长幼,也不是成绩大小,没有激情,年纪轻轻也显得暮气沉沉;有了激情,即使两鬓白发,也会春风满面。所以,激情是一种积极的状态和情绪表现,是心中的渴望和人生追求,就是认真严谨积极投入的专注状态,是能够给人传递正面效应的活力和感染力,是面对困难和压力不屈服的顽强意志和坚定信念。它是一种昂扬的状态,一种振作的精神——有些"痴"的感觉。

二、为什么要有激情?

工作和生活不能没有激情,因为人们在主观上都有向好向善的目标追求,希望生命的岁月更长一些,生活质量更好一些,而所有这些都需要投入激情才能获得。激情如同燃油和原料,它会给我们创造财富和带来能量,有了激情,我们每一天的工作才会井然有序且快捷高效;有了激情,我们的课堂教学才会有声有色、赢得学生;有了激情,我们枣庄二中才会办出特色,不断创造辉煌业绩;有了激情,我们才会不惧任何困难,能够以乐观向上的积极人生态度面对每一天。总之,激情使我们看到阳光、笑脸和朝气,给我们带来成功和希望。

三、怎样充满激情?

(一)把工作当作人生追求的最高目标。

工作是生存之本,它不仅给我们提供生活的物质条件,同时又使我们享受到工作带来的精神快乐和富足，这种快乐和富足来源于我们每天都要面对的学生、课堂、办公室的艰辛付出所产生的充实感及成就感。在施教过程中，我们自身的心灵、思想和智慧也同时得以提升，和孩子们在一起，仿佛又回到青春年少，感觉很美好。因此说，工作孕育激情，工作又培育激情，把平凡的工作做足、做好，就很了不起，我们很自豪，心里也很满足、很踏实。相反，没有了工作，生活的激情还饱满吗？不太可能。

（二）养成立竿见影、持之以恒的做事习惯。

“坐如钟，站如松，行如风，卧如弓。”自古以来都是人们行为做事的规范和标准，无论做什么事情，如果总是优柔寡断、拖泥带水、松松垮垮，漫不经心，就会显得很不带劲，很不精神，缺乏激情，这种散漫的行为状态既妨碍了自己，又会不自觉地传递给同事和家人，影响很消极。因此，要培养激情，就必须养成麻利、干练、果断的做事作风，要今日事今日毕，快速高效，干出结果，做出成效。同时做事还必须有恒心有毅力，以一贯一，持之以恒，既磨炼意志，又培育激情，给人以朝气、活力、精神且很有韧劲的感觉，带给人的影响和做事的结果也是正面积极的。

（三）调整自己，培育和积累正能量。

当下“很累”这个词几乎成了流行语言，确实很累，工作累生活累。然而，再累也得干，不干不行，因为工作是我们的立足之本；但要想干好也确实不容易，方方面面的压力不断出现，你能不累吗？所以，偶尔的几句牢骚和怨言，应该给予充分理解。但是，“累”和“压力”这些不利因素不应该影响我们正常的工作和生活，成为我们逃避现实的借口。正确的做法，是调整心态放松情绪，转换角度看问题，实事求是客观公正地向领导反映我们的合理诉求，多和同事交流，学会倾诉和心理放松，加强体育锻炼，积极参加各种形式的集体活动等，通过这些行动，我们就不郁闷了，不累了，轻松了，然后又以饱满的激情、崭新的姿态迎接新的一天的到来。因此说，不断调整自己，就是不断给自己注入激情。培育和积累正能量，还要不断加强学习，提高身心修养，养成终身学习的好习惯，把学习当做一种生活方式。向书本学，向生活学，向身边的人学；通过学习，吸收营养，注入激情，升华自己。

各位领导、老师们，从 1987 年到现在，我已在枣庄二中工作了 27 个年头，20 多年来，能力谈不上，成绩也没多少，能够感到自豪的就是能以饱满的激情、执著的精神，本分、严谨、踏实和任劳任怨地努力工作，尽管时光飞逝，人生易老，但我依然坚守。在座的各位老师，你们都非常年轻，有的是激情，干的肯定会更好，正因为这样，希望你们立即行动起来吧，去大胆创造激情，使激情绽放，用激情让我们的枣庄二中明天更美好，让你的人生更出彩。

谢谢！

作者为枣庄二中历史教研组长

成为优秀教师的五个要素

李清华

“饮其流者怀其源,学其成时念吾师”,这是对老师的感恩;“春蚕”、“红烛”、“春雨”、“园丁”……这是对老师的赞誉。苏联卓越的无产阶级革命家、教育家米哈伊尔·伊凡诺维奇·加里宁曾说过:教师是人类灵魂的工程师。一位优秀的教师,往往成为学生一生的榜样,影响着他的学习、成长,甚至于影响着他的一生。如何才能成为优秀的教师呢?我认为,要具备以下五个要素:

一、教师要保持激情

教师需要激情,因为有激情就会有创造;因为有激情,我们的教育才是流动而又活泼的一江春水。

激情是催人奋进的。古往今来的一切成功之士,无不与他们的激情投入有着至关重要的关系,所以激情与成功有着不解之缘。纵观每一节成功的公开课、优质课,作为课堂导演者的教师,都是激情澎湃、情绪高涨的。再看看我们身边的名师,个个都是激情四射、精神焕发的,他们的每一堂课都充分展现了个人魅力。

人在激情的支配下,常能调动身心的巨大潜力。如果教师在课堂上是激情四射的,面部表情和肢体动作是丰富多彩的,语言是抑扬顿挫的,在课堂上采取风趣幽默的语言,创造丰富有趣的情境来调动学生乐学情绪。那么我们的激情与魅力会感染我们的学生,学生学习的效率会大幅提高,我们导演的课堂就会非常精彩。

二、教师要耐得住寂寞

《寂寞是一种修行》这本电子书里有这样一段文字:"耐得住寂寞的折磨与考验,就会提升自己,使自我达到人生境界的飞跃。要是面对寂寞歧途挥笔,沉湎于花花世界,终会归于平凡。"

优秀教师应具备丰富的专业知识,具有自己的教育理念和一套完整的教育教学方法。优秀的教师应耐得住寂寞,只有这样才能对自己的教学深入研究,真正领会教学的精髓,才能真正做到"传道授业解惑"。

聚美优品的陈欧说:成功注定是孤独者的游戏。寂寞的另一面是卓越和成功,成功注定是一场孤独者的游戏,每个人都羡慕那些成功的光环,只有埋头苦干才能有成功的可能,只有水滴不懈才会有石穿的一天。

三、教师要终身学习

学无止境,成功需要学习。人如果停止学习,就会退步。

作为老师的我们也应该不断学习,每一个老师,每一个班主任,都有亮点和独特的观点,都有值得我们学习的东西。我在刚教学之初,每天都会去学习老教师的课,每听完一节课,都有不菲的收获,老师的语言、教态、板书、某个题目的讲解方法等等。在不断的学习过程中,业务水平也随之提高。

荀子说过:"学不可以已。"我们需要学习,更需要终身学习。现代人才学中有一个理论叫做"蓄电池理论",认为人的一生只充一次电的时代已经过去。只有成为一块高效蓄电池,进行不间断的、持续的充电,才能不间断、持续地释放能量。

"台上三分钟,台下十年功",所以要想成为优秀教师,就要在不断的学习中获取能量。

四、教师要不断反思

爱因斯坦说:"学习知识要善于思考、思考、再思考,我就是靠这个方法成为科学家的。"

我们的备课需要反思:备的充分吗?我们的每一堂课需要反思:学生掌握的怎么样?我们每一次与学生谈话需要反思:抓住关键点了吗?起作用了吗?等等。在不断的反思和总结中,或多或少会积累一些经验,再遇到问题时,就会看得更明白一些,更透彻一些。

在不断的反思中进步,在不断进步中成功。

五、教师要展示自我

老子说:“知人者智,自知者明。”但要做到自知,是非常困难的。在教学的过程中,每一堂课都有优点,同时它的“孪生兄弟”缺点也一定会伴随而来,有时自己很难发现,更谈不上纠正了。

作为教师,我们要多参加一些活动,在活动中不断发现自我,不断超越自我。在不断超越自我的同时,也要勇敢而又艺术地推销自己,这是一个人功成名就的必要条件。一个学富五车的人,如果他的学识、技能不能在有效的平台上得以展示,那么他就是没有把自己有效地推销出去,再多的学问,也只能是烂在肚子里。

想要成为优秀教师就要不断修炼自己,在激情与寂寞中成长,在学习与反思中进步,在自我的展示中成就教育生涯的辉煌。

作者为枣庄二中高三物理备课组长

做一名幸福的教师

孙中尚

1992 年我毕业于枣庄师专。先被分配到枣庄六中工作，一年后因工作突出被调入枣庄二中工作，至今。20 多年来，我在自己的岗位上，兢兢业业，任劳任怨，从未懈怠。

立足于三尺讲台，我视党的教育事业为生命，坚决贯彻党的教育方针，积极学习党的各项方针政策，共撰写政治理论学习笔记 600 多篇，在学习中不断改造自己，努力提高自身政治素质，尽力使自己成为一个政治上合格的教师。

在平时工作中，我处处严格要求自己，勤劳务实。1999 年的两个月期间，我阑尾炎病 4 次发作，为了不耽误教学工作，我 4 次采取保守治疗，治疗期间一天假没请，没耽误一节课。1999 年 5 月在万不得已的情况下才住院进行手术治疗。1 周后，伤口拆线，医生让我在家再休息 1 周，可我放心不下面临高考的学生，拖着虚弱的身体我坚持走上了讲台。20 年来，都是早来晚走，以校为家。2013 年 9 月，二中搬迁，和六中整合，二中面临新的发展机遇。2013 年 9 月至今，我每天 6 点 50 前进校，几乎每天晚上 9 点之后才离校回家；没在家吃过晚饭，要么吃泡面要么吃食堂；早中晚几个关键时间点我都会在教室；课间不定时巡查教室；每天坚持进课堂听课 1—2 节；每天检查学生宿舍 1—2 次；我以自身的行动，让学生感受到班主任时刻和他们在一起。

在教学工作中，我坚信“打铁须先自身硬”这个道理。我认为学生成绩的提高绝不是以加重学生的课业负担来换取的，而应以提高教师的自身素质和业务水平，加重教师的“教研负担”来获得。从走上工作岗位起，我就自我加压，向有经验的老教师学习，刻苦自学，并通过函授学习，以优异的成绩取得了曲阜师范大学本科学历。我每年还订阅几种英文报刊杂志，不断充实提高自己，强化自己基本功。在教法上，我大胆改革，打破旧的教学模式，努力提高课堂效率，注重学生基础知识的落实，注重培养学生的学习能力，因此我代的英语课深受学生喜爱；在市教育局举行的全市系列课达标活动中，我的课被首批验收合格。1996 年第一次送高三毕业班，我所任教的班级英语成绩超省平均，获 1996 年枣庄市学科教学优秀奖；以后所代的每一届毕业班，英语均取得优异成绩。平时积极参加区级和市级举行的公开课和优质课评比活动，并多次取得优异成绩。2011 年，在高三课业任务非常繁重的情况下，我坚持参加枣庄市优质课比赛，并获一等奖。在上学期期末模块测试中，我任课班的英语学科成绩居同类班级之首，我任班主任的高二 · 21 班总成绩也居同类班级之首。

在抓好课堂教学同时，我还利用课余和节假日时间对优秀生和学困生进行义务辅导，培优补差。20 多年来，所辅导学生累计上千人次，转化差生百余人。我所辅导的优秀生先后有 20 多人次在全国和省市级英语大赛中获奖。2004 年，经常利用晚自习指导黄亚辉的英语学习，该生当年考入清华大学英语系。当然，这些成绩的获得是用时间和汗水换来的。

自毕业以来，我几乎不间断地担任班主任工作。在抓班级管理工作中，我始终以身作则，以自身表现来感染学生。对学生晓之以理，动之以情。始终坚持以德育为首、以学习为中心的思路来抓班级管理。我认为一个好的班主任应勤字当头。多年来，我家访上百次，电话家访更是不计其数。2002 年，张山子镇的李云龙同学因受家里影响不来校上课，我去了该生家 3 次，终于做通了家长的思想工作，使该生又重新回到课堂，并于第二年考入东北一所著名大学。在关心学生学习和思想的同时，我非常注意对贫困生的帮助，经常给他们以物质和精神上的鼓励。1999 届泥沟镇邱华山同学，家庭比较困难，我每月从当时有限的工资中拿出 30 元资助他。邱华山在做心脏手术时，我汇报学校，积极联系枣庄的一些单位，为其募捐 6000 多元，该生 1999 年顺利考入西安交通大学。在班主任工作中，我很注意培养学生的集体荣誉感和进取心。凡我所带的历届班级高考中几乎均居同类班级之首。在上学期期末模块测试中，我的英语学科成绩居同类班级之首，我任班主任的高二·21班总成绩也居同类班级之首。

20多年来，在平凡的岗位上，我做着一名人民教师应做的最平凡的工作，有付出，有收获。每一年我都被评为校级先进，1999年荣获“山东省优秀教师”称号，2000年被评为“枣庄市优秀教师”，2009年荣立区三等功，2011年被评为“枣庄市优秀班主任”。

20年的教师生涯，20年的酸甜苦辣，我对教师这个职业感受颇多。教育本身就是一份苦差事，教师就要耐得着寂寞，在耐得着寂寞的同时还要有自己的工作理想，就是让我们的学生能成为有用的人，为他们的人生奠基。用我们的努力使我们的学生有一个好的收获，使我们的家长有一个好的希望，让我们自己成为幸福的教师。

要做一位幸福的教师，我认为还要始终保持生命的活力，要善取善舍，与时俱进，步履坚定从容，要将物质消费变成一种彻底的精神享受，将生存的艰辛与平淡琐碎调理为甘美和意味隽永。

我衷心地希望我们的老师，要学会感悟生活，及时排解心理上的疏离感，找回归属感，融入生活、融入工作、融入集体，从忙忙碌碌的生活中，从纷至沓来的烦恼和不快中解脱出来，“不以物喜，不以己悲”，“不戚戚于贫贱，不汲汲于富贵”，留一点时间，留一点空间，把健康、快乐给自己，最终找到心灵幸福的港湾。用一颗爱心去对待学生，善待自己，善待他人，打理好自己的心情，做一名永远幸福的老师。

作者为枣庄二中高一英语备课组长

谈谈为师之道

杜钦刚

从1991年毕业至今，我在枣庄二中走过了20多年，这20多年既漫长又短暂，这里边既有领导的关心、同事的帮助，也有自己的艰辛努力。回顾自己走过的教学之路，欢乐与辛酸同行，收获与遗憾同在。有以下几点感悟与大家分享：

一、具有高度的责任感，是从事教师职业的前提

实际上，每一份工作都有其承担的责任和义务，大多数人都在从事着平凡的工作，履行着平凡的义务，但有句话说得好：把平凡的事做好就是不平凡。教师的工作是教书育人，教师的责任就是对每一个学生负责，家长把孩子送进了学校，这个孩子的成长、安全甚至人生的前途命运就交给我们，我们做教师的就要慎重去对待自己的工作。我们不能因为学生一两次考试的不理想就把他定位为差生，对他置之不理；我们不能因为学生一两次的违纪就给他打上素质差的烙印，甚至推出校门。对我们教师来说，一届学生未教好，还会有下一届，还可以从头再来；而对于家长，这个孩子的成长根本不可能从头再来。也就是说一个学生对于我们来说可能是1%，可对于家庭来说他就是100%。家长把孩子交给我们，就对我们抱有希望。我们要想赢得家长的信任，赢得社会的赞誉，实现学校的发展和老师的自身价值提升，就必须把我们的责任心分解在平凡、普通、细微甚至琐碎的日常教育、教学的每一个细节之中去，让每一个学生在我们的手中都得到发展，让每一个学生都能健康成长，让每一个孩子都享受成功。人的能力有大有小，教师的教育、教学能力也有差异,但教师的责任心应该是相同的,认真地备好一节课、上好一节课、认真批改作业并及时反馈,这是责任心的体现;班主任的三到校,任课教师辅导到位及时、管理严格,是责任心的体现;学生的学习或思想状态出现了问题,我们找他聊一聊,或与其家长沟通交流、共同帮扶等都是教师责任心的体现。总之,做一名好教师,要具备的条件很多很多,我感觉其中一条,老师的责任心尤为重要。责任心可以树德,责任心一旦成为一种群体行为,形成气候,其含义就不仅仅是责任两字,它会形成一种团队精神,形成一种良好的校园文化。

二、要时刻保持良好的心态

教师是一份平静的职业,教师的工作是平平常常的,心态决定教师的工作压力很大,尤其是我们高中教师课程任务重,学校、社会对我们的要求和期望值太高,心理压力巨大,再加上很多教师几年甚至几十年"重复"那些枯燥的工作,有时还受到来自工作之外的一些事情的"烦扰"。因此,有些教师被这些"繁杂"和貌似枯燥的工作遮蔽了双眼,失去了刚参加工作时的激情,不少教师出现了职业倦怠。在平时的工作中或者出现了作为一个教师不应有的焦躁情绪,不能以一种冷静、平和的心态面对自己的工作和学生,或者出现了消极面对工作、牢骚满腹、怨天尤人的现象。我从事教师工作已有20多年,也曾经有过一些不良的心态,如对自己的工作缺乏热情,不能够认真、踏实地投入到工作中去;但消极倦怠能使你变得幸福快乐吗?答案当然是否定的,对工作的抱怨不但影响了业务能力的提高,上班时间整天郁郁寡欢、百无聊赖,甚至影响到个人的家庭生活。我记得有一位名人说过这样一句话:世界不会因谁而改变,要改变的是我们面对世界的态度。教师要以良好的心态勇敢地面对来自生活及工作上的挑战,以积极进取的心态去适应时代发展的新需要。所以,工作中有很多事情需要我们主动去做,认真去做,精心精细地去做,这样不但会锻炼自己能力,愉悦了身心,同时也能体现我们自身的价值。我们学校的刘培启老师、贾传会老师、刘献峰老师、范广敏老师等一批老教师,他们都有着30年或近30年的教龄,仍然工作在教学第一线,每天都在兢兢业业地备课、上课、辅导。他们都有崇高的职业理想,坚定的工作信念,他们在平凡的工作中做着不平凡的事业,在这样平凡的岗位上展现了自己的才能,并不断提高着自己,最终获得了同事及家长的尊重。总之,教师是一个用心、用脑的职业,应该把精神因素看得更重一些,把学生成长看

得更重一些，把知识学问看得更重一些。教育、教学效果是一个过程的积累，是一个由量变到质变的过程，需要一个漫长的等待，因此不能急功近利，浮躁冒进。多做一些实质性的工作，少一些形式上的浪费，那样自己的心态就会好一些，职业幸福感也会更多一些，我们也会少为眼前的不如意而烦心，会在另一境界中去享受我们的人生。如果真的不喜欢这份职业，就应该趁早投奔自己喜欢的职业；但如果觉得别的职业暂时还不可能属于我们，或者觉得以自己目前状态还是从事教师这个职业比较合适，那就要慢慢尝试着去接受它，用心培养对它的情感，以一种良好的心态去接受它，进而以一种积极进取的心态实现自己的人生价值。

三、及时进行教学反思，不断提高业务水平

美国有一位教育家曾经说过：没有反思的经验是狭隘的经验，至多只能是肤浅的知识。因此，他提出了教师成长的公式：成长＝经验＋反思。对此我深有体会，曾有一段时间，我固执地认为我的教法是对的，听不进他人建议和学生的要求，程式化、僵硬死板地开展教学，结果成绩很不理想。目前，我们学校大多数教师都是源自本科毕业，在自己的学科知识方面都是知识丰富、才华横溢，很多老师在教学上也积累了丰富的经验，在传授知识、解答学生问题方面，我们是毫无问题的；但大幅度提高教学效率，真正实现教学上的突破，我觉得我们还需要做的就是不断反思自己教学行为，从教材解读、教学案的设计、教法与学法的选择、课堂细节的处理、学情的把握等层面去反思。作为日常的教学，我常常用这样的几个问题去反思自己的教学：比如这节课，我上得有没有激情；对教材的解读，是否有更恰当的角度和深度；这节课的教学目标是否合理；这节课的教学目标是否实现，最大的遗憾是什么；如果重新来教这节课，哪些地方最值得改进。反思的深度，决定着教学所能达到的高度，我在不断的反思中、不断的改进完善中，教学成绩也在不断提升，2009 年我被评为山东省优秀教师。目前，我们学校在教师中正在开展“大兴研究之风”活动，在教学中正在推行以教学案为抓手的课堂模式改革，这些活动的目的实际上就是促进教师由“教书匠”向反思型和研究型教师的转变。随着社会的不断发展，知识更新越来越快，高考模式也在不断更新完善，仅仅用传统经验进行教学的教师，可能无法更好地完成培养具有独立思维、创新思维能力学生的工作。我现在正在对自己的教学进行不断反思和研究，并把教学反思变成我自身的自觉行为，而不是靠“规定”和“检查”来完成。我觉得作为教师，尤其是年轻教师，要敢于创新，大胆践行新教法，并在实践中不断完善、提高，只有这样，才能不断提升自己的教学能力。

除了教学上的反思，我有时还经常反思来自同事和学生的各种评价，尤其是批评性评价，对他们的评价认真分析，客观反思，及时调整自己的教学目标和教学方法，促使自己在不断的反思中提高。同时，边反思，边记录，留下了一些文字材料，为研究自己的教育教学提供鲜活的案例，在不断学习、不断反思、研究过程中，也品尝到了自我成长、自我提高的快乐。

四、拥有一套属于自己的班级管理方法和管理理念

众所周知，班级管理需要班主任老师的热情和投入，需要讲究管理艺术，要多动脑筋，考虑学生的需求。从教学方法、教育艺术上动脑筋，哄着学生跟你走，制服犟牛用再大的力气不如一把青草效果好。所以我在做班主任工作时常常根据自己班级的具体情况，制定自己的一套行之有效的管理方法，久而久之形成了自己的班级管理理念，并坚持了多年，养成了善于观察、善于发现问题的好习惯，积极主动去开展工作，实现了班级管理上的最佳效果，在2009年的高考中，我带班主任的一个文科复读班和吴杰、胡化英、韩召山、邹玉、周维永等老师共同合作，一本上线24人（当年山东省文科一本线596分，我班并列第一的两个同学是枣庄市文科的第九名）。我感觉在班级管理上，如果处处按照学校、学部的安排被动地开展各项工作，或者在问题出现后再去补救，这样的班级就会麻烦不断、问题成堆。同时，班主任老师安排各项工作要统筹兼顾，考虑周密，使班级的各项工作井井有条，井然有序；制定的管理目标要明确具体，切实可行，使学生能够体会到成功的愉悦，才有利于培养学生自主、自信、自立的品格。总之，一个好的班级，离不开教师的精心管理和无私的投入。古人云：“亲其师，信其道。”要想有一个积极向上的良好班级氛围，使每一个学生都能得到不同的发展和提升，作为管理者的班主任就必须深入到班级中，深入到学生中，把工作做细、做好，做到心中有目标，眼中有学生；要有爱心、有耐心，去认真对待每一个学生。只有这样，才能营造一个健康向上、积极进取的班集体。

以上4点是我个人多年的教学和班级管理的几点做法和体会，由于我个人能力有限，工作中也没有取得什么突出成就，目前我仍然处在自己的英语教学和学部管理的反思和提高中，因此不当之处请各位领导和老师批评指正。我特别希望，通过今天的交流给大家带来的不仅仅是几点

体会和建议，而且是更多的思考，尤其重要的是，目前我们学校提出了更高的发展战略，学校要上品牌，需要的不仅仅是领导们的苦心经营，更需要我们全体教师的同心协力！需要每位教师都能以主人翁的姿态去关注学校的发展，去真心面对每一位学生，用情、用心工作。只有这样，明天走出校园时，我们才可以为自己是一名二中人而感到骄傲。

作者为枣庄二中高三二部主任

做一位有爱心的老师

梁龙锋

虽然我从教接近30年，期间也送过十几届毕业生，当过十几年班主任，一直平平常常、普普通通，搜肠刮肚也找不到精彩，这里，只是根据近几年高三教学中的一些情况谈谈自己的一点认识。

一、以爱心对待学生，用真情打造课堂

每个孩子都是父母的宝贝，从他出生的那一刻起，家长就对其寄以很高的期望，希望长大能考上这个大学那个大学，能当这个干那个。然而孩子的一生除了与家长的教育和家庭环境有很大的关系外，另一重要因素就是学校教育，而小学、初中和高中三个阶段，哪一环节出现问题都可能影响孩子的一生；高中阶段是三个环节中的关键，将直接影响孩子一生的命运。有些学生进入高中时本来成绩就差，而有些学生中考时成绩还算可以，甚至有的成绩很好，进入高中后由于自制力差，又脱离了家长的监管，或是初、高中学段知识的脱节，有的学生就放松了学习，甚至干脆不学，其成绩一而再，再而三的下滑，最后成了差生，有的报考艺术，有的干脆就混完高三回家。但如果这时我们能及时发现，并给以更多的关爱和关心，及时引导，这种现象就可能避免。有时给高三学生聊天时谈到学习，说高一高二玩了两年，那时不知道学真后悔，有的学生说不知道高三是这样过的，现在学晚吗？有的到高三才想着拼命的努力，由于基础太差，虽然很用功，却进步不大，于是失去了信心。有的学生高三后期还产生了较大的心理压力。有时我给学生开玩笑说，如果能先上一个学期的高三，提前感受高三，然后再从高一上，就不可能有这种想象了。其实将心比心，当我们的孩子上学时，我们是什么心理，总是想挑个好的班级，挑个好老师时时关心我们的孩子。有时总会评价这个班级好，那个老师教得好；孩子在哪个学段遇到了某某老师真好、孩子的某一学科学的不错等等。其实教师干的是良心活，当别人把孩子交给我们时，我们也应该给以更多的关怀和照顾，认真做好自己的本职工作，打造精品课堂，上好每一节课，成为学生心目中的好老师，并通过我们的努力让更多的学生进入高校，成人成才，成就更多的家庭。

二、师生之间以朋友相处

经常听到很多家长抱怨，孩子在学校里发生的什么事都不和我说，也经常看到许多家长总是以粗暴的方式对待孩子，吹胡子瞪眼，出现问题不问青红皂白就打，从来也不能静下心来和孩子好好交流，不了解学生在学校的情况，也是造成学生成绩下降的一个方面。曾听人说过，现在的家长和孩子之间，你不能总是按照我是爹你是儿子这样的心理相处，父子间应该以朋友相处，家庭才能和睦，孩子才能和家长沟通交流，其实很有道理。家长和自己的孩子之间这样，何况老师和学生。我们知道当老师辛苦，当个班主任老师更辛苦，我们除了每天备课上课，还要管理几十个性格不同的孩子，如果整天高高在上，动辄就对学生抠鼻子挖眼的批评，可能很快学生就要和你对立，表面上学生听你的，背地里跟你做对，如果真有十几个学生联手对付你，那你这个班主任就真的不好干了，每天课也不要上了，天天都有气生。其实私下里我问过学生还真有这样的，每个班级除了个别品行差的学生外，绝大多数都是好孩子，越是成绩差的学生越容易相处。如果和学生能以朋友相处，学生和你的心拉近了，班级的卫生也好了，纪律好了，班级也好管理了，亲其师信其道。如果和学生相处融洽，学生喜欢老师，也乐意学老师所教的学科，喜欢学才能学好；就不用天天埋怨学生不学，逼着学生学，被逼的学生是不可能学好的。

老师们，学校工作的重中之重是教学，而教学成绩是学校的生命线，我们靠二中生存，二中靠我们发展，衷心祝愿二中的明天更美好。

作者为枣庄二中高三化学教师

仰望星空　脚踏实地

崔宝林

尊敬的各位老师，亲爱的同学们：

大家早上好！今天我演讲的题目是：仰望星空，脚踏实地。

有人说，人应该懂得仰望星空，否则便会目光短浅；有人说，人必须要脚踏实地，否则就一无所成。而我认为，我们既不能忘记仰望星空，也不能忘记脚踏实地，否则我们要么缺少梦想，要么缺少把梦想付诸实践的力量。

仰望星空是一种精神和心境，脚踏实地是一种姿态和行动。经常仰望星空的人，目光深邃，心胸广大，目标高远。他不惧困难，不畏艰险，因为他很清楚自己的目标，他知道自己要去哪里。他不会迷路，因为他能经常审视自己的轨迹，他能随时校正自己的航向。同学们，现在的我们仰望星空，就是要给自己定一个目标，宏观的目标就是定一所理想的大学，清华北大等985、211院校也好，普通二本院校也好，只要符合自己实际，那就是好目标。微观的目标就是做好每一天，每天都会感到充实、快乐，每天都会朝着自己梦想中的大学前行。同学们，缺少大学的人生是不完美的人生，是带些遗憾的人生。从此刻起，重新燃起心中的梦想并为之不懈奋斗吧！

脚踏实地，能够给自己充足的动力，能够给自己前行的脚步。脚踏实地，在脚步的轮回中，可以一点点缩减自己离方向和梦想的距离，可以逐渐改变自己所处的位置和现状，可以为自己的下一个高度和远方积蓄应

有的力量。空中楼阁,经不起丝毫的碰触;刻舟求剑,追不回遗失的宝贝。多少人,空想无数,依然梦想着天上掉馅饼的美遇,多少人,熬白了双鬓,依然找不到自己的位置,让多少才华随着岁月流失殆尽。所以说,同学们,空谈误国,实干兴邦。在目标的指引下,踏踏实实的奋斗。你们的梦想融合在一起,就汇聚成了灿烂的"二中梦"、"中国梦"。之前在班主任培训会议上,吴校长曾经说过,成功是源于内心强烈的渴望和持之以恒的行动。我想,内心强烈的渴望是仰望星空,持之以恒的行动就是脚踏实地。仰望星空是我们捕捉梦想的开始,脚踏实地则是我们让梦想成真的途径。我们需要用一颗孩童般的心灵去找寻梦的光芒,更需要用成熟和坚忍完成我们实现梦想的征程。

路漫漫其修远兮,吾将上下而求索。一位爱国志士的话洞穿千古,尤有余音;"我仰望星空,它是那样壮丽而光辉;那永恒的炽热,让我心中燃起希望的烈焰、响起春雷。"一位为民操劳的总理,又寄予了我们多么深厚的希望。我们的时代需要我们仰望星空的审时度势,我们的时代同样需要我们脚踏实地的奋力前行!让我们秉承前人远大的志向,发扬中华民族实干的精神,肩并肩,手牵手,一起谱写个人、二中和中国的辉煌!

我的演讲完毕,谢谢大家!

作者为枣庄二中高三英语教师

走进崇高　学会做人

王学华

同学们：

我们一进校门，就能看见校园里醒目的"学会学习学会生活学会做人学会创造"这 16 个大字，今天老师想与大家谈谈学会做人。

一、学会做人的意义

北京师范大学党委书记周之良教授说："人生有两件事，第一是学做人；第二是学做事。我认为学做人更重要。如果你不会做人，只会做事，即便你掌握了若干知识和技能，也未必能把事做好！"

联合国教科文组织对 21 世纪人才的 6 项要求：一是能正确处理人与自然的关系；二是能正确处理人与人的关系；三是信息集纳能力；四是口才；五是书写能力；六是专业技能。也是按照"做人"放于"才能"之上的绝对原则。也就是说，"成才先得做人。"

二、学做人的含义

1、"做人"是指一般意义上的人。作为一般的人，除了必须具有爱心、同情、公正、助人、能设身处地为人着想、能运用思想、具有社会技能外，还必须塑造良好的品德、健全的人格、培养良好的习惯。（这是建筑健全人格的基础。）

2、"做中国人"。我们要热爱自己的祖国，爱自己国家光荣的历史，爱这片生养自己的土地，爱与自己有同样命运的同胞。拥有这份共同感情的人们，团结起来，尽力提高中国在世界各国中的地位，并为自己国家的繁荣富强与民族的兴旺发达而努力。

3、“做西小人”。我们要热爱自己的学校，爱学校的光荣历史，爱自己每天生活的美丽校园，爱自己朝夕相处的老师、同学。拥有这份共同感情的老师和同学，团结起来，为了学校的荣誉和发展努力学习，积极上进。

三、学会做人的途径

在我们明白了做人的重要和做什么样的人以后，就可以通过以下的途径，在日常学习、生活中，对自己进行不断的训练：

1、锻炼强健的身体；

2、陶冶良好的道德品格；

3、充实科学知识技能；

4、养成勤劳节俭的习惯；

5、培养终身服务社会的精神。

四、这样学会做人

著名作家柳青在长篇小说《创业史》中，有一段很有哲理的脍炙人口的名言：“人生的道路虽然漫长，但紧要处常常只有几步，特别是当人年轻的时候。”我们小学生阶段就是这重要几步中特别重要的一步。因为这段时期是我们长身体、学知识、炼品格的宝贵时光，你要是不懂得珍惜，让它从身边悄悄地溜走，白白地浪费了，等你长大回过头来看时，后悔也来不及，也没有用。中国古语“少壮不努力，老大徒伤悲”说的就是这个道理。不要“白了少年头，空悲切”。

1、“学会做人”要从小事做起。“莫以善小而不为”。小事都不会做，不愿做，又怎能做大事呢？举些简单的例子：如我们一些同学在离开教室时，明明看见教室里已经没有人了，可他就是不会随手把电灯、电扇关掉，任由电力浪费，怎么能相信你长大了会爱惜公物，爱护国家财产呢？又譬如预备铃响过了，可有同学还在课室外面慢条斯理地走，或者人虽然进了教室，但却心不在焉，还在那里谈话、玩笔、呆坐，你又怎么培养自己守时、惜时的良好品格呢？

2、“学会做人”要从自己做起。学做人是自己的事。如果我们现在不懂得尊重父母师长，不能和同学和睦相处，当我们长大后参加工作，进了单位，走进社会时，又怎么能够礼貌待人，尊重领导和同事，与大家团结协作，完成各项任务呢？哲学家孟德斯鸠说：“品德，应该高尚些；处世，应该坦率些，举止，应该礼貌些。”很多到我们学校视察的领导和参观的家长，谈起他们对学校的印象时，首先就是同学们那一声声发自内心真诚的、亲切的“老师好”的问候和称呼，给他们留下了不可磨灭的印象，然后才是优美的校园和设备设施，就是最好的明证。

3、“学会做人”要从现在做起。同学们必须纠正一个观念，那就是做人是长大以后的事，是将来的事，现在不是考虑的时候。这种想法是极端幼稚和错误的。一个最简单的道理就是，现在不学、不做，将来怎么会呢？我们来举些例子：你现在早上锻炼马马虎虎，眼保健操随随便便，怎么能起到锻炼身体强壮体魄的作用呢？等你到了 18 岁至 20 岁的时候，发育期早就过了，身体还能长吗？等你近视了，要配戴眼镜时，你还有办法补救吗？如果你现在不认真听好每一节课，不认真完成每一次作业，你的知识从何而来呢？将来又怎么会有专门的技能呢？

让我们做个老实人吧。周恩来同志说过：“世界上最聪明的人是最老实的人，因为只有老实人才能经得起事实和历史的考验。”勤奋读书，诚实做人，做一个身体健壮、头脑清醒、品德高尚、知识渊博、心理健康的人，做一个正直的人，做一个有益于人民的人，做一个对社会、对人类有所贡献的人。

作者为枣庄二中高二政治教师

走进崇高　心态决定命运

李　志

今天,我演讲的题目是:走进崇高,心态决定命运。

同学们,人的一生要面临各种磨难。比如现在,你是否因语文作文审题不准而懊恼,又是否因记不住英语单词而惆怅,还有因数理化生解题思路不明而痛苦,因政、史、地的材料分析不透而失望?也就是说,你是否对你现在的学习处境而担忧,对自己何去何从而彷徨,对自己的前途命运而迷茫?那么我们以怎样的心态去对待呢?是以消极的心态面对,生活在阴影和沮丧中,使你的高三生活充满着泥泞和陷阱,充满着悲观和失望,还是以积极的心态去应对,找到学习的方法和策略,在高三的围城里充满着鸟语和花香,充满着睿智和锋芒?我相信同学们一定会选择后者,因为我们是二中的脊梁,二中的腾飞在你们手中得以传承,二中60年的文化积淀在你们身上得以闪闪发光。

成绩优异的同学并不是他们智力超群,而仅仅是因为他们善于控制的情绪,调整自己的心态能从狂风暴雨中看到彩虹,在困难挫折中看到希望,他们不会因为一时的失败而放弃,更不会因摔了一脚而一蹶不振;反之,许多同学之所以失败也并不是缺乏机会或是运气不佳,更不是老天不长眼给他们的眷顾不够,真正的原因是他们没有乐观向上的精神,他们热衷于怨天尤人,很少付之行动来改变命运。

人生是一种经历、一种体验、是一种感受更是一种积累。背负明天的希望,在每一个痛并快乐的日子里才能走的更加坚强;怀揣未来的梦想,在每一个平凡而不平淡的日子里才会笑得更加灿烂。只要不放弃就没有什么能让我们退缩;只要能够坚强就没有什么能把我们打垮。因此我们要随身携带微笑,因为它能折射出我们的品行修养,胜过所有的服饰与化妆;我们要随身携带自信,因为它能舒展我们的个性,彰显我们的风采;我们要随身携带学习,因为它是我们攻坚的利器、取胜的法宝;我们要随身携带坚韧,因为是地狱还是天堂,往往取决于我们跨出的最后一步。

同学们,让我们用理想作鼓风机,用血汗作焦炭,用知识作催化剂定能练就我们的钢筋铁骨,练就掌握自己命运、创造心中天堂的力量。同学们请握紧我们手中的笔冲进这没有硝烟的战场、披荆斩棘,不断地磨炼我们的意志,不断地完善和改变自我,那么笑到最后取得胜利的一定是我们枣庄二中高三所有的学生。当然,我们老师多么想听听同学们吹响成功的号角声,我们老师多么想听听同学们奏起奋进的呐喊声。那么就请同学们听一听我们高三·10 班的最强音吧。

作者为枣庄二中高一物理备课组长

怎样才叫做真正的坚持

刘 会

有一种成功,叫永不言弃;有一种成功,叫继续努力。

人们都说:过去的习惯,决定今天的你,所以,过去的懒惰,决定你今天的一败涂地。

人哪,你可以失败,也可以从失败中站起。但是,你一定要记住,决不能习惯失败,因为你要知道,身体的疲惫,不是真正的疲惫;精神上的疲惫,才是真的劳累。真正的绝望,是内心的迷茫。我们必须记住:路是自己选的,后悔的话,也只能往自己的肚子里咽。我们自己选择的路,即使跪着也要走完;因为一旦开始,便不能终止。这才叫做真正的坚持。

如果我们要做好一件事情,就是要有志向和意志。做事情的志向,也就是你必须要设定你自己的目标,不论是阶段性的还是人生的,不论是关系紧要的还是不太重要的事情,我们最好要制定合适的目标,这样,才能够合理组织自己的时间和精力去做事情。提高效率,摆脱碌碌无为的状况。做事情的意志,也就是执行力,坚持自己志向,执行自己目标的能力。有些人总是有各种各样的目标,甚至是宏伟异常的目标,但还是庸庸碌碌一生,无所作为。这个首先就是制定目标不合理,还有一个比较关键的就是没有执行自己的志向,实践自己的目标。再宏伟的目标,不执行也是不会实现的,空中楼阁存在于童话之中。做事情还是需要我们自己坚实的基础,需要我们以志向、目标为指引,以意志与坚持为策力,一步一步,量变到质变会带我们接近梦想。志向与意志也是这么相辅相成,缺一不可。

回头看自己走过的路、经历的事，看到的，想到的，听到的，欲望着的各式各样的情形，我明白了一些事情。

进步和成长的过程总是有许多的困难与坎坷的。有时我们是由于志向不明，没有明确的目的而碌碌无为。但是还有另外一种情况，是由于我们自己的退缩，与自己“亲密”的妥协没有坚持到底的意志，才使得机会逝去，颗粒无收。

现在我遇到严重的困难，有些畏惧，甚至想要放弃的时候，我就会问自己：在此之前，有没有任何一件事情，是你尽量努力了，全力争取了，最后却没有做成的？答案是没有。似乎只要努力过，争取过的事情，从来没有失败的例子。那些让人悔恨的经历，反倒是那些退缩、软弱、偷懒、不尽力争取的场景。所以，尽力去做就好了，不要跟自己妥协。做应该做的事情，做好该做的事情。

如果现在不坚持，到哪里都是放弃。如果这一刻不坚持，不管再到哪里，身后总有一步可退，可退一步不会海阔天空，只是躲进自己的世界而已，而那个世界也只会越来越小。如果现在不坚持，到哪里都是放弃，这句话是应该铭记在心的，时刻警戒着自己。

作者为高三英语备课组长

在平凡中彰显崇高

张兴舟

尊敬的老师,亲爱的同学们:

大家好!今天我讲的题目是:在平凡中彰显崇高。

开学以来,学校提出了“迈入校园,走进崇高”的口号。说到崇高,我们首先容易想到伟大的行为、轰轰烈烈的事迹,可是我想说,一切崇高都来自平凡,每个人都可以在平凡中彰显崇高。生活中处处可以体现崇高,对陌生的问路人,耐心地给他指指路;对老弱病残者,主动上去帮一把;看见哗哗流淌的水龙头,赶快去关上;一句温暖的问候,一个美丽的微笑,一个善意的提醒……这些都是崇高。那么,学习中怎样彰显崇高呢?我认为,制定明确的目标,并为之刻苦努力就是崇高的。对于高考,每一位同学都树立了远大的理想,面临期末考试,每一位同学都制定了合理的目标,而且你们正在为实现自己的目标和理想而奋力拼搏。可以说,每一位同学都在用实际行动诠释崇高的内涵。

宋庆龄说:“知识是从刻苦劳动中得来的,任何成就都是刻苦劳动的结果。”纵观古今中外的成功者,无一不是这样。曹雪芹刻苦写作,使《红楼梦》成为经典;贝多芬刻苦练琴,使《命运交响曲》闻名于世;巴尔扎克刻苦写书,使《人间喜剧》成为文学遗产;爱迪生刻苦钻研,使钨丝成为光明的使者。由此可见,所有的成才者都来源于刻苦学习。一个能甘于平凡,刻苦学习的人就是崇高的人。

刻苦学习的源泉在于坚定的志向,正如大文豪苏轼所说“古之成大事者，不唯有超世之才，亦必有坚忍不拔之志”。坚定的志向是明灯，让我们在黑暗中依然能看见光明；坚定的志向是航标，指引着我们朝着既定的方向前进。一个拥有明确目标并为之努力奋斗的人，就是崇高的人。

陈胜有“燕雀安知鸿鹄之志”的豪情，才不愿在田间当一辈子农夫；周恩来怀抱着“为中华之崛起而读书”的理想，最终成为一代伟人；少年毛泽东曾留下“孩儿立志出乡关，学不成名誓不还”的豪言壮语，才使得他发奋读书，最终领导中国革命走进成功。这些人都是伟大而崇高的，可是他们也是从平凡中一步步走来，不断走进崇高。今天的你们正不遗余力地备战高考，你们向着既定的目标而奋斗着，不知疲惫，直到实现。高三的你们是平凡的，可是你们在平凡中彰显着崇高，你们也将会从平凡走进崇高！

我的演讲完毕。谢谢大家！

作者为高二语文备课组长

直面挫折　走进成功

王　娜

尊敬的老师,亲爱的同学们:

大家早上好! 今天我讲话的题目是:直面挫折,走进成功。

首先与大家分享一则小故事,草地上有一个蛹,被一个小孩发现并带回了家,过了几天蛹上出现了一条裂缝,里面的蝴蝶挣扎了很长时间,似乎被卡住了,一直出不来。善良的小孩看到蝴蝶痛苦挣扎的样子十分不忍,于是拿起剪刀把蛹剪开,帮助蝴蝶脱蛹而出。大家可以猜一猜故事的结局。不错,不久蝴蝶就死了。因为它失去了成长的必然过程。蝴蝶必须在蛹中经过痛苦的挣扎,直到翅膀足够强硬了,才能破茧而出。否则就很快被环境吞噬。我们就像蝴蝶一样,在人生过程中,一定会并且也需要遇到这样那样的挫折,来帮助大家尽快地成长。然而大家对待挫折的态度却不尽相同。巴尔扎克说:"挫折就像一块石头。它对于弱者,像一块绊脚石,让人却步不前;它对于强者,却像是一块垫脚石,让人站得更高,看得更远。"因此大家遇到挫折时不要着急,要沉住气,认真考虑对策,要想办法战胜挫折,而不是甘心做挫折的俘虏。

那么作为中学生的我们,该怎样应对学习中遇到的挫折呢? 那就需要我们寻找原因,对症下药。

学习为什么没有取得理想的效果呢?

一是与学习意志有关。有相当多的同学,很想提高学习成绩,但在实际的学习生活中,缺乏坚韧性、自觉性与自制力。使自己的学习目标一个一个的变成了泡影。要想形成良好的意志品质，要努力的在实现学习计划的过程中、在体育锻炼中、在实际生活中，不断地磨炼自己。这种磨炼虽然是伴随着一定的痛苦，但是，如同破茧而出之于蝶，这种痛苦对我们的成长是非常必要的，也是非常有意义的。

二是与勤奋程度有关。鲁迅先生说："哪里有天才，我是把别人喝咖啡的功夫都用在工作上的。"要想在学习中获得成功，必须付出艰辛的劳动，不少同学十分羡慕别人优异的学习成绩，却往往看不到别人取得成绩之前付出的辛勤的劳动。要想真正勤奋起来，并坚持下去，就要有正确的学习动机，明确学习目的，还要有具体的学习计划和顽强的意志品质，缺乏这些，是不容易长期勤奋地学习下去的。

三是与专注水平有关。老师发现，有不少同学虽然表面上坐在那里学习，但实际上是人在心不在，他们并没有全神贯注于学习活动之中。要提高专注水平，真正用心学习。影响学习效果的因素还有很多，例如学习兴趣，身体条件，学习方法等。有相当多的学生，学习已经相当勤奋了，但在学习受到挫折后，仍然把原因简单的归结为不用功，或用功不够，然后又进一步"加班加点"。由于没有对症下药，结果学习状态没有得到改善，反而搞垮了身体。如果自己实在找不到影响学习的主要因素，不妨找找老师、家长和同学，请他们帮助分析分析，"当事者迷，旁观者清"嘛，在这方面老师具有丰富的经验。

我们还要善于从学习的效果中，发现问题并及时调整学习过程，这可以预防挫折的发生。在具体学习过程中，预习的效果在上课时得到检验，上课的效果在课后作业时得到检验，阶段的学习效果通过考试得到检验。

当上课听不懂时，就已经提醒你课堂的学习效果不好；当作业习题做不出来时，就意味着经过上课和课后复习，你对知识并没有真正领会和巩固；当复习进展缓慢时，说明你在知识上的"负债"太多；当考试不会答题或做不完试题时，就提醒你在知识的掌握上还没有达到独立应用的水平，或没有达到熟练应用的水平。优秀生在科学的学习过程中，可以不断的获得有关的学习中问题的"信号"，然后立即采取针对性措施，使问题刚刚暴露就及时得到解决，从而避免挫折的发生。

另外同学们要不断提高对学习挫折的耐受力。认识到学习中出现挫折都是有它的主客观原因的，是可以认识的。要正视挫折，认真分析原因，采取针对性的措施，迅速摆脱挫折。

同学们,人生中的挫折并不可怕,可怕的是我们不能直面挫折;我们知道不经历风雨怎能见彩虹,你只有战胜了一次次的挫折才会明白生命的意义,你的人生价值才能一点点得以体现,战胜一次挫折,你就向崇高走近一步。

最后,祝愿同学们课课有收获,天天有进步。

谢谢大家!

作者为枣庄二中高二英语教师

感恩身边的人

韩业伟

尊敬的各位领导、老师，亲爱的同学们：

大家早上好，我与大家交流的话题是：感恩身边的人。首先我要感激学校提供的平台，学部领导的信任，感激老师、同学们寒风中的倾听。

众生芸芸，纷纷扰扰。我们很多时候被烦恼、压力、抱怨所包裹，找不到幸福。怎么办？其实，把身边的人看作天使，你就活在天堂里。感恩身边的人就是一条人间正道，不妨一试。

感恩是一种发现美和理解爱的过程。感恩父母、老师、同学、学校乃至普通人。俗话说，父母之恩比天大。是谁把你一把屎一把尿的养大？是谁含辛茹苦让你无后顾之忧？口中食，身上衣，凄风苦雨送雨披。父爱如山，母爱如水，山水绵延，大爱永恒。即使对你不耐烦的唠叨，那也是无尽爱的叮咛；即使是厉声数落，那也是对未来的期盼。哪有必要抱怨啊？正如史铁生的劝诫："我想告诫所有长大的男孩子们，千万不要和父母来这套倔强，羞涩就更不必"，心怀感恩，拥抱父母，那些所谓的不理解代沟就烟消云散了。

俗话说，师徒如父子。一日为师，终身为父。是谁在你百思不得其解的时候让你豁然开朗？是谁在你低落彷徨时给你指点迷津？晨读晚修上课，到校进班跑操，谁与你朝夕相伴、诲人不倦？咱们学校的导师全员育人制，特别强调倾心交流，只要大家敞开心扉，就一定感受到老师的热切期盼。即使对你有批评，那也是对栋梁之才的修剪。即使对你有苛责，那也是对美玉的雕琢。心怀感恩，问好老师，那些牢骚、隔膜也就容易沟通消解了。

俗话说，一辈子同学三辈子亲。同门为朋，同志为友。三年同窗，真心朋友。细心发现，嘈杂的自习课因他的仗义执言而安静，纷乱的地面因他的认真而赏心悦目，是谁帮助充的饭卡？是谁在单元组合作中让你茅塞顿开？即使有个言差语错，在感恩面前，所有的误会都会涣然冰释。

俗话说，有缘千里来相会。感恩我们身边的人，我们要晨读早餐，餐厅的师傅什么时候起的？我们晚上要加餐，超市的灯光等到几点？暖气什么时候烧的？教学案什么时候印的？厕所什么时候又光洁如新了？感恩我们身边的人，没有他们的默默付出，我们能够心无旁骛的学习吗？

感恩是一种回馈激励和祝福，回馈不是来生当牛做马，衔草结环，不是以命相许，涌泉相报。一个拥抱，一脸微笑，一声问候，一次掌声即可。孝顺于亲，所当执，做中国最美孝心少年。礼敬于师，所当守，做老师引以为傲的学生。友爱同学，所当行，做大家倾心交流的知心人。和善众人，所当为，做文明和谐的建设人。我们很多同学已经做得很好，感恩的心，感谢有你！

感恩是一种力量和成长。当我们心怀感恩，在父母和老师的期待中找到自己的方向，在同学交往中互敬互爱取长补短，这就是力量。当我们不再抱怨父母的没用，是不是就走上了独立和自强。当我们不再烦恼老师的苛刻严格，是不是就变得认真卓越，当我们不再腹诽同学的激烈竞争，是不是我们就变得宽容大气，当我们不再愤怒陌生人的冷漠，是不是我们就变得热情和主动。这就是成长，就是崇高。

感恩是一种人人可为并终身奉行的行为教养。咱们的校友、走进崇高研究院院长贺茂之将军在昨天为我校成为“走进崇高践行基地”挂牌并捐赠图书时。他谈到更正《求是》杂志的用词，说“走进崇高”不能写成“走近崇高”，走进崇高是人人可为的事，就在咱们身边。年近古稀的将军面对吴校长的鲜花，他主动给了一个大大的拥抱，感谢校长的工作。然后转赠给王区长，感谢区委、区政府对教育的支持。报告中多次感谢与会嘉宾的热情关注，并为老师们的发言点赞喝彩，多次感谢帮助过他的老师、领导。他的言行让我们学习到感恩身边的人就是走进崇高。咱们学校成为全国中学组第三个走进崇高践行基地，“走进二中，学习崇高；走出二中，展示崇高”，已成为我们的宣言和旗帜，我相信在学校的引领下大家都可以做一个崇高的人。

当你开始感恩身边的人，你会觉得天时地利，政通人和，得道多助，顺心顺意。你会发现自己变得高雅、大气、有层次，谦虚、丰富、有内涵。这时的你就是父母老师的骄傲，同学的知己，二中最美的名片。

从感恩身边的人开始，发现和赞美，这就是走进崇高；祝福和帮助，这就是展示崇高。在这里，我也要感谢我的学校，我们备课组，我的搭档同事，我的学生，是他们给了我力量和幸福的感觉。这里，我也深深地祝福大家，做一个崇高的人，找到属于自己的幸福。

作者为枣庄二中语文教研组长

努力的你最美丽

宗晓丽

尊敬的各位老师,亲爱的同学们:

大家早上好!

今天我演讲的题目是:努力的你最美丽。

当我接到这个演讲主题的时候,我默默地问自己,现在的我足够努力吗?同学们,请扪心自问:现在的你们足够努力吗?你是否还在沉溺于手机之中无法自拔?你是否还在漫游于小说的世界?你是否还在做一些与学习无关的事情?

学习就像一架保持平衡的天平,一边是付出,一边是收获,少付出少收获,多付出多收获,不付出必定无收获!而现在的你们处于求学的阶段,是为实现人生目标迈出最重要一步的时候,如果错过这个机会,你将追悔莫及,所以狠狠心,搁置下游戏,搁置下漫画书,搁置下与前进无关的事,努力朝你的目标前进,努力的你们最美丽。记得苏格拉底说过:世界上最快乐的事,莫过于为理想而奋斗。我们从不怀疑,因为梦想只要经过奋斗,就可能变成现实。哪怕没有成功,我们也不后悔,因为我们至少奋斗过、努力过。

同学们,努力奋斗不一定是要我们去做惊天动地的大事,而是要抓住生命的每一刻,去尽可能提高学习效率,去战胜一个又一个的困难。起床早一点,洗刷快一点,吃饭抓紧一点,洗衣服错开一点;上学路上快起来,走进教室读起来,上课练起来,下课问起来。不要担心努力后的结果如何，请记住一句话：尽心就是优秀，尽力就是成功！成绩单不漂亮没关系，只要你肯努力，你就是一名好学生！基础不好没关系，只要你每天都有进步，就是一种成功！在这个世界上，在成功者的队伍里面，很多人并不见得很聪明，在失败者的队伍里面很多人并不见得愚笨。其实，有一样东西比聪明的脑袋更重要，那就是人的心灵和意志，一个人的贫穷很大的程度是心灵的贫穷，一个人的成功很大程度是意志的成功！你们拼命学习，努力看书充实自己，都是为了一个个美好的以后打好基础，现在辛苦一点也值得。所以，为了使你更加强大，同学们努力学习吧，学习会成就你的梦想，努力会使你的梦插上腾飞的翅膀，努力的你们最美丽！

此时看着台下你们一张张可爱而又青涩的脸庞，思绪立刻被拉回到了我的学生时代。20余年的求学生涯，让我记忆最为深刻的就是冲刺高考以及努力考研的岁月。高中的生活虽然单调而又忙碌但是很充实，高考对于我们来说是人生的第一次转折，现在的你们不努力更待何时呢？走进二中，你们的目标是什么呢？是为了挥霍青春还是迈入大学？现在想想再也没有哪段时间比考研的时候更努力了，每当想起那段奋斗的历程，我都会为自己骄傲，那段时光是自己付出最多，最专注于一件事情的时候，那段在别人看来很艰难痛苦的日子，我的内心总是充满欣慰的，因为不论过程多么的艰难，最后的成功都足以让所有的痛苦即刻逝去。坚持不懈的努力是为了什么，想想当初，请将你最初的梦想牢记于心！

我和你们一样，也有很多迷茫的时候，未来遥遥无期，不知下一步该走进哪里。后来想想，不知未来如何是好，那就先把手上的事情做好。别人用来彷徨的时间，你用来做点实事，记一个单词、背一个公式，一段时间后你再看，迷茫的人依旧迷茫，而你早已脱胎换骨。不要总是抱怨你的生活迷茫困顿，你唯一的出路就是努力扎实的上好每堂课，圆满地完成每天的学习任务，请坚信坚持就是胜利。

同学们，如果你没有特别的幸运，那么请你特别的努力，别因为懒惰而失败，还矫情的将原因归于自己倒霉。你必须特别努力，越幸运就得越努力，越懒惰就越倒霉，别人看到的是你很累，但是最后轻松的却是你自己。难道不是吗？永远不要担心未来，把握住现在的每一分每一秒，集中所有的注意力把学习当成唯一重要的事去做，全力以赴，让自己变得更加优秀。青春因奋斗而精彩，有了奋斗，青春才会飞扬，有了努力，青春才会更美丽。把握住青春的每一分、每一秒，努力拼搏吧，向着你们的目标“冲！冲！冲！”青春可以如此美好，努力的你们最美丽。同学们，加油吧，争取做最美的自己！

作者为枣庄二中高一语文教师

坚定信念　超越自我

张　静

尊敬的领导,老师,亲爱的同学们:

大家早上好!

今天我演讲的题目是:坚定信念,超越自我。

海伦·凯勒有这样一句非常形象而生动的话:"当一个人感觉到有高飞的冲动时,他将再也不会满足于在地上爬。"正是有了远大的理想,正是有一种信念,她接受了生命的挑战,创造了生命的奇迹。她,盲、聋、哑集于一身的弱女子竟然毕业于哈佛大学,并用生命的全部力量奔走呼告,建起了一家家慈善机构,为残疾人造福,被评选为 20 世纪美国十大英雄偶像。理想和信念像熊熊燃烧的烈火使她才走出黑暗,走出死寂,理想和信念像巨大的羽翼,帮助她飞上云天。

从某种意义上说,人不是活在物质世界里,而是活在精神世界里,活在理想与信念之中。对于人的生命而言,要存活,只要一碗饭,一杯水就可以了;但是要想活得精彩,就要有精神,就要有远大的理想和坚定的信念。

理想信念使贫困的人变成富翁,使黑暗中的人看见光明,使绝境中的人看到希望,使梦想变成现实。

下面我给大家讲一个故事:

浩瀚的沙漠中,一支探险队在艰难地跋涉。头顶骄阳似火,烤得探险队员们口干舌燥,挥汗如雨。最糟糕的是,他们没有水了。水就是他们赖以生存的信念,信念破灭了,一个个像塌了架,丢了魂,不约而同地将目光投向队长。这可怎么办?

队长从腰间取出一个水壶,两手举起来,用力晃了晃,惊喜地喊道:“哦,我这里还有一壶水!但穿越沙漠前,谁也不能喝。”

沉甸甸的水壶从队员们的手中依次传递,原来那种濒临绝望的脸上又显露出坚定的神色,一定要走出沙漠的信念支撑他们踉跄着,一步一步地向前挪动。看着那水壶,他们抿抿干裂的嘴唇,陡然增添了力量。

终于,他们死里逃生,走出茫茫无垠的沙漠,大家喜极而泣之时,久久凝视着那个给了他们信念支撑的水壶。队长小心翼翼地拧开水壶盖,缓缓流出的却是一缕缕沙子。他诚挚地说:“只要心里有坚定的信念,干枯的沙子有时也可以变成清冽的泉水。”

黑人领袖马丁?路德金有句名言:“这个世界上,没有人能够使你倒下。如果你自己的信念还站立着的话。”是的,即使在最困难的时候,也不要熄灭心中信念的火把。

同学们,不管你现在的成绩怎么样,不管你现在的基础怎么样,只要坚定信念,超越自我,你就有了努力的方向,你就有了奋斗的目标,你就有了生活的动力,你就有了成功的希望!

高三,激情燃烧的学段;高三,激情自我的年华;高三,梦想成真的时机。同学们,让我们携起手来,为了心中的梦,奋力拼搏吧!谢谢大家!

作者为枣庄二中高二数学教师

走进崇高　自立自强

胡中原

尊敬的各位老师、同学们:

大家早上好! 今天我演讲的题目是:走进崇高,自立自强

箭依靠弓飞了起来,却无法像鹰一样飞得长远,仅能勉强呼吸蓝天的片刻清新,而后就一头栽于地上。这样看来,别人的帮助只是暂时的,帮人一时并不能帮人一世。依靠别人不是久长之计,成功必得靠自己。自立自强,就是走进崇高。

深深记得这样一则故事:一日,拿破仑在行军途中遇一落水者,那人不停呼救,甚是可怜。拿破仑不但没派人去解救,反而举枪对准那人:"快自己游上来,不然我打死你!"那落水者求救无望,只好自己拼命挣扎着爬上岸来。在苦难的深渊中,我们都想抓住那根救命稻草,而从不在乎它是否坚韧。听了这则故事,大家该明白拿破仑的良苦用心了吧。

就像我们紧张的高中生活一样,同学们每天听课、写作业、做试卷,有的同学就能自立自强,独立去做,后来成绩很好,有的同学总想着依赖别人,平时依赖抄写答案,不勤于动脑思考,考试时又怎能独立的考出好成绩呢?

前人曾这样告诫:"把自己的命运交给别人,甚至交给某一两个人,自己一点也不动脑筋,只是相信别人,那太危险了。"是啊,不管多大的树都有倒的一天,如果不想"树倒猢狲散",就必须自立,靠自己的力量挣得光明前途,而不待什么"救世主"、什么"神仙皇帝"的垂青。郑板桥特别写

到“流自己的汗,吃自己的饭,自己的事情自己干,靠天靠地靠祖宗,不算是好汉”。

如今,在异常残酷的社会竞争中,难得有人真心诚意地拉你一把,“拉”你的恐怕一般都有不可告人的目的。要想在社会中立驻足,就必须仰仗自己闯出一片天!

《伊索寓言》中那个小毛驴的传奇经历大家还记得吧?那头小毛驴不幸落入枯井,因是大年三十,主人无暇顾及,就派人把它埋在井里。第一铲土落下去,小毛驴不停地哀鸣;第二铲土落下去,它不再号叫了,而是抖掉背上的泥土,在脚下踩实……最后,奇迹出现了,小毛驴竟在人们惊异的目光中潇洒地走出了枯井。果真是“求人不如求己”呀!愚笨的驴尚且能依赖自身的力量求得生存,而作为“万物灵长”的人,不更应该发愤自强、谋求最大限度的发展吗?

自立自强是我们成功的基石,是我们安身立命的根本。在苦难的深渊里,要做自己的救世主,不要妄想别人成为我们的救命稻草!如此,就是自立自强,就是走进崇高。

作者为枣庄二中高三地理教师

诚信——一朵永恒之花

曹书瑜

尊敬的各位领导、老师,亲爱的同学们:

大家早上好!我今天演讲的题目:诚信——一朵永恒之花

一说到诚信,我想起了小时候听到的“狼来了”的故事,从中懂得了好孩子应该诚实,不能说谎。我又想起了去年一个省份的高考作文题:有一个年轻人跋涉在漫长的人生路上,到了一个渡口时,他已经拥有了健康、美貌、诚信、机敏、才学、金钱、荣誉,7 个背囊。渡船开出时风平浪静,不久便风起云涌,小船上下颠簸。险象环生。艄公说:“船小负载重,必须丢弃一个背囊方可安渡难关。”年轻人思索了一会,将“诚信”抛进了水中。在漫长的人生旅途中,他失去了最宝贵的东西。因为鲁迅先生曾说过“诚信,为人之本也!”诚信,比金钱更有吸引力,诚信,比美貌更具有可靠性;诚信,比荣誉更有时效性。

说到这里我有了别样的触动。因为在我们的生活中,存在着种种不诚信现象:商贩为了牟取暴利,给猪肉注水;用福尔马林浸泡海鲜。许多人为了一己之私不惜将顾客的饮食健康置之度外;甚至造假酒、假烟等。在我的身边,还有诸多不诚信的现象:有些同学使用拾到的同学的水卡、饭卡;有些同学抄袭别人的作业自认为没什么大不了;有些同学迟到时登录别人的名字;有的同学在考场中“左顾右盼”总想偷瞄几眼等等,这些所有的不诚信的行为都与中国的社会主义核心价值观相背。大家有没有思考过?如果孩子说谎、朋友违约、贪官随心所欲、奸商东游西荡,到处充满钩心斗角、尔虞我诈,如果人人都生活在欺骗中,你的眼睛还相信谁呢?人类文明又怎么能前进呢?一个言而无信、满口假话的人,他又怎能保住人格的最低限度?此类人繁衍凝聚成的又是怎样一种族魂、国格?

如果每个人都能做到诚实守信,那么每个人都会有很大的收获。设想一下:如果每位商家都可以诚信经营,我们就不会担心食品的安全;如果每位同学都可以诚实应考,他们就会检查出自己更多的错误,就能为下一步的学习提供更可靠的参考。无论从什么角度,保持诚实守信的原则,都可以为社会创造出许多正能量。

诚信是春天的花朵,只有开过花,才会结出完美的硕果;诚信,是建房的泥浆,缺少它的黏合,就不会有牢固的大厦;诚信,是植物的肥料,没有它的注入,就不会有茁壮的绿物。是的,诚信是一种美德,是一种源源不断的财富;诚信,是一种取之不尽,用之不竭的智慧。

亲爱的同学们,中国,这个有着5000年悠久历史的文明古国,诚实守信一向是我们中国人引以为豪的美德。纵观我国的文明史,上至约束皇帝的"君无戏言",下至约束百姓的"言必信,行必果",无不散发着理性的光辉。

让我们守住诚信的阵地,让诚信之花永远绚丽,永远绽放!我的讲话到此结束。谢谢大家!

作者为枣庄二中2017届高三·16班学生

用拼搏把握成功的节奏

于　迪

尊敬的老师,亲爱的同学们:

大家好,今天在国旗下,我演讲的题目是:用拼搏把握成功的节奏。

小草因其出土前的奋力一搏,而感受到春天的温暖;雄鹰因其飞翔前的奋力一搏,而领略到天际的广阔;鲤鱼因在龙门前的奋力一跳,而欣赏到壮美的景色……自然界如此,人生亦如此,关键时期,只有竭力一跳,才可以使自己的生命之路更加辉煌。

古往今来,这样的事例不胜枚举。

音乐家贝多芬,小时饱受疾病的折磨,26 岁时,又不幸失去了听觉,可他没有因种种困难而气馁,而是发出了"要扼住命运的喉咙"的吼叫,他凭借拼搏的精神,努力攀登,最后,登上了音乐境界的高点。

法国著名作家巴尔扎克,虽生活条件不好,却立下了"彼以剑峰创其始者,我以笔锋竟其业"的远大志向。为了达到这个目的,他努力奋斗,最终写成了《人间喜剧》等作品,站在了用拼搏和艰辛绘就的人生抛物线的高处。

司马迁、徐霞客、李时珍等等这些伟人成功的背后,难道不都饱含着拼搏与勤奋吗?人生短暂,作为高中学生的我们又该如何扮演好自己的角色呢?

早晨 5 点多钟,教室里已有同学默默苦读;夜深人静,仍有同学在一笔一画无悔地耕耘:他们在用行动诠释着什么是"拼搏"。

有人讥笑他们收获的很少,有人说他们的付出不值得,可他们一笑而过。在这微笑中,我们明白了,只要认真地活过,无悔地付出过,懒惰的人们将无权衡量他们的值得或不值得。我们相信,在生命的黄昏里,哀叹和寂寞的,将不会是这些拼搏的同学。

成功不会光顾懒惰的人。勤奋是成功者的通行证,懒惰是失败者的墓志铭。时间给懒惰者留下空虚和懊悔,给勤奋者带来智慧和力量。我们无法挽住时间的脚步,却可以夯实人生的分分秒秒,用拼搏来创造出无悔于青春的事业。3 年的时光,1000 个日子,当我们迎来那个火热的夏天,迎接新一轮的太阳升起时,我们知道理想的殿堂在向我们招手。“入校即快,入班即静,入座即学”,虽短短 12 个字,却是在告诫我们,要用持之以恒的拼搏去把握成功的节奏。

作者为枣庄二中 2014 届毕业生

立崇高之志　做崇高之人

高延威

各位领导,老师,同学们:

大家早上好!

我是高一·1班的高延威。我今天演讲的题目是:立崇高之志　做崇高之人。

每个人都是有理想的、有人生信仰的、有人生追求的,我们活着才有价值。青春时代是一个富有活力、充满人生追求的阶段,处在青春时代的我们,更要有自己的理想,用崇高的理想点亮我们美好的青春,让我们的青春过得充实而有意义。同学们!让我们走进崇高,树立崇高理想,做一位崇高的人吧!

一代伟人毛泽东就是最崇高的人,更是我们世世代代人学习的榜样。相信同学们都知道毛泽东的故事:1910年,毛泽东刚好16岁,父亲要他去做生意,他却立志走出韶山冲,要求继续求学。经过自己的力争和亲友、老师们的劝说,父亲最终答应了他的要求。在离家赴湘乡县求学前夕,毛泽东提笔写了一首《赠父诗》:

孩儿立志出乡关,学不成名誓不还。
埋骨岂须桑梓地,人生无处不青山。

这首诗是毛泽东走出乡关、奔向外面世界的宣言书,表明了年幼的毛泽东胸怀天下、志在四方的远大抱负。

早在读小学期间，先生令学生吟诗抒怀，毛泽东写了一首《吟蛙诗》：

独坐池塘为虎踞，绿杨树下养精神。
春来我不先开口，哪个虫儿敢作声？

这首诗描绘了青蛙威武轩昂的形象，以蛙设喻，表现了毛泽东人小志大，藐视天下的气概和胆略，令人振奋。

由此可见，毛泽东能成为一代伟人，正是因为他从小就立下了远大志向，并为此穷尽毕生心血，矢志不渝努力践行。

他在中学读书时，同学称他“身无分文，心忧天下”。1914 年他在长沙第一师范读书时，全部的费用只有几块大洋，而 1/3 花在订报上，铺盖和衣服非常单薄。他与同学提出三不谈：“不谈金钱、不谈身边琐事、在校期间不谈恋爱。”他认为改造世界对学问知识的需要太迫切了，一定要珍惜宝贵的青春，把时间和精力花在有价值的事情上。

同学们！我们树立了崇高目标，我们每天的行动，一时也许看不到效果，但只要坚持下来，时间长了一定有效果的。就像一个池塘的水，开始是淡的，如果我们每天往里面加一勺盐，坚持不懈，一直加下去，3 年后，这个池塘的水就会慢慢变咸。我们今天的努力，就像每天在往池塘里加一勺盐，看似微不足道，但长久的积累，一定会有效果的，这就是水滴石穿、绳锯木断的道理。高考就是我们面前的那个池塘，每天的学习一节一节的课，就是增添一勺一勺的盐。

同学们！我们在追求理想、拼搏奋斗的过程中，难免会遇到挫折与失败。俗话说：吃一堑，长一智。面对困难与挫折，我们要学会乐观自信、坚强超脱。要坚信：受挫一次，对生活的理解会加深一层；失误一次，对人生的醒悟会增加一点；不幸一次，对时事的认识会成熟一级；磨炼一次，对成功的内涵会透彻一分。淤泥中绽放的荷花动人，沙漠上中跋涉的骆驼执着。生命总是在失意和徘徊中成熟，意志总是在残酷和无情中坚强。就像一首诗所说的：

我微笑着走进生活，
无论生活以什么方式回敬我；
报我以崎岖，
我就是一条欢乐奔腾的小河；

报我以艰险，
我就是一座坚强挺立的大山；
报我以痛苦，
我就是一只婉转歌唱的黄鹂。

同学们，我们要像鸿鹄，有“会当凌绝顶，一览众山小”的青云之志；我们要像海燕，在苍茫的大海上，搏击风雨，展翅飞翔；我们更要像大鹏，水击三千里，扶摇而直上，逍遥于九天！

同学们！让我们从现在开始，走进崇高吧！做一位崇高的人吧！

作者为枣庄二中 2016 届毕业生

珍惜生命　关爱他人

孙　奇

尊敬的领导、老师，亲爱的同学们：

早上好！我在国旗下讲话的主题是：珍惜生命，关爱他人。

今天，我们又站在这里，看着国旗冉冉升起，听着国歌雄壮有力，回响在校园之中。我们是多么幸运！我们拥有明亮的眼睛、敏锐的耳朵，还拥有聪明的头脑和强健的体魄，从出生的那天起，我们就用自己完整而健康的生命不断地探索着整个世界。

然而，生命，属于你，却又不仅仅属于你，是母亲的十月怀胎，将你带到这个世界；是父母的含辛养育，才有了你的长大成人；是老师、同学、亲友的关爱，陪伴着你的成长。你的生命不再只属于你，你早已成为他们生命的重要部分。这样的生命，能不珍视吗？当你做出危险的举动，将自己与他人的生命置之不顾时，请珍爱生命；当你挥霍着学习时间，做着毫无意义的事情时，请珍爱生命；当你遭遇困境，灰心丧气、选择放弃时，请珍爱生命。其实，生命中遭遇不幸的人太多了，双耳失聪却创作了世界名曲的贝多芬，双目失明但凭着自己坚强毅力和信念，凭着对生命的热爱，先后掌握了4门外语的海轮·凯勒，轮椅上的勇士霍金……都在向我们诉说着生命的真谛。

同学们，你们感受到生命的无比珍贵了吗？为了我们的理想，我们应该珍爱自己的生命。

每个生命都需要关爱，得到他人的关爱是一种幸福，关爱他人更是一种幸福。而关爱他人就是从小事做起，一个淡淡的微笑，一句小小的问候，一个轻轻的搀扶，一个真心的祈祷……关爱他人，其实，就是这么简单。抱着一颗真心、爱心、诚心去关爱每一个人，这个世界才会充满阳光。

同学们，追寻自己的梦想，做一个脚踏实地的人，因为生命只有一次，也只有一次机会去做你所想做的事。从现在做起，珍惜时间，使自己的生命变得更加有意义，珍爱生命，关爱他人，做一个大写的人。

作者为枣庄二中 2015 届毕业生

礼——尊师敬长，谦恭礼让

田　原

尊敬的老师，同学：

大家早上好！

今天我演讲的主题是：尊师敬长，谦恭礼让。

中国，是礼仪之邦。礼，在中国几千年的历史长河中，占据着极其重要的地位，它是中国文化的最集中体现。

然而在我们的生活中还有很多不合乎礼的现象。多少雪白的墙壁被随意涂鸦，多少人还在随地乱扔垃圾，多少人还在建筑物上刻字画画。在学校里，走进校门时或者在校园里看见老师，总以视而不见者为多，有的同学远远看见了，撒腿就跑。楼道里拥挤的时候，我总是看到同学们把老师挤到后面，更别说帮忙拿一点东西了，何来礼让？老师在讲台上讲话，又有多少人目光游离于课堂之外。

这些都是“不礼”的表现。或唯我独尊、自私自利，或见缝插针、不甘落后，或事不关己，高高挂起，等等，等等。礼，不仅仅是礼貌、礼仪，它更是一个人的为人，一个人的公共意识，也是这个社会对于人的行为约束和道德标准。礼的更本质内涵是仁。仁是发自内心的真挚感情，是人的基本性情，比如亲情、友情、恻隐之情。因此，仁是礼的内在根据，礼是仁心的外化。一个人有礼，就是一个人素质和修养的体现，一个人文明程度的体现。社会发展到今天，也许有人认为“礼”应该被淘汰了。但是，历史的发展并不是刀断斧劈式的，孝敬、诚实、守信等等的基础性道德不会改变。礼仍然是仁心的外化。或许我们不在乎自己的一举一动，但是它们恰恰反映了我们对道德的意识、对自己行为的态度。细节彰显了你到底礼不礼，你有没有豁达的胸襟，有没有平和的心态，它见真心、见真知，也许你当时根本没有感觉。让我们行动起来吧，从身边的小事做起，以礼为先，处处历练自己。怎么做呢？孔子说："非礼勿视，非礼勿听，非礼勿言，非礼勿动。"

早上走进校门，对值日的老师点个头，喊一声"老师早"！。在校园里行走碰见一位老师，微笑着叫一声"老师好"！楼道里拥挤的时候，让老师先走。下了课，别忘了擦黑板。老师在讲台上讲话的时候，抬起头来认真听一听。向老师请教问题的时候，礼貌一些；老师讲完了，也道一声"谢谢"。老师生病了，课间也关切地问候一下……

遵守礼仪当是我们自己对自己的要求，也是父母对我们的期望，更是整个社会赋予我们的责任。回到刚才说的种种不足的现象，不论我们做得怎样，我们都要问问自己：我们90后，该以怎样的风貌，去传承中华文明？该以怎样的面容，登上时代的舞台？该以怎样一种姿态，去书写祖国的明天？

作者为枣庄二中2015届毕业生

弘扬革命精神，做时代主人

孙　硕

敬爱的老师，亲爱的同学们：

早上好！今天我演讲的题目是：弘扬革命精神，做时代主人。

岁月，上下5000年的岁月，消散了春秋战国时无数飞扬的尘土；暗淡了三国两晋时不尽的剑影刀光；模糊了五代十国时繁荣的街市；剥蚀了宋元明清殿前宏伟的琉璃。岁月已然流逝，所留下的，是一个个英雄的名字，正是他们，挺起了中国人脊梁，凝聚了伟大的民族精神。民族精神是什么？我一直在深深的思考这个古老而又深刻的问题。伟大的诗人艾青写道"为什么我的眼里常含着泪水，因为我对这土地爱得深沉"。一直以来我都觉得这是对我们民族精神的最好解释，那就是热爱自己的祖国——爱国主义。民族精神是一个民族赖以生存和发展的精神动力和精神支撑，是民族的灵魂、国家的支撑，是中华民族伟大复兴的强大动力，是民族文化的最本质、最深刻的体现。

我们中华民族是一个历史悠久的民族，在5000多年的历史长河中，我们创造了璀璨的文化，形成了以爱国主义为核心的团结统一、爱好和平、勤劳勇敢、自强不息的伟大民族精神。这些民族精神，是中华民族5000年生生不息、发展壮大的强大精神动力，也是在未来岁月里薪火相传、继往开来的强大精神动力。

同学们，我们为了发扬革命传统，传承革命先烈百折不挠、英勇顽强、艰苦奋斗的革命精神，我们要用实际行动去传承民族精神，不忘革命传统,努力学好文化知识,让我们在知识的海洋中翱翔,在理想的天空中搏击,用科学文化知识丰满羽翼,把祖国的明天建设得更美好!

作者为枣庄二中2016届毕业生

图书在版编目（CIP）数据

走进崇高进校园 / 北京走进崇高研究院编，贺茂之主编 .

– 北京：人民出版社，2016

（走进崇高 / 北京走进崇高研究院编）

ISBN 978-7-01-016978-1

Ⅰ . ①走…　Ⅱ . ①走…　Ⅲ . ①德育 – 中学 – 教学参考资料

Ⅳ . ① G631

中国版本图书馆 CIP 数据核字（2016）第 282996 号

走进崇高进校园

ZOUJIN CHONGGAO JIN XIAOYUAN

丛书编者：北京走进崇高研究院

本书主编：贺茂之

责任编辑：修　平

封面设计：徐　晖

人民出版社 出版发行

地　　址：北京市东城区隆福寺街 99 号金隆基大厦

邮政编码：100706　http://www.peoplepress.net

经　　销：新华书店总店北京发行所经销

印刷装订：北京昌平百善印刷厂

出版日期：2016 年 12 月第 1 版　2016 年 12 月第 1 次印刷

开　　本：165 毫米 ×240 毫米　1/16

印　　张：16.75

字　　数：300 千字

书　　号：ISBN 978-7-01-016978-1

定　　价：48.00 元
